Raimon Panikkar

Gott, Mensch und Welt
Die Drei-Einheit der Wirklichkeit

herausgegeben von Roland R. Ropers

Verlag Via Nova

Raimon Panikkar

Gott,
Mensch und Welt
Die Drei-Einheit der Wirklichkeit

herausgegeben von Roland R. Ropers

Verlag Via Nova

1. Auflage 1999

Verlag Via Nova, Neißer Straße 9, 36100 Petersberg
Telefon und Fax: (06 61) 6 29 73
Satz: typo-service kliem, 97647 Neustädtles
Druck und Verarbeitung: Rindt-Druck, 36037 Fulda
Alle Rechte vorbehalten
ISBN 3-928632-40-X

Inhaltsverzeichnis

„Ei, bin ich darum achtzig Jahre alt geworden,
daß ich immer dasselbe denken soll?
Ich strebe vielmehr, täglich etwas anders,
Neues zu denken,
um nicht langweilig zu werden.
Man muß sich immerfort verändern,
erneuern, verjüngen, um nicht zu verstocken.“

(Johann Wolfgang von Goethe)

Einführung

Schönheit – Weg zur Befreiung
Ein virtuoser Universalgelehrter wird 80

Der Lebensweg des Naturwissenschaftlers, Philosophen, Theologen, katholischen Priesters Raimon Panikkar, am 3. November 1918 in Barcelona (Spanien) als ältester von drei Brüdern und einer Schwester, Sohn eines hinduistischen Vaters und einer römisch-katholischen Mutter geboren, bestätigt auf geradezu zeugnishafte Weise die berühmte Stelle im Johannes-Evangelium 10,10: *„Ich bin gekommen, damit sie das Leben haben und es in Fülle haben."*

In seiner Person vereinigt Raimon Panikkar abendländisches Christentum und indische Spiritualität. Er gehört zu den profundesten Kennern und Interpreten der religiösen Verhältnisse in Indien. Sein großes Anliegen ist in der Versöhnung der Weltreligionen begründet, in einem Transformationsprozeß, in dem die Menschen dieser Erde in Frieden und Toleranz miteinander weiterleben können. Hierbei sieht er für das 3. Jahrtausend die Notwendigkeit, daß das Christentum das Gedankenmodell des Monotheismus zugunsten der Trinität aufgibt. Panikkar hat hierfür den Begriff *Kosmotheandrik* geprägt.

„Die ganze Wirklichkeit ist die Trinität des Kosmischen, des Göttlichen und des Menschlichen. Damit ist nicht alles zusammen in einen Topf geworfen und zu einem undifferenzierten Magma vermengt. Auf dieselbe Weise, wie die göttlichen Personen (Vater, Sohn und Heiliger Geist) unendlich verschieden sind, gibt es keine Vermischung zwischen dem Kosmischen, dem Göttlichen und dem Menschlichen, und dennoch können sie nicht voneinander getrennt werden. Alle und alles sind ständig in Beziehung. Diese kosmotheandrische Spiritualität ist es, die ich zu leben versuche – und für mich ist Christus das Symbol dafür."

Raimon Panikkar lehrte u.a. an den Universitäten von Madrid, Rom, Cambridge, Harvard, Mysore und Varanasi (Benares). Von 1972–87 war er Professor für vergleichende Religionsphilosophie an der University of California, Santa Barbara/USA. Er war Gastprofessor an über 100 Universitäten auf allen Kontinenten; aufgrund seiner überragenden Sprachenbegabung und seiner breitgefächerten geistes- und naturwissen-

schaftlichen Kenntnisse verfügt er über eine genial-integrative Dialog-
fähigkeit, die in heutiger Zeit als ungewöhnlich zu bezeichnen ist. Er hat
mehr als 50 Bücher sowie über 500 umfangreiche Artikel in 6 Sprachen
publiziert und ist nach wie vor einer der gefragtesten Teilnehmer bei
internationalen Konferenzen, die sich um eine friedliche Neuordnung
des Planeten Erde bemühen.

Raimon Panikkar gehörte zu dem dreiköpfigen Empfangskomitee,
welches *S.H. XIV. Dalai Lama* im Jahre 1959 nach seiner Flucht aus
Tibet in Sarnath, Indien, willkommen hieß. Sie verbrachten viele Monate
gemeinsam in Rumtek und wurden im Laufe der Jahre enge Freunde.
Anläßlich des 60. Geburtstags Seiner Heiligkeit, des XIV. Karmapa, am
6. Juli 1995 in New Delhi hielt Raimon Panikkar den Festvortrag zum
Thema *Zeit und Transzendenz.*

Zahllos sind die großen Persönlichkeiten und Weggefährten des universal gebildeten kosmophilharmonischen Denkers und spirituellen
Meisters, der in jeder Begegnung durch seine strahlende Lebendigkeit
und befreiende Schönheit authentisch die Fülle der göttlichen Schöpfung, an der jeder Mensch aktiv beteiligt ist, widerspiegelt. In der völligen Durchdringung des Geistigen und Sinnlichen schafft Raimon
Panikkar immer wieder aufs neue durch die Atmosphäre des Schönen
einen lebendigen Raum von Freiheit und Geborgenheit. Der deutsche
Dichter *Friedrich von Schiller* hat dieses Phänomen als *Freiheit in der
Erscheinung* bezeichnet.

Raimon Panikkar hat sich in vielen Betrachtungen mit der *Rettung der
Schönheit* befaßt:

*Die Behauptung, daß ohne Schönheit weder Wahrheit noch Güte
existieren können, ist Gemeingut von Kulturen. Jesus von Nazareth
verteidigt Maria von Magdala, weil sie, indem sie seine Füße salbte
und küßte, eine **schöne Tat** vollbracht habe. Wenn die Wahrheit häßlich
wird, verliert sie ihre Seele, und Güte ohne Schönheit ist keine Güte
mehr.*

*Die moderne Zeit hat versucht, die Wahrheit von der Schönheit zu
trennen. Auch die Schönheit hat versucht, sich zu emanzipieren, vielleicht, weil die Pseudowahrheit oder eine Scheinschönheit sie beherrschen wollte. **Die Wahrheit wird uns frei machen,** lesen wir in der Bibel,
aber es ist eine Erfahrungstatsache, daß auch die Schönheit Ausdruck
der Freiheit ist – wenn auch nur die geheimnisvolle Freiheit eines
Gefangenen.*

10

„Die Hälfte des heiligen Lebens, Herr", sagte Ananda, Buddhas Lieblingsschüler, zu seinem Lehrer, „besteht aus der Freundschaft mit dem Schönen, in der Gemeinschaft mit dem Schönen." Der Buddha hatte ihm aber erwidert:

„Es ist nicht so, Ananda. Es ist nicht die Hälfte des heiligen Lebens, es ist das ganze heilige Leben."

In der Tat besitzt die echte Schönheit ein heilendes, ein befreiendes Charisma. Wer wird die Schönheit retten?

*Wenn die Welt zu retten Aufgabe der Schönheit ist, so ist es die Aufgabe des Künstlers, die Schönheit zu retten. **„Toute beauté est un désir d'incarnation"**, schrieb Simone Weil. Vielleicht deswegen heißt es in einem islamischen hadith: „Ich war ein versteckter Schatz und wollte entdeckt werden. Also schuf ich die Kreaturen, damit sie mich entdeckten." Diese Entdeckung ist das Werk des Künstlers und die Aufgabe aller Menschen.*

Jeder Mensch ist ein Künstler.

Das ist aber gerade das, was unsere Zeit mit ihrem wahnsinnigen Kult der Spezialisierung uns oft vergessen läßt. In allen Kulturen der Welt, mit Ausnahme vielleicht unserer technologischen Ära, war die Erziehung im Grunde immer eine künstlerische Erziehung. Jeder Mensch ist ein Künstler – zumindest ein Künstler seines eigenen Lebens.

Dennoch gibt es Unterschiede in der Sensibilität der Menschen, und man nennt gewöhnlich Künstler nur diejenigen, die einen höheren Grad der Sensibilität und eine größere Fähigkeit zu ihrer Realisierung besitzen: das ist das Kunstwerk.

Es wird nicht zu Unrecht behauptet, was der Künstler uns schenke, sei fast immer eine verkehrte Welt, oft ein atemloses Universum und immer eine Wirklichkeit. In der Tat ist die Kunst ein Vergrößerungsspiegel des Geistes der ewigen Zeit.

Und noch mehr: es gibt Künstler – und deren Zahl ist kleiner –, die die Wirklichkeit nicht nur widerspiegeln und stückweise wiedergeben; sie prophezeien sie auch.

Der kosmotheandrische Künstler Raimon Panikkar, der Meister von *ars docendi* und *ars vivendi* (von Lehr- und Lebenskunst), hat aus seiner großen inneren Schatzkammer viele neue Begriffe geschöpft, die den Bereichen Theologie, Philosophie und Naturwissenschaften wertvolle neue Impulse verliehen haben. Für ihn gibt es eine *creatio continua*, einen kontinuierlichen Schöpfungsprozeß, an dem Gott und Mensch gleichermaßen beteiligt sind.

Gott existiert nicht ohne den Menschen, der Mensch nicht ohne Gott.
Kein Geringerer als der bekannte deutsche Philosoph Martin Heidegger (1889–1976) hat Raimon Panikkar wenige Wochen vor seinem Tode in gestochen-klarer Handschrift einen seiner letzten großen Gedanken unter der Überschrift „Sprache" gewidmet:

Wann werden Wörter
Wieder Wort?
Wann weilt der Wind weisender Wende?
Wenn die Worte, ferne Spende,
sagen –
nicht bedeuten durch bezeichnen
wenn sie zeigend tragen
an den Ort
uralter Eignis
Sterbliche eignend dem Brauch –
wohin Geläut der Stille ruft,
von Früh – Gedachtes der Be-Stimmung
sich fügsam klar entgegenstuft.
Für Professor R. Panikkar
und seine Studenten
Herzlich grüßend
18. März 1976   Martin Heidegger

Raimon Panikkar erinnert sich an seine zahlreichen Begegnungen mit dem deutschen Philosophen, dessen Werk *Sein und Zeit* weltberühmt wurde:

*„Als ich 1953 einen öffentlichen Vortrag an der Universität Freiburg über die **Kultursünde des Abendlandes** hielt, ließ sich Martin Heidegger durch den damaligen Dekan Max Müller über das ‚wer, wo, wie, was' jenes Vortragenden informieren, der anscheinend nachdenkenswerte Gedanken ausgesprochen hatte. Ich ging dann das erste Mal mit Professor Müller zu Heidegger. Und da war es Liebe auf den ersten Blick: sofort entstanden Einverständnis, Einfühlung und gegenseitige Sympathie. Das Merkwürdige dabei war, daß es keine Einstimmung, sondern buchstäblich Ko-inzidenz war.*

Aus verschiedenen Stimmen und Stimmungen fielen uns ähnliche Einsichten ein. Ich entsinne mich nicht genau des konkreten Inhalts unseres ersten Gesprächs, ausgenommen dieser merkwürdigen Kon-

vergenz und der Wärme und langen Dauer des Empfanges. Als jemand, der einen Meister besucht, sprach ich nicht viel, noch stellte ich eine besondere Frage, erinnere mich aber, daß meine Gedanken sofort seine Zustimmung fanden und ich ganz ungeschickt mit süd- und östlichem Temperament mehrmals ihn unterbrach, indem ich – und zwar anscheinend richtig – seine Sätze zu Ende führte.

Seitdem besuchte ich Heidegger fast jedes Mal, wenn ich von Indien nach Europa kam, und auch später. Die vielleicht bleibende Erinnerung, wenn ich jetzt über meine Besuche nachdenke, ist die Präsenz eines Menschen, mit dem man uspünglich reden, mitdenken konnte, ohne die Belastung von Gelehrsamkeit und geschichtlicher Vergangenheit. Ich erinnere mich, mit welcher Aufmerksamkeit und Zustimmung er auf mich hörte, als ich die souveräne Erhabenheit eines großen Teils des indischen Volkes den sozialen und kosmischen Verhängnissen gegenüber schilderte. Ein gefährliches Thema, denn Armut und Geduld heißt nicht Elend und Fatalismus. Man darf nicht über die Glückseligkeit des schlichten Menschen spekulieren.“

Raimon Panikkar, der im Jahre 1966 für sein Buch *Indien* mit dem spanischen Nationalpreis für Literatur ausgezeichnet wurde, der in Europa, Indien und Amerika gleichermaßen beheimatet ist, hat durch sein unermüdliches Wirken wesentlich dazu beigetragen, den Dreiklang der Wirklichkeit, wie er seine kosmotheandrische Erfahrung bezeichnet, im Bewußtsein der Menschen manifest werden zu lassen. Und hier schließt sich sein innigster Herzenswunsch an, daß die österliche Auferstehung in jedem Augenblick unseres Daseins realisiert und nicht mehr von einem jährlich variierenden Datum bestimmt wird.

Unzählige Male sind Raimon Panikkar und ich auf ausgedehnten Wanderungen im Gespräch über Gott, Mensch und Welt vertieft gewesen. Und jedesmal kam er auf die so bedeutsame Qualität des Hörens zu sprechen, auf die der große Geiger Yehudi Menuhin in seinen vielen Vorträgen und Kursen unaufhörlich hinwies. Der Großteil der Zivilisation ist von Griechenland geprägt, und die Griechen haben den Augen eine spezielle Rolle gegeben: Klarheit, Einsicht, Evidenz, Licht, das Sehen, das Einsehen – alles Metaphern des Auges, des Sehens. Der Klang aber, so Raimon Panikkar, gehört dem Ohr. Es ist eines von den fundamentalsten Organen, mit denen wir die Wirklichkeit berühren. Das Hören gehört zum Menschsein, aber um hören zu können, muß man eine der schlichten und vielleicht schwierigsten Künste lernen, das Schweigen. Das wahre Schweigen ist nicht eine unnatürliche Aktivität, sondern ein Weg zur Freiheit und Wahrheit. Auf die Frage „Was ist die Wahrheit?" antwortete Christus mit Schweigen. Raimon Panikkar hat in seinen kurzen Betrachtungen „Das Gespräch über Gott" neun großartige Aussagen gemacht:

1. Man kann über Gott nicht ohne ein vorangehendes innerliches Schweigen sprechen. Die rechte Methode, über Gott zu sprechen, beansprucht die Reinheit des Herzens, damit es die Wirklichkeit der (göttlichen) Transzendenz in der (menschlichen) Immanenz aufnehmen kann. Ohne das Schweigen der Psyche können wir uns der Frage nach Gott nicht auf angemessene Weise nähern.

2. Es ist ein Gespräch sui generis. Es ist grundverschieden von jeglichem Gespräch über jeden beliebigen Gegenstand, weil Gott kein Gegenstand ist. Er wäre sonst ein Idol und gelangte nur in den mentalen Bereich.

3. Es ist ein Gespräch unseres ganzen Seins. Und nicht nur des Gefühls, des Verstandes, des Körpers, der Wissenschaft, Soziologie, nicht einmal der akademischen Lehren der Philosophie und/oder Theologie. Gott ist durch keinerlei spezielles Instrument zu lokalisieren.

4. Es ist nicht ein Gespräch über eine Kirche, Religion oder einen Glauben. Gott ist nicht Monopol irgendeiner menschlichen Tradition, auch nicht derjenigen, die sie theistisch nennen, und auch nicht jener, die das Etikett des Glaubens tragen. Es wäre sonst ein sektiererisches Gespräch, das darauf hinausläuft, in irgendeiner Ideologie steckenzubleiben.

5. Es ist ein Gespräch, das einen Glauben als Medium wirken läßt. Es ist nicht möglich, ohne das Medium Sprache zu sprechen, und diese kann man nicht ohne das Vehikel eines bestimmten Glaubens benutzen, wenn man auch niemals das Gespräch über Gott mit irgendeinem Glauben identifizieren darf; dies bedeutet, es besteht eine transzendentale Beziehung zwischen Gott, über den man spricht, und dem, der sich über ihn äußert. Die westlichen Traditionen haben dies Mysterium genannt.

6. Es ist ein Gespräch über ein Symbol, und nicht über ein Konzept. Gott kann nicht Gegenstand des Wissens oder irgendeines Glaubens sein; er ist ein Symbol, das sich jeweils dem Zeichen offenbart und verhüllt, über das man spricht. Das Symbol ist dazu da, um zu symbolisieren, und nicht als solches eine Deutung aufzuweisen.

7. Es ist ein polysemantisches Gespräch, das noch nicht einmal analog sein kann. Sein Aufbau geht in viele Richtungen, und es kann kein *primum analogatum* geben, da ja keine Metakultur vorhanden sein kann, von der das Gespräch auszugehen hätte. Es gibt viele Auffassungen von Gott, aber keine davon umfaßt ihn.
8. Es gibt kein alleingültiges Symbol, um das zu symbolisieren, was dem Wort innewohnt. Der Pluralismus ist der Bedingtheit, zumindest der menschlichen, inhärent und verbietet das Benennen dessen, was das Wort Gott bedeutet, aus nur einer einzigen Perspektive, sei es auch allein durch das Prinzip der Verständlichkeit. Das Wort Gott selbst ist nicht notwendig.
9. Es ist ein Gespräch, das zwangsläufig zum erneuten Schweigen zurückkehrt. Ein rein transzendenter Gott, jenseits des inneren Widerspruchs in jeglichem Gespräch über ihn, würde es in eine überflüssige, wenn nicht gar schädliche Hypothese verkehren, wobei die (göttliche) Immanenz verdunkelt und damit die (menschliche) Transzendenz zerstört würde. Das göttliche Mysterium ist unaussprechlich, und keine Aussage beschreibt es.

Die Genialität des differenzierten Denkens Raimon Panikkers ist geradezu einzigartig. In seiner kosmotheandrischen Vision öffnet der Gelehrte und spirituelle Lehrer ein neues Panorama als Zugang zur letztenWirklichkeit. In dem vorliegenden Panikkar-Lesebuch habe ich Texte ausgewählt und zusammengestellt, die ein umfassendes Bild über sein Gedankengut vermitteln. Er ist neben vielen bemerkenswerten Eigenschaften auch ein Meister der Korrespondenz. In Kapitel 3 geben die Briefe aus Indien, die er vor 40 Jahren geschrieben hatte, deutlich Zeugnis. Und in ihrem Inhalt sind sie erstaunlicherweise brandaktuell.

In einer Vollmondnacht in Tavertet, dem heutigen Wohnsitz von Raimon Panikkar, habe ich ein englisches Gedicht verfaßt, das sich in die deutsche Sprache nur unzulänglich übersetzen läßt. Der Klang der Worte möge die Herzen der Leser berühren:

Praise to the Cosmo-Philharmonic Maestro

Raimon Panikkar

Universal Scholar – Ingenious World-Thinker – Radiant Sage

„Tu autem eras interior intimeo et superior summo meo."

(Augustinus, Confessiones III, 6, 11)

Tavertet

enriching days I`ll never forget

Listen to the always omnipresent sound
Which is from eternity around
Anywhere you breathe, stay and walk.
Welcome to the dynamism of silence and do not talk.
OM – our dwelling place and original source
May fill your life with abundant love and positive force;
Unveil the all-pervading fascinating beauty
In all creation – that is your life-long task and duty!
The wind, the spirit, blows beyond your will,
You feel it close and deep, when you are still.
The cosmic harmony and reality so near –
My friend, approach your heavenly centre here,
Which is as well the divine mansion.
Let go your troubles, tears and tension.
Return and enjoy your powerful balance
Which keeps you healthy in the everlasting presence.
Go far beyond all bondage and extremes,
Find peace and rest in realizing your dreams.

Unlock, set free your inmost centre,
That GOD or any other you want to meet can enter,
Will rediscover your empty castle as fullness,
Experience sunyata and nirvana as ananda, as bliss.
All past is gone, all future tomorrow,
Only life here and now is without burden and sorrow.
All busy speculation should cease and disappear,
The present moment is your paradise to revere.
Neither reason, nor reflect or project.
Let the blissful permanence you seize and affect.
Walk and proceed with faith and no goal
And you'll enjoy equanimity in your soul.
The restless search comes to an end,
When the awareness of only NOW is at hand.
Awake and alert — only to be,
Nothing to escape or to flee,
Returned and arrived at the original home –
Thanks GOD, you were never alone.
Atman, ruach, pneuma, spirit –
Breathe and breathe, and never set a limit.
Remain inspired, creative and in balanced motion,
Liberate yourself from all attachements and ritualized devotion,
Touch and embrace the vastness of this universe,
And always dance and sing, don't stop to love and to rehearse.
Rejoice! The lightness of life, the donation of love
Will lift and lead you beyond and above
All walls, conflict and dualistic relation
Into the realm of contemplation and action,
Where the experience of advaita is to be found,
OM SHANTI OM — the most beautiful sound.
Go with the rhythm of life and breath,
And realize: there is no death!
There is no after, nor even before –
Try to grasp the present moment more and more.
Countless words, transformed and renewed by your heart,
That, dear Raimon, is your ingenious talent and unique art!
What a day! - ever to remember and never to miss,
Looking with awe at the shining moon, receiving his radiant bliss.

With deepest gratitude

for the precious gift of your friendship, openess and love
simultaneously embracing Christiane and Benedikt,
we always remain closely connected in this life of
non-dual relationship

> Namaste!
> Yours ever, Roland

Roland R. Ropers
Tavertet/Katalonien, 3. November 1998
am 80. Geburtstag von Raimon Panikkar

Um den Wortklang in der englischen Sprache zu erhalten, wurde das Gedicht nicht über-
setzt.

1. Kapitel

Das Verhältnis Christentum – Hinduismus
Ein Beispiel im Gespräch der Weltreligionen

Der Rahmen

Ein so gewaltiges Thema kann nicht in einem kurzen Aufsatz behandelt werden, weil in ihm die ganze Problematik der Begegnungen der Kulturen und Religionen eingeschlossen ist. Letzten Endes handelt es sich hier um die Identität des modernen Menschen. Der moderne Mensch kann sein Selbstverständnis nur auf dem Hintergrund aller lebendigen Traditionen der Menschheit erreichen, und nicht nur im Rahmen seiner ethnischen, politischen oder religiösen Provinz.

Die neue Problematik

Bis um die Mitte des 20. Jahrhunderts vom Beginn der neuen Zeit an, d.h. während der europäischen Periode der Weltgeschichte, während der Zeit des Kolonialismus also, hatten die meisten Christen die Überzeugung, sie wären im Besitz der einzigen wahren Religion, das Christentum wäre die wahre, allein heilbringende Religion, und alle anderen Religionen wären entweder Werk des Teufels oder blasse Sehnsucht der menschlichen Natur, sie wären höchstens Ausdruck der menschlichen Suche nach Gott und nicht seine befreiende Herablassung.

Nach dem Zweiten Weltkrieg, als Europa und Amerika einsehen mußten, daß sie nicht mehr Herrscher der Welt waren, und überall unabhängige Nationen auftraten, änderte sich das Selbstbewußtsein der Christen allmählich. Wir haben hier ein interessantes Beispiel des Zusammenhangs zwischen Theorie und Praxis. Die existentielle Situation der Welt löste eine neue theologische Überlegung aus, und wir stehen immer noch inmitten dieser Situation, in der die Christen eine Identität suchen, die ihrer Tradition gemäß ist und den neuen Tatsachen gerecht wird.

Das Zweite Vatikanische Konzil könnte als eine Landmarke dieser Änderung betrachtet werden: Die Zeit des Kolonialismus ist vorbei, mindestens theoretisch und politisch, wenn auch nicht ökonomisch und technologisch. Das Wesen des Kolonialismus besteht darin, daß letzten Endes nur eine einzige Form der Kultur zugelassen wird – in einem Wort: ein Mono-Formismus der Kultur: eine Zivilisation (die anderen sind wilde oder vergangene Zivilisationen), eine Welt (natürlich unsere Auffassung von Welt und Einheit), eine Religion (und zwar das Christentum als die absolute Religion). Ein Gott, eine Kirche, ein Reich wäre das Ideal, wobei man natürlich nicht nur geduldig, sondern auch großzügig sein müßte, um akzidentiellen Verschiedenheiten Raum zu lassen.

Der Zusammenbruch einer solchen allgemeinen Überzeugung brachte die entsprechende Änderung im christlichen Bewußtsein mit sich. Wir sind heute mitten in einer solchen Mutation. Kein Wunder, daß viele von einer Krise sprechen. Wir werden uns auf das Verhältnis mit dem Hinduismus beschränken, vorher aber müssen wir eine grundlegende Überlegung einschieben.

Eine methodologische, oft vergessene Bemerkung

Will man der Sache gerecht werden, so darf das Verhältnis Hinduismus-Christentum nicht von einer Stelle allein betrachtet werden. Ist der christliche Standpunkt wichtig, so ist der entsprechende hinduistische Standpunkt auch wesentlich und muß berücksichtigt werden. Hat sich das Christentum geändert, dann ist beim Hinduismus das gleiche der Fall. Hat das Christentum sich selbst über den Sinn und Wert der anderen Religionen befragt, so hat auch der Hinduismus zu diesem Problem Stellung genommen. Zwar hat sich der Hinduismus im Gegensatz zum Christentum kaum als die Eine, Wahre Religion betrachtet, die dazu berufen ist, eine Weltreligion zu sein. Der Hinduismus hat keinen direkten Missionierungsdrang. Das Wort Hinduismus ist eigentlich irreführend. Nur im Unterschied und in der Konfrontation mit dem Islam und dem Christentum hat man den Namen Hinduismus eingeführt und ihn dann als eine Einheit betrachtet. Eigentlich ist der Hinduismus ein Bündel vieler religiöser Überlieferungen in Indien. Der Hinduismus ist mehr eine Existenz als eine Essenz. Er hat kein eigentliches Dogma, obwohl man ganz gewiß gemeinsame geistige Züge finden kann: den Karma-Gedanken, die Vielgestaltigkeit und Vielschichtigkeit des Göttlichen, die hierarchische Struktur der Wirklichkeit nicht nur im objektiven, sondern auch im subjektiven Sinn usw. – Für den Hinduismus gibt es verschiedene Wahrheiten, gibt es Wahrheitsgrade, weil die Realität nur eine ist. Das westliche Christentum dagegen glaubt, daß die Wahrheit nur eine ist und sein kann, weil es mehrere Schichten der Wahrheit annimmt.

Was immer es sei, der Hinduismus verstand sich als *sanatana-dharma*, als Ausdruck der ewigen Grundbefindlichkeit des Menschen, d. h. als die Urreligiosität, die in Indien in seinen konkreten Formen und in anderen Ländern in abgewandelten Formen entsprechend der verschiedenen Eigenschaften der jeweiligen Umwelt entstanden ist.

Der Hinduismus betrachtet sich nicht als Gegensatz und Konkurrenz zu den anderen Religionen. Der Hinduismus hat kein ausgesprochen historisches Bewußtsein, und es kann deshalb von historischer Sendung im Sinne des Christentums keine Rede sein. Ein traditioneller Hindu würde meinen, daß er sich als guter Hindu – z. B. im Abendland – durchaus Christ nennen, sich als solcher benehmen und es tatsächlich sein könnte. Hindu sein heißt religiös sein, und zwar je aus der konkreten, existentiellen Situation heraus, in der der Mensch lebt.

Dieser Hindu wurde vom Islam und Christentum mit einer anderen Auffassung der Religion konfrontiert. Ihm wurde gesagt, er sei ein Kafir, ein Heide, und eigentlich müsse er sich bekehren. In dieser Konfrontation wuchs das neu-hinduistische Selbstbewußtsein. Der Hinduismus mußte infolgedessen seine Identität durch Differenzierung begründen und sein Wesen durch Verteidigung herausarbeiten. Sagen diese zwei abrahamischen Religionen, sie seien die Religion schlechthin, so würde der Hinduismus seinerseits betonen, er sei eigentlich die tiefste und breiteste Religion der Welt: Die *tiefste*, weil keine andere Tradition eine so tiefe mystische Erfahrung nachweisen kann, die *breiteste*, weil in den Hinduismus seiner Auffassung nach alle Religionen der Welt eingeordnet werden können. Will das Christentum die wahre Religion sein, so beansprucht der Hinduismus, die Religion der Wahrheit zu sein.

Das neu-hinduistische Verhältnis zum Christentum geht infolgedessen von ganz anderen Voraussetzungen aus als das Verhältnis des Christentums zum Hinduismus. Wird dieser Sachverhalt nicht berücksichtigt, so treten viele Mißverständnisse auf, wie die Geschichte belegt.

Hinduismus und Christentum

Um das christliche Verhältnis zu „Christentum und die Weltreligionen"
herauszufinden, müssen wir mindestens drei Voraussetzungen erfüllen:
- Wir müssen der christlichen Tradition treu bleiben – *das theologische Problem.*
- Wir dürfen die anderen Traditionen nicht vergewaltigen, sondern sie müssen nach ihren eigenen Maßstäben interpretiert werden – *das hermeneutische Problem.*
- Wir können den modernen kritischen Geist nicht beiseite lassen – *das philosophische Problem.*

Das theologische Problem

Tradition bzw. Überlieferung bedeuten nicht lebloses Wiederholen des
Gewesenen, sondern lebendiges Weitertradieren des Erfahrenen, so daß
Tradition nicht gleich Stagnation ist, sondern Fortsetzung und Wachstum. Nur dann kann man von Überlieferung sprechen, wenn wirklich
überliefert wird, und nicht nur, wenn etwas bloß bewahrt wird. Wechseln
der Empfänger und seine Empfangsfähigkeiten, so muß sich auch das
Überlieferbare entsprechend ändern. Wächst der Mensch in seiner
Selbst- und Wirklichkeitsauffassung, so muß er auch das Überlieferte
wachsen lassen.

Eine grundsätzliche Überlegung ist hier am Platz. Die Christen dürfen
und brauchen nicht den Absolutheitsanspruch ihres Glaubens preisge-
ben. Dieser Anspruch zielt aber auf Christus hin, als das Symbol
schlechthin des neuen Lebens, Schöpfer, Erlöser und Verklärer der ganzen Wirklichkeit. Dieser Glaube aber sagt nicht, daß die Christen das
Monopol über Christus oder die ganze Erkenntnis von Ihm besitzen. Wer
dieser Christus ist, wie und wo er wirkt, bleibt ein Mysterium, auch für
die Christen, obwohl sie einige Wesenszüge von ihm kennen, z. B. seine
Geschichtlichkeit. Aber nichts steht dagegen, daß andere Kulturen und
Religionen andere Dimensionen und Aspekte dessen kennen, was die
Christen Christus nennen.

In der Sprache der Christen, nicht aber in der der Hindus, ist Christus,
wenn auch verborgen und unbekannt, im Hinduismus wirksam und

gegenwärtig[1]. Das, was dem Hinduismus seine Erlösungskraft gibt und das im Hinduismus andere Namen hat, ist eben das, was die Christen Christus nennen. Aber, müssen wir sofort hinzufügen, dasselbe gilt für das Christentum. Christus ist wirksam und gegenwärtig im Christentum. Er ist aber auch verborgen und unbekannt. Wo und wie er in den Menschen, auch in den Christen wirkt, ist unsichtbar. Herr, wann haben wir dich getroffen – als wir dem Hungrigen und Nackten geholfen haben oder nicht geholfen haben? (Vgl. Mt. 25,31–46)

Es gibt gegenwärtig mindestens drei Möglichkeiten, sich dem christlichen Sachverhalt anzunähern:

– Das Christentum ist die absolute Religion, alle anderen sind entweder keine Religion oder befinden sich auf dem Weg, Religion zu werden. Man kann diesen Unterschied auch betonen, indem man sagt, das Christentum sei keine Religion, sondern reiner Glaube oder eine Metareligion. Das Christentum ist der Skandal der souveränen Freiheit Gottes und Mysterium für die menschliche Vernunft. Jeder Versuch der Rationalisierung sei Blasphemie. Es ist *die traditionelle oder geschichtslose Auslegung der heutigen Situation*.

– Das Christentum ist eine Religion neben den anderen. Es ist eine wahre und echte Religion, kann aber keinen Exklusivitätsanspruch erheben. Es ist kultur- und zeitbedingt. Das Christentum bleibt wahr und reine Wahrheit für seine Gläubigen, gehört aber in eine bestimmte Periode der Weltgeschichte. Vor Jesus Christus gab es kein Christentum, und außerhalb der sogenannten Christen darf man die Figur Christi nicht extrapolieren. Es ist die *kultur-kritische* oder *historische Auslegung der heutigen Situation*.

– Das Christentum ist sicherlich nur eine – und wahre – Religion. Sie zielt aber auf ein Mysterium hin, das die Christen nur Christus nennen können, das auf je eigene Art auch in jeder echten Religion wirksam wird. In diesem Sinne sind alle echten Religionen in einer Art trinitarischer Durchdringung miteinander verflochten. Das Christentum ist eine Manifestation dieses Mysteriums, und wir können nicht sagen, ob es andere Epiphanien gibt. Nur vom Mysterium her und nicht von einer Erscheinung könnte man sagen, ob die anderen

---

[1] Vgl. R. Panikkar, *Der unbekannte Christus im Hinduismus;* besprochen Wort und Antwort 28 (1987) 91 f.

23

Religionen wahre oder nur Schein-Erscheinungen sind. Es ist *die mystische oder übergeschichtliche Auslegung der heutigen Situation.*

Die hermeneutische Frage

Das Verhältnis des Christentums zum Hinduismus darf sich nicht auf eine Karikatur oder auf eine ungenügende Interpretation des letzteren stützen. Es handelt sich hier nicht um den notwendigen guten Willen allein. Es handelt sich vielmehr um eine innere Kenntnis der Natur des Hinduismus aus persönlicher Sympathie und Erfahrung. Sympathie ist erforderlich, aber nicht genügend. Viele religiöse Bewegungen von heute zeigen eine große Liebenswürdigkeit und Neigung anderen Traditionen gegenüber. Das ist wichtig und unentbehrlich, aber auch Ursache der Verwirrung, wenn diese Sympathie nicht von Erkenntnis und Erfahrung begleitet wird.

Die heutige Religionswissenschaft ist auf dem Wege, Kategorien auszuarbeiten, die das ermöglichen. Wir dürfen uns einer anderen Religion nicht mit fremden Kategorien annähern, weil wir sie dann nicht verstehen können. Das will nun nicht heißen, daß man keine von außen kommenden Fragen stellen darf. Damit aber die Frage zuerst verständlich und dann beantwortbar wird, muß sie sich dem Angefragten anpassen.

Fragen wir z.B., ob es im Hinduismus einen Gott im Sinne des jüdischen Jahve gibt, so kann der Hinduismus keine befriedigende Antwort geben, weil das Problem selbst anders gesehen wird. Genauso kann man nicht direkt antworten, ob der Karma-Gedanke im Christentum vorhanden ist oder nicht. Man kann Begriffe nicht von ihrer Welt isolieren. Der Gottes-Gedanke ist – wie der Karma-Gedanke – mit der ganzen Wirklichkeitsauffassung der betreffenden Traditionen verbunden.

Und doch, wenn man sich in Studium und Praxis der Religionen vertieft, bleibt die Kommunikation nicht ausgeschlossen. Erst dann versteht man sich gegenseitig, und es kann sogar eine Befruchtung stattfinden.

Zur Beschränkung möchte ich folgende These aufstellen:

– Es gibt keine christliche Lehre, die nicht auch mehr oder weniger im Hinduismus zu finden ist. Trinität, Liebe zum Feinde, Wiederauferstehung – dies alles können wir in der indischen Weisheit finden. Wir sprechen natürlich von Doktrinen, weil jedes Geschehen als Geschehen einmalig ist – auch im Hinduismus.

– Es gibt keine allgemeine hinduistische Lehre, die sich nicht auf christliche Weise interpretieren ließe. Von der Lehre des Karma bis zur sogenannten Vielgötterei können wir legitime und gültige Interpretationen finden, die mit dem christlichen Gedankengut im Einklang sind und es weiter erleuchten und vertiefen. Die Aufgabe dieser schöpferischen Hermeneutik ist nicht immer leicht und hängt von der gegenseitigen Sympathie und der Befruchtung zwischen den zwei Traditionen ab. Die Zeiten sind vorbei, in denen man die erhabene Botschaft der Bergpredigt mit dem entarteten Kastensystem und der sozialen Ungerechtigkeit Indiens verglich oder die sublime Lehre der Upanishaden mit den christlichen Kriegen und Inquisitionen. In jeder Religion gibt es Licht und Schatten, und religionswissenschaftlich darf man die These aufstellen, daß jede echte Tradition eine Fülle darstellt, aus der der Mensch lebt und leben kann, obwohl mit der Zeit, für die heutige Generation vielleicht, das, was für die Alten gut war, nicht mehr genügt. Deshalb ist die Begegnung der Religionen und ihre gegenseitige Befruchtung heute ein religiöser Imperativ einer jeden Religion.

Ich möchte hier meine alte These wiederholen, die ich aber jetzt durch Erfahrung von vierzig Jahren belegen kann: nämlich, daß jede Religion sich heute nicht mehr selbst genügen kann und den Anstoß von außen braucht, um ihren eigenen Kern zu vertiefen und den heutigen Umständen gerecht zu werden.

Das philosophische Problem

Die Behauptung, das Christentum sei die wahre Religion, muß nicht nur theologisch und religionswissenschaftlich überprüft werden, sie muß auch philosophisch verstanden werden. In schlichten Worten: *die Wahrheit einer Religion bedeutet nicht die Unwahrheit der anderen.* Erst einmal ist der Raum irgendeiner Aussage immer begrenzt. Der Raum, in dem das Christentum als die wahre Religion sinnvoll erscheint, ist ein begrenzter, geschichtlich kultureller und sprachlicher Raum, außerhalb dessen die Aussage sinnlos bleibt.

Zweitens gibt es noch dazu eine menschliche Einstellung, für die die Wahrheit einer Aussage nur in Konfrontation mit ihrem Gegensatz verstanden wird. Daß Gott Israel oder die Kirche auserwählt hat, heißt, daß Gott Israel oder die Kirche auserwählt hat (Identitätsprinzip), aber nicht, daß Gott ein anderes Volk oder eine andere Religion nicht auserwählt hat (Widerspruchsprinzip). In diesem Sinne schließt die Aussage, das Christentum sei die wahre Religion, die Wahrheit der anderen Religionen nicht aus.

Drittens muß man sicher annehmen, daß die Wahrheit sich nicht widersprechen kann, aber von diesem Prinzip darf man nicht ableiten, daß, falls Christus der einzige Heiland ist, Krishna es nicht sein kann, weil es nirgendwo offenbar geworden ist, welche übergeschichtliche Beziehung zwischen Christus und Krishna besteht. Der Widerspruch zur christlichen Behauptung wäre nur, daß Christus *nicht* der Heiland ist. Aber das Christentum sagt uns nichts Unmittelbares über Krishna. Wir können aber vermuten, daß es ein geheimnisvolles Band geben könnte. Diesen Gedankengang wollen wir aber nicht weiter verfolgen.

Zusammenfassung

Das Verhältnis Hinduismus – Christentum ist ein Verhältnis im Sinne des religiösen Pluralismus. Jede Religion muß innerhalb ihrer eigenen Sphäre gesehen werden. Es gibt Streitigkeiten der Lehren untereinander, wie es sie auch innerhalb der Traditionen selbst gibt. Beide können auf derselben Ebene nicht wahr sein. Thomas und Bonaventura sind genauso unverträglich wie Shankara und Ramanuja, aber sie sind es vielleicht weniger in querschnittlichen Beziehungen. Die Unverträglichkeit der Lehren schließt die Wahrheit der Religionen nicht aus.

Die Christen brauchen nicht von ihrer Überzeugung, die wahre Religion zu haben, abzulassen, wenn sie richtig verstehen, daß für sie in einem offenen und dynamischen Christentum die ganze Wahrheit zu finden ist, soweit sie für sie aufleuchtet. Das führt zum echten religiösen Dialog.

Die Hindus brauchen im Christentum keine Bedrohung zu sehen, sondern, genau wie die Christen durch den Hinduismus, einen Ansporn zur Vertiefung ihres Glaubens.

Wenn einmal dieses Klima der Sympathie und der gegenseitigen Verständigung vorhanden ist, kann ein fruchtbarer Dialog zur gegenseitigen Bereicherung zustande kommen. Die Begegnung der Religionen ist heutzutage nicht mehr eine Begegnung im Banne der Feindschaft oder mindestens der Konkurrenz, sondern eine der gegenseitigen Befruchtung. Das ist besonders der Fall in der Begegnung zwischen dem Hinduismus und dem Christentum. Vor langer Zeit hatte ich den Ausdruck *ökumenischer Ökumenismus* gebraucht, um den Dialog der Religionen zu bezeichnen. Er will sagen, daß das Verhältnis der Religionen nicht der Beziehung etwa zweier Handelsfirmen zu vergleichen ist, die jede die eigene Ware denselben Kunden verkaufen will. Es ist auch nicht zu vergleichen mit dem diplomatischen Gespräch zweier Weltmächte, die sich gegenseitig verstehen müssen, um die Welt nicht zu vernichten. Die Religionen sind weder Konkurrenten, noch Feinde. Sie sind eher wie zwei Sprachen, die alle sagen, was sie sagen wollen, jede auf ihre Weise. Zwei Lebensformen, die den Reichtum des menschlichen Lebens darstellen. Jede Sprache ist eine Weltperspektive, und doch können sie sich nicht nur ergänzen, sondern sich auch gegenseitig kritisieren, verbessern und ändern.

Ich möchte eine gewagte, aber optimistische Metapher hier einschalten: Das Verhältnis zwischen Christentum und Hinduismus gleicht dem Verhältnis eines zweisprachigen Liebespaares. Sie spricht eine Sprache, und er spricht eine andere. Sie lieben sich, weil sie eingesehen haben, daß sie das gleiche Ziel haben und das gleiche wollen. Wenn sie reden, verstehen sie sich aber nicht. Sie müssen erst die Sprache des anderen lernen. Es mag sein, daß sie nicht dasselbe sagen, und sicher sagen sie es nicht auf dieselbe Weise. Sie haben aber eine gewisse Ahnung, daß es um das gleiche geht, ohne es beweisen zu können, und sie können sich lieben, den Menschen helfen, sich in der Praxis begegnen und geduldig sein, um voneinander zu lernen.

Das Verhältnis ließe sich also eher formulieren, inwiefern das Christentum vom Hinduismus lernen kann und umgekehrt, anstatt zu fragen, was ich den anderen dozieren und beibringen kann. In unserer gegenwärtigen Situation könnten dabei einige Punkte hervorgehoben werden.

Was der Hinduismus vom Christentum lernen könnte:

– die raumzeitlichen Strukturen der Welt ernster zu nehmen, so daß das Politische auch für das religiöse Leben seine Bedeutung erhält;
– die soziale Ordnung der menschlichen Gesellschaft muß sich nach einer immanenten und unmittelbaren Gerechtigkeit richten und nicht

nur nach einem transzendenten Grund und langfristiger Gerechtigkeit als Folge der Geburten;
- die Geschichtlichkeit ist auch ein Bestandteil des menschlichen Bemühens um Erlösung.

Was das Christentum vom Hinduismus lernen könnte:

- der Sinn des Lebens besitzt einen Faktor, der von sozialen und politischen Begebenheiten unabhängig ist, so daß das menschliche Heil nicht von solchen geschichtlichen Tatsachen allein abhängt. Auch in einer ungerechten gesellschaftlichen Ordnung kann man glücklich sein;
- die Wirklichkeit hat Schichten und Grade, die das gewöhnliche Bewußtsein übersteigen, so daß Konzentration, Meditation oder wie immer dieses Eindringen in die unsichtbare Sphäre der Wirklichkeit genannt wird, wichtiger ist als die Fähigkeit, zu lesen und zu schreiben;
- der Mensch ist mehr als Geschichte, er ist auch kosmische Wandlung. Er ist mehr, nicht weniger als ein Individuum. Er ist ein Bestandteil der kosmischen Entfaltung der Wirklichkeit, Mitglied des Ganzen.

All dies will nicht sagen, daß solche und ähnliche Punkte in den anderen Traditionen nicht vorhanden wären – es will nur heißen, daß aus verschiedenen Gründen jene Punkte nicht in den Vordergrund traten und des Ansporns von außen bedürfen, um wieder wirksam zu werden.

In einem Wort: Das Verhältnis zwischen Christentum und Hinduismus ist heute ein Verhältnis von Geschwistern, die sich nach Jahrtausenden wieder treffen, die sich ihre Erfahrungen mitzuteilen versuchen und zusammen in die gegenwärtige Situation des Menschen treten. Die Christen werden es vielleicht die Zukunft nennen – die Hindus die Anwesenheit, beide den wahren und vollen Menschen.

2. Kapitel

Briefe aus Indien

An einen indischen Künstler
Neu-Delhi, Januar 1955

Mein lieber Freund,
ich nenne Sie Freund, denn ein Künstler hat stets sein Herz in den Händen, und der menschliche Ton, dessen es zu Freundschaft bedarf, ist leicht zu finden, wenn der Partner im Einklang mitzuschwingen vermag… Jedoch will ich nicht über Freundschaft schreiben, sondern über künstlerische Berufung.

Diese Ihre Berufung ist eine christliche – Sie sind ja katholisch; doch das bedeutet keineswegs, daß Ihre Kunst auf „religiöse" oder „christliche" Themen beschränkt sei oder daß Ihre Berufung nur eine ungewöhnliche künstlerische Begabung bedeutet. Es gibt so viele falsche Auffassungen von diesen Dingen, auch unter Christen, daß ich hier einige Gedanken ausführen möchte, welche mir wichtig erscheinen.

Der erste betrifft *christliche* Kunst als solche; der zweite die *religiöse* Kunst; der dritte die sogenannte *indische christliche* Kunst.

1. Lassen wir akademische Probleme der Ästhetik beiseite und sagen wir einfach, daß Kunst Kunst ist, und verstehen wir sie in unserem Zusammenhang als den sinnenhaften Ausdruck von Schönheit. Ist sie das nicht, so ist sie überhaupt nicht Kunst.

„Daß Kunst Kunst ist", bedeutet, daß sie das Substantiv ist und daß daher jede mögliche Bestimmung ein Adjektiv sein muß, welches das Nomen unter einer je besonderen Rücksicht begrenzt, ohne seine Substanz zu verändern. So sprechen wir von spanischer, primitiver, surrealistischer Kunst usw. Diese Bestimmungen beziehen sich auf eine besondere Epoche oder Region, eine eigentümliche Technik, einen kennzeichnenden Geist, Stil usw., doch sie berühren nicht das Wesen, die Substanz der Kunst als solcher. Nun aber: Die tiefe theologische Bedeutung des Ausdrucks „christliche Kunst" paßt nicht in das oben erwähnte Schema. Wenn das Christentum ist, was es zu sein behauptet – nämlich die letztgültig, substantielle Wahrheit –, dann kann die „Christlichkeit" irgendeines Dinges letztlich nie ein bloßes Adjektiv sein. Sie muß der endgültige, innerste Ausdruck der Wahrheit sein und also des Substantivs. Das heißt, mit anderen Worten, die wahre, existentielle Verfassung aller Dinge ist eben die christliche. Ein „christliches Ding" – das ist nicht ein irgendwie christlich gefärbtes Ding, sondern das ist der wahre, wirkliche Kern eben dieses Dinges. In unserem Falle ist christliche Kunst einfach echte Kunst, mit einem Wort – Kunst, und nichts weiter.

Wenn das Christentum nicht nur einfach wahr, sondern gleichsam der geometrische Ort der Wahrheit ist und wenn Christus die Wahrheit ist, dann ist jede wahre Kunst (wie jeder echte Wert) bereits christlich, insofern sie wahr ist. Jede Kunst, welche einen Strahl der Schönheit widerspiegelt – oder gar schafft, im Bereich der Wahrnehmung –, macht eben dadurch einen Funken Gottes kund und ist also christlich; denn Christus – der ganze mystische Christus – ist nicht *nur* der geschichtliche Erlöser, sondern auch das Insgesamt existentieller Wirklichkeit als ihr Ursprung, ihr Ziel und eben auch, einstweilen, als ihre geschichtlich heranwachsende *wahre* Wirklichkeit. Lassen Sie mich nunmehr die Verfolgung dieses Punktes abbrechen und mich geradewegs unserem besonderen Gegenstand zuwenden.

„Christliche Kunst" kann also durchaus zweierlei bedeuten. Die erste Bedeutung ist ontologisch. Christliche Kunst ist einfach echte Kunst, und es gibt keine „christliche" als irgendeine besondere Kunst gemäß bestimmten „christlichen" Regeln. Wollen Sie christliche Kunst schaffen, so schaffen Sie einfach echte Kunst, folgen Sie dem inneren Ruf Ihrer reinsten künstlerischen Berufung – und all dies kommt von Gott *durch* Christus, den einzigen Mittler zwischen dem Absoluten und dem Relativen (das als Relation, als Beziehung zum Absoluten an jenem bereits teilhat) – und versuchen Sie, die angemessenste, oder sagen wir lieber: die am wenigsten unangemessene Form des Ausdrucks zu finden.

Jede echte Kunst (und das heißt schlechthin: jede Kunst, denn falsche Kunst ist ja keine) ist die Frucht einer göttlichen Eingebung; und der einzige Weg, auf dem Göttliches zu uns kommt, ist nach christlichem Glauben (in solch letztgültiger Sicht) Christus; und so hat jegliche echte Kunst einen christlichen Wert. Denken Sie etwa an die herrlichen Buddhas der letzten vorchristlichen Jahrhunderte; Sie werden gewiß meine Meinung teilen, daß sie eindrucksvolle Beispiele christlicher Kunst in eben diesem Sinne darstellen. Das Göttliche lebt in ihnen, Gott aber sendet alle seine Botschaften, von der Schöpfung bis zur einfachen „natürlichen" Eingebung, per Christum Dominum nostrum – durch Christus unseren Herrn.

„Christliche Kunst" kann aber auch eine rein historische Bedeutung haben, und in diesem Sinne werden damit die künstlerischen Erzeugnisse der christlichen Generation bezeichnet. Doch die historische Betrachtung ist vornehmlich der Vergangenheit zugewandt, und so haben wir kein Recht zu sagen, daß christliche Kunst so und so *sei* oder *sein werde* oder *sein sollte*. Äußerstenfalls können wir sagen, was sie *nicht ist* oder *nicht sein sollte*. Wenn ein christlicher Stamm in Afrika oder eine christliche Gruppe in China künstlerische Erzeugnisse hervorbringt, die völlig verschieden sind von europäischer „christlicher" Kunst, so kann solche Kunst mit gleichem Recht „christlich" genannt werden wie die Leonardos oder Murillos. Hier handelt es sich um eine reine Feststellung von Tatsachen. Und es ist klar, daß die Idee einer historischen christlichen Kunst, die für die ordnende Einteilung der Kunst der Menschheit nützlich ist, für die christliche Kunst der Gegenwart oder Zukunft geringen Wert hat. Kunst ahmt nicht Kunst nach, sondern Wirklichkeit (die Natur, den Menschen, seine Welt); und sie ahmt (nach Thomas von Aquin) die göttlichen Weisen des Hervorbringens – Schaffens – von Wirklichkeit nach.

In einer Hinsicht allerdings kann diese historische christliche Kunst Quelle der Inspiration für neue Kunst sein - nämlich insofern sie im eigentlichen Sinne religiöse Kunst ist, das heißt ausdrücklich von der geschichtlichen Gestalt Christi und vom geschichtlichen Christentum inspiriert wird. So gesehen, ist ihre wichtige Aufgabe die, ein Thema anzugeben. Doch dies bringt mich nun zum zweiten Punkt meines Briefes.

2. Was ist, genau genommen, *religiöse Kunst*? Wir müssen hier eine ähnliche Unterscheidung treffen wie bei der Erörterung des vorigen Problems.

Im ontologischen Sinne ist Kunst religiös, insofern sie wahre Kunst ist – so wie sie im ontologischen Sinne christliche Kunst ist und aus dem gleichen Grund. Jedes Kunstwerk drückt Schönheit aus, und Gott ist die Quelle aller Schönheit; jedes Kunstwerk verbindet uns daher mit dem Höchsten, und der Betrachter, der sich darein versenkt, kann durch das geschaffene Licht des künstlerischen Erzeugnisses sich zu Gott erheben.

Wenn ontologisch jede Kunst religiös ist – denn nichts ist außerhalb oder unabhängig von Gott –, so kann ein Kunstwerk auch international religiös sein, wenn es „objektiv" das Gefühl der „Rückverbindung" (religatio) mit Gott vermittelt. Diese objektive Internationalität ist von der subjektiven oder psychologischen Intention des Künstlers zu unterscheiden, welche ein anderes, wenn auch hiermit zusammenhängendes Problem darstellt.

Außerdem müssen wir zwischen *religiöser* und *liturgischer* Kunst unterscheiden. So ist z. B. nicht jedes in seiner Thematik religiöse Bild auch *ipso facto* ein liturgisches. Ein Idol, eine Ikone *(eikon)*, ein Bild oder eine Statue eines Heiligen in der Kirche sind in sich selber Gegenstand der Verehrung oder gar der Anbetung als heilige Kultgegenstände und wirkliche Symbole transzendenter Wirklichkeit. Die Intentionalität einer Ikone ist nicht, Schönheit auszudrücken oder gar nur zu gefallen; sie soll unsere Aufmerksamkeit stützen, unsere Sinne beruhigen, um unser Gebet zu der von der Ikone dargestellten Wirklichkeit hinzutragen und um diese in einer ganz besonderen Weise herabzubringen.

Ein lediglich religiöses Bild im Eßzimmer einer westlichen christlichen Familie kann sehr geeignet sein, in uns das Gefühl für Gottes Gegenwart zu erwecken und uns an den religiösen Inhalt, den es darstellt, zu erinnern; doch es selber ist kein Kultgegenstand, es ist nicht einmal das unmittelbare Symbol für das Aufsteigen unserer Gebete. Das Bild will Schönheit ausdrücken und uns mit künstlerischen Mitteln die religiöse Bedeutung seines Themas nahebringen.

Diese Unterscheidung ist wichtig, um religiöse Kunst und die sogenannte indische christliche Kunst recht zu beurteilen. Gewiß ist sie das Ergebnis der säkularisierten, entsakralisierten abendländischen Kultur, doch ist sie auch nicht ausschließlich westlich, und jedenfalls dürfen wir sie als Tatsache in unserer Zeit nicht vernachlässigen.

Die künstlerischen Fenster einer modernen Kirche beanspruchen nicht gleichen Rang mit den Statuen von Heiligen auf dem Altar; sie sind einfach religiöse Kunst, ein weihevolles Gefühl vermittelnd, ohne aber Gegenstand religiöser Verehrung zu sein. In manchen Kulturen ist alle Kunst religiös und alle religiöse Kunst liturgisch, doch dies ist (zum Guten oder zum Schlimmen) heutigentags nicht der Fall.

Religiöse Kunst gehört dem Bereich der *persönlichen* – ich sage nicht: individuellen – Eingebung des Künstlers an. Er darf sein Hohes Lied auf das Absolute nach eigenem freien Willen zu Form auskristallisieren lassen. Der Wert und die Universalität seines Kunstwerks wird von seinem künstlerischen Genius abhängen.

Liturgische Kunst dagegen kann nicht der nur persönliche Ausdruck einer religiösen Botschaft sein. Einerseits muß sie universaler und weniger individualistisch sein, und andererseits muß sie einem bestimmten Kanon genügen – gewissen äußeren und inneren Bedingungen, welche nur die zuständige religiöse Autorität festsetzen kann, nicht aus Willkür, sondern in ihrer Eigenschaft als berufener Ausleger der religiösen Überlieferung der Gemeinde.

Ein Künstler mag seine eigene Vorstellung von Ganapati oder Vishnu haben; doch wenn er ein Bildnis für den Gottesdienst malen oder meißeln soll, muß er gewissen festgelegten Regeln folgen.

3. Nach dieser ausführlichen Einleitung lassen Sie mich nun kurz meine Meinung zu dem schwierigen Problem einer christlichen indischen Kunst darlegen.

Wiewohl es nicht leicht wäre, indische Kunst zu definieren, versteht doch jedermann darunter den Geist und die eigentümlichen Züge der künstlerischen Erzeugnisse Indiens in allen vergangenen Epochen.

Doch die Geschichte ist nicht der einzige Schlüssel für die Bestimmung dessen, was indische Kunst sei und was nicht. Es gibt etwas Feineres, wir können es den Geist der indischen Kultur nennen – und dies ist der wichtigste Faktor in der Beantwortung der Frage, ob ein Kunstwerk zur indischen Kunst gehöre oder nicht. Dieser Geist verhindert die Stagnation der indischen Kunst, er schafft auch Raum für die Gegenwart. Indische Kunst darf nicht nur als eine Angelegenheit der Vergangenheit oder als Nachahmung jener vergangenen Vorbilder angesehen werden. Auch jede Weiterführung und vor allem jede Überwindung und Veredlung des Geistes der Vergangenheit gehört zur indischen Kunst.

Gleichwohl muß ein gewisser Zusammenhang mit der Vergangenheit gewahrt beziehungsweise geschaffen werden. Hier begegnen wir dem philosophischem Problem der *Tradition*. Man darf wohl sagen, daß kubistische Kunst nicht indische Kunst sei, jedenfalls gegenwärtig noch nicht, und daß es (soweit ich weiß) bis vor ganz kurzer Zeit tatsächlich keine indische christliche Kunst gegeben habe, trotz dem Alter des Christentums in Indien.

„Indische christliche (oder *christliche indische*) *Kunst"* ist die wenig glückliche, doch unmißverständliche Beziehung einer indischen Kunst, die auf *besondere* christliche Motive angewandt oder von ihnen angeregt wird. Das ist also: religiöse christliche indische Kunst.

Für eine solche Kunst würde ich folgende Kriterien nennen:

1. Sie muß *wahre* Kunst, das heißt christliche Kunst im ontologischen Sinne sein; daraus ergibt sich,

2. sie kann nicht nur eine Nachahmung alter indischer Kunst sein, auf christliche Themen angewandt, sondern sie muß ein wirkliches christliches Symbol sein; und das bedeutet,

3. sie kann nicht nur eine Nachahmung abendländischer christlicher Kunst sein, dem indischen Geschmack angepaßt, sondern

4. sie muß echte indische Kunst sein, deren Inspiration aus den ureigenen Tiefen der indischen Seele strömt, und

5. sie muß wirkliche religiöse christliche Kunst sein, deren Gestalt sich aus echter katholischer Erfahrung ergibt; und daraus folgt,

6. sie muß eine harmonische und synthetische Kunst sein, welche die verschiedenen Quellen ihrer Inspiration zur Einheit verschmolzen hat.

Womit liturgische christliche indische Kunst sich zu befassen hat, das muß die Hierarchie entscheiden. Zweifellos ist der christliche Geist, unterstützt von einigen päpstlichen Dokumenten, heute bereit, jegliche besondere Kunst im liturgischen Raum zuzulassen, sofern sie gewissen Normen, deren Auslegung der Hierarchie zusteht, entspricht.

Für die liturgische Kunst wären weitere Kriterien hinzuzufügen, welche die obengenannten nach der praktischen Seite hin erweitern und auslegen, z. B.

7. *Natürlicher Ausdruck* indischen Gemüts und indischer Kultur; das heißt, im Anschluß an 4., es muß eine Kunst sein, welche die indische Seele anspricht; sonst verfehlt sie ihren Hauptzweck, die Gebete des Volkes emporzutragen und sein geistliches Leben zu unterstützen.

8. *Katholische Wirkung;* das heißt, im Anschluß an 2., liturgische Kunst muß gegenüber früheren Anbetungsformen einen läuternden Charakter haben, so daß das Volk, Christen ebenso wie Nichtchristen, nicht verleitet werden zu denken, etwa Maria sei nur ein anderer Name für Parvati oder (im Westen) ein Kirchturm sei ein Fabrikschlot.

9. *Christliche Inspiration*; das heißt, im Anschluß an 5., sie muß die Gebete der Gläubigen zu Gott tragen können, und sie darf diese nicht durch zu unvermittelte Neuerungen, individuelle Originalität oder allzu fremdländische Züge ablenken.

10. Annehmbarkeit (was etwas anderes ist als tatsächliche Annahme) für die alte, in etwa verwestlichte christliche Generation ebenso wie für

die jungen Leute und auch für die gegenüber dem Christentum aufgeschlossenen Nichtchristen.

Schon allein aus den hier angeführten Punkten erhellt die außerordentliche Schwierigkeit und zugleich die dringende Notwendigkeit einer religiösen christlichen Kunst.

Ich erinnere mich, mein lieber Freund, daß in unserem eiligen Gespräch ich Ihnen nur eines sagen konnte:

Sie ebenso wie ich und fast jedermann haben es für selbstverständlich gehalten, daß, wenn abendländische Künstler für ihre religiöse christliche Kunst manchmal Vorbilder nichtchristlicher Herkunft wählten, Sie in diesem Lande das gleiche Recht hätten. Italienischen und flämischen Madonnen werden indische gegenübergestellt, einem von Apollo oder Hermes inspirierten Christus ein Christus, der von Brahma oder Krishna inspiriert ist.

Dieses Ihr Recht bestreite ich keineswegs. Ich wollte Sie lediglich einen Schritt weiter führen; und „weiter" bedeutet vorwärts, nicht rückwärts. Was ich meine, habe ich bei anderer Gelegenheit *theologischen Realismus* genannt.

Selbstverständlich haben Sie alles Recht, religiöse christliche indische Kunst gemäß Ihren Überzeugungen zu schaffen, zumindest als nicht-liturgische Kunst, welche den Geist auf eine spätere liturgische Kunst vorbereitet. Aber ich bemühte mich ja gerade, Sie zu jener tieferen Schicht hinzuführen, wo solches zu geschehen hat.

Das Klima der Gegenwart ist nicht mehr das des europäischen Mittelalters, da der Künstler einen bewundernswerten und sehr eigenen Stil hervorbrachte, welcher einen gewissen Anspruch auf Universalität erheben konnte, insofern die „ganze" Welt damals praktisch der Mittelmeerraum war. Gewiß sollte Kunst stets konkret und bestimmt sein; doch das Christentum ist beides: konkret und bestimmt ebenso wie menschheitlich und universal. Sie dürfen einen indischen christlichen Stil schaffen, gleichwie es einen gotischen gibt; doch die Zeiten ändern sich, und Sie sind der erste, die Begrenzungen der abendländischen Kunst zu kritisieren. Warum streben Sie dann Ihrerseits nach einer morgenländischen Begrenzung? Sollte man nicht heute versuchen, eine katholischere, ökumenischere Kunst zu schaffen?

Ich versuchte, dies am Beispiel der bildlichen Darstellung der Heiligen Familie zu verdeutlichen. Christus und die selige Jungfrau waren weder Europäer noch Inder; sie waren Juden. Und hier setzt der theologische Realismus ein. Warum versuchen Sie nicht, mit all Ihrer indischen Vergangenheit und Bildung, mit Ihrer indischen Inspiration, wie sie durch das Studium der ganzen indischen Kunsttradtion und die Liebe zu ihr begünstigt wird, aber auch mit all Ihrem katholischen Glauben und Ihrer Liebe zu Christus und Maria, mit Ihrem künstlerischen, mystischen, religiösen Vermögen, für sich selbst die lebendigen Gestalten unseres Herrn und seiner Mutter zu schaffen – warum versuchen Sie nicht, mit alledem, ineinandergeblendet zu lebensvoller Einheit, die innere christliche Botschaft Ihrer künstlerischen Berufung möglichst realistisch zum Ausdruck zu bringen?

Es versteht sich, daß theologischer Realismus nicht so etwas wie photographische Wiedergabe bedeutet. Realismus ist nicht Naturalismus. Die „realsten" Dinge sind nicht einmal „sichtbar". Kunst ist ja gerade die „Kunst", die unsinnliche Wirklichkeit sinnlich wahrnehmbar zu machen. Doch kehren wir zu unserem Beispiel zurück! Die zu malende „Wirklichkeit" ist eine mystische, das heißt, eine integrale Wirklichkeit von Leib, Seele und Geist, soweit ein Bild solches vermag. Gewiß war Maria eine Jüdin; doch sie war – nein, sie ist auch und vor allem *Unsere Liebe Frau*, Mutter Gottes und unsere Mutter; sie ist Mutter des indischen Volkes, auch all jener, die ihren Namen nicht kennen; nennen Sie sie nicht Morgenstern, elfenbeinerner Turm, Zuflucht der Sünder…? Sie können nicht all ihre Attribute in einem einzigen Bilde zum Ausdruck bringen; doch nur ein jüdisches Antlitz zu malen, genügte nicht – ebensowenig wie es genügt, sie mit einem Sari darzustellen.

Priester müssen Gottes Wort verkünden, auch wenn sie dazu ihre eigene Sprache und ihre Begriffe verwenden. Künstler müssen Gottes Bild vermitteln, auch wenn sie dazu die Technik und Kunstfertigkeit benützen, über die sie verfügen: Beides aber in Demut und Gehorsam gegenüber dem *Logos*, der *Eikon*. Theologie und Kunst bedürfen der Inspiration, wenn auch nicht im gleichen Sinne. Verstehen Sie nun die gewaltige Verantwortung einer künstlerischen Berufung? Der sinnlichen Wahrnehmung der Völker die Botschaft des Heils darzureichen! Und in Ihrem Falle, der indischen Kultur einen vollkommeneren Weg zu eröffnen zu dem strahlenden Glanz dessen, in dem alle Schätze der Weisheit und Wissenschaft verborgen sind! Sie wissen wohl, warum die besten christlichen Künstler vor und während ihrer Arbeit fasteten und beteten; warum ein liturgisches Bild, sobald es fertiggestellt und gesegnet war, nicht einmal von dem Künstler, der es geschaffen hatte, verändert werden durfte; und warum gleichermaßen die Erbauung eines Hindu-Tempels und die Herstellung eines heiligen Bildes von vorgeschriebenen Zeremonien ähnlicher Art begleitet war.

Wie jede andere menschliche Tätigkeit muß die Kunst aus einem inneren mystischen Leben entspringen. Auch hier bewahrheitet es sich, daß das Reich Gottes in uns ist. Sie betrachten die Welt; Sie studieren indische und europäische Malerei; Sie lieben die christlichen Meisterwerke westlicher ebenso wie östlicher Kunst. Doch dann müssen Sie die Augen schließen und dürfen weder diese noch jene nachahmen: Sie müssen Ihre eigene Schöpfung versuchen…

Ich erinnere mich an Ihre Bemerkung: „Doch dann müßte ich ein Heiliger sein!" Ja, genau darum geht es!

Nur aus persönlicher Heiligkeit, nur aus dem Überfluß inwendigen Lebens, das in die äußere Kundgabe einströmt, werden Sie zu schaffen vermögen, werden Sie die verschiedenen Elemente dieser neuen Kunst zur harmonischen Einheit verschmelzen können, die Elemente dieser göttlichen Botschaft, deren unsere Zeit bedarf und deren Werkzeug zu sein Sie – des bin ich überzeugt – berufen sind.

An einen Bilderanbeter

Benares, Februar 1959[1]

Der folgende Brief ist an einen Freund gerichtet, an einen Menschen aus Fleisch und Blut – und Geist –, der Idole anbetet, weil er bisher noch keinen besseren Glauben gefunden hat. Diese Zeilen sind daher keine Studie über die Idolatrie, und schon gar nicht wollen sie das Bild, das die Bibel uns davon entwirft, korrigieren. Diese Brief versucht eine existentielle Annäherung, nicht aber eine allgemeine Analyse der Haltung des Anbeters von Götterbildern; indem ich mich bemühe, zuerst seine Haltung zu verstehen, will ich ihn die meine verstehen lassen. Wenn man anspruchsvollere Worte vorzieht, möchte ich sagen: Ich wende die Methode des Aufnehmens und Einbeziehens an

---

[1] Dieser Brief ist unter dem Titel „Eucharistischer Glaube und Idolatrie" in der Zeitschrift Kairos, 3. Jhg. (1961), S. 85–91 erschienen. Er wird hier mit freundlicher Erlaubnis des Otto Müller Verlages in leicht veränderter Form wiedergegeben.

– welche die östliche Mentalität kennzeichnet –, im Unterschied zur entgegensetzenden und verneinenden Methode, welche dem semitischen Denken entspricht; oder (um mich dem Leser, der selbst nicht Bilderanbeter ist, deutlich zu machen): Mein Brief will den Bilderdienst nicht verurteilen, noch will er ihn entschuldigen, doch in dem existentiellen Streben meines heidnischen Freundes gibt es vielleicht Faktoren, die nicht aus seiner Idolatrie stammen und auch nicht aus seiner Natur, sondern vielmehr aus der universalen Strahlung des Kreuzes Christi, gegen die niemand immun ist. All diese ins einzelne gehende Erläuterung könnte ich aber nicht meinem heidnischen Freund geben.

Ein andermal werden wir vielleicht die Stelle im „Aufstieg zum Berge Karmel" (II,8,5) betrachten, wo der hl. Johannes vom Kreuz die grundlegende Aussage des Propheten Isaias (40,18–19) über den Bilderdienst anführt – aus der wohl wir alle lernen können.

Du verehrst nicht die Bilder, mein lieber Freund, wie Katholiken es tun: Du betest sie an. Die katholische Verehrung benützt das Bild als Hilfe – nicht nur im psychologischen, sondern auch im anthropologischen Sinne –, sich zum Geistigen und Übernatürlichen aufzuschwingen. Darüber hinaus enthalten die heiligen Bilder, insbesondere die Ikonen und traditionellen Kultbilder, in sich selbst etwas Heiliges. Sie sind in gewisser Weise eine Kundgebung des Übernatürlichen, das in den materiellen Gegenstand eingegangen ist. Auch dieser ist ja – entgegen allen spiritualistischen Häresien – von Gott erschaffen. Aber Ihnen erscheint all dies als ein zu schwacher Rahmen, ohne kühnen Glauben an die göttliche Allgegenwart. Mehr noch, es erscheint Ihnen wie ein entfernter Deismus, der es nicht wagt, die Wahrheit ganz ernst zu nehmen, daß Gottes Vorsehung sich der Menschen – körperlicher, fleischlicher Wesen – in einer Weise annimmt, welche völlig der ontologischen Schwäche der Existenz des Menschen entspricht: des Menschen, der nicht versteht, wenn er nicht sieht, nicht liebt, wenn er nicht berührt, nicht glaubt, wenn er nicht hört, kurz: der nicht reiner Geist ist, sondern unreines Fleisch, körperliche Konkretheit, ganz der Erde verhaftet, aus der er hervorgegangen ist und zu der er eines Tages zurückkehren wird.

Ich verstehe Sie sehr gut, mein Freund; aber lassen Sie uns einen Augenblick über Ihren Bilderdienst sprechen. Ich meine, für Sie ist das

Bild selber Gott. Gott wohnt in ihm, Er ist in Holz und Stein des Idols eingegangen. Sie beten es als Gott an. Aber wenn auch das Idol für Sie Gott ist, so stellen Sie es doch nicht mit Gott gleich. Jene Statue, sagten sie mir, ist Gott. Gott selbst aber ist unermeßlich, ist alles... Nur wäre er es nicht, oder er wäre es wenigstens für Sie nicht, wenn Sie nicht im Bilde ihn besäßen oder ihm begegneten. Während der Anbetung, in dem lebendigen und heiligen rituellen Akt, sehen Sie nur Gott allein; und Sie sehen ihn nicht nur mit dem Geist, sondern auch mit den sinnlichen Augen. Nach der Zeremonie jedoch betrachten Sie das Idol nicht mehr als Gott; Sie stellen es in den Winkel, ohne etwa zu denken, daß Sie Gott in den Winkel stellen; Sie werfen es auf den Kehricht oder ins Wasser und meinen doch nicht, damit ein Sakrileg zu begehen. Gott ist nicht mit dem Symbol verschwunden; vielmehr werden Sie sich bald ein anderes Idol herstellen, und nunmehr wird dieses Ihr Gott sein, und Sie werden es als Gott verehren.

Ich kann mir sehr gut vorstellen, daß Ihre Bilderanbetung von vielen mißverstanden wird. Sie sind weder Animist noch Fetischist, Sie glauben einfach an Idole, das heißt: Sie glauben an Gott, und ohne zu bedenken, daß er eben dadurch aufhört, Gott – der Absolute, der Herr – zu sein, identifizieren Sie ihn mit einem *Bild*, das Sie dann als in einem bestimmten Idol dargestellt erkennen. Ich kann Sie verstehen, mein Freund – obwohl ich auch sagen muß, daß dies für streng logisches Denken nicht immer leicht ist. Viele Protestanten meinen (guten Glaubens), daß die Katholiken Idolatrie treiben, was nicht zutrifft.

Ich will Ihnen aber den letzten, wirklichen Grund meines Verstehens sagen: Es ist mein katholischer Glaube an die Eucharistie. Wenn ein Christ hörte, was ich Ihnen sage, würde er es wohl ablehnen – und nicht ohne gewisse Berechtigung –, die Eucharistie mit Idolatrie zu vergleichen. Doch es geht um keinen unmittelbaren Vergleich; und ich sage Ihnen nur, daß ich deshalb Ihren Glauben verstehe, weil ich an die wirkliche Gegenwart Christi – der Gott ist – in der Eucharistie glaube. Hören Sie einen Augenblick meine Erwägungen an.

Für die Katholiken ist das heilige Bild etwas wie ein Steigbügel, um sich im Gebet zu Gott aufzuschwingen. In seinem Aufstieg zu Gott stützt er sich auf Geschöpfe, benützt er das sichtbare Zeichen des Bildes – doch Gott ist nicht in das Bild hinabgestiegen. In der Eucharistie dagegen ist die göttliche Gegenwart wirklich. Hier ist Gott herabgestiegen, und ich sehe ihn auch; aber ich identifiziere nicht (und andererseits identifiziere ich doch), was ich sehe, mit Gott. Die sogenannten „Gestalten" der Eucharistie sind nicht und enthalten nicht Gott, und nichtsdestoweniger ist Christus in diesen Zeichen enthalten. Der ganze Christus, also auch seine Gottheit, ist im eucharistischen Sakrament wahrhaft gegenwärtig. Christus – der Gott ist – und die Eucharistie sind dasselbe. Und weiter: wenn die konsekrierte Hostie verbrannt, zerbrochen wird, fällt oder vernichtet wird, so ist es nicht Gott, dem all dies widerfährt – ebensowenig wie wenn Ihr Idol zerstört wird. Und doch werden beide, Christen und Heiden, eine Profanierung des Heiligen durch Menschen, die ihren Glauben nicht teilen, sehr schmerzlich empfinden.

Die strukturelle Verschiedenheit – ich sage strukturell, denn die Verschiedenheit des *Inhalts* ist weit größer und gehört einer anderen Kategorie an – besteht darin, daß die Beziehung zwischen Ihrem Idol und Gott undifferenziert und einseitig ist, während es in der Eucharistie eine Differenzierung und doch einen völligen Zusammenhang gibt. Die Funktion Ihres Idols ist, für Sie Gott zu sein, Sie zu Gott zu erheben und Sie mit Ihm zu einen – daher Ihre Behauptung, daß das Idol Gott sei, während Gott nicht ohne weiteres Ihr Idol ist. Die Funktion der Eucharistie ist nicht nur diese, uns zu Gott zu erheben (besser gesagt: uns in Ihn zu verwandeln), sondern auch, uns zu Gott hinzuführen. Gott steigt herab, Er kommt, verweilt, wird Fleisch. Für Sie wird Gott „Materie", ein „Ding", aber nicht „Geschichte" und noch weniger „Mensch". Weit mächtiger als in Ihrem Idol ist die Gegenwart Gottes in der Eucharistie. Ich möchte sagen: Während Sie einerseits zu weit gehen – indem Sie in absoluter und unkritischer Weise etwas, das nicht Gott ist, vergotten –, gehen Sie andererseits nicht weit genug – denn Sie gelangen nicht zu der eucharistischen Identifikation, die den physischen Gestalten jede substantielle Wirklichkeit abspricht.

Die mittelalterlichen Europäer pflegten von der *potentia Dei absoluta* zu sagen, daß Gott Holz und Stein werden, daß er in jeden beliebigen Gegenstand niedersteigen könne, wenn er wolle. Es ist also nicht alles absurd in Ihrer Idolatrie. Was ist dann der Grund, daß ich diesen Glauben nicht teile? Liebe und Verehrung des Gottes, der zu mir gesprochen hat, um mir zu sagen, daß er nur in Christus in der vollkommenen Weise, die Sie (gleichsam „morgendlich") ersehnen, geschöpfliche Gestalt angenommen hat. Oder ganz im Vertrauen könnte ich Ihnen sagen, daß ich sogar an Ihre Idolatrie glaube, in einer Ihren eigenen Glauben übersteigenden Weise; das heißt, ich glaube an Gottes wirkliche Gegenwart in der Eucharistie, und ich glaube außerdem an Ihre heidnische Frömmigkeit in einem höheren Sinne, nämlich daß Sie in Ihrem Idol Gott begegnen.

Der Unterschied (wie gesagt, der strukturelle) besteht also darin, daß Ihr Idol in dem vitalen und dynamischen Akt der Anbetung mit Gott identifiziert wird; mit anderen Worten, daß das Idol, um zu sein, was es nach Ihrem Willen sein soll, nicht nur von Gott abhängt, sondern in gewissem Sinne auch von Ihnen, daß Sie selber die Wirklichkeit der Idolatrie schaffen – alles hängt vom Akt des Gläubigen ab, vom *opus operantis*, wie die Theologen sagen, so daß ohne Ihre *bona fides* alles Trug wäre. Demgegenüber ist die eucharistische Gegenwart dem ungläubigen Sinn ein noch größeres Ärgernis, weil sie schlechterdings total ist. Ich bin es nicht, der sie schafft, sondern *sie* ist es, die sich *mir* schenkt. Hier ist das *opus operantis* nicht das meine, sondern es ist das *opus operantis Christi* – der freilich die Eucharistie für den Menschen eingesetzt hat, weshalb auch eine gewisse Verbindung mit dem menschlichen *opus operantis* erhalten bleibt. Die Eucharistie ist keine Magie. Wenn auch die eucharistische Gegenwart nicht auf den Akt der Kommunion beschränkt ist – *dum sumitur* –, so ist doch die Eucharistie für den Menschen und seinen Gebrauch eingesetzt – *ut sumatur* – und verlangt seine Mitwirkung. Idolatrie ist im höchsten Grade subjektiv, und das erklärt, warum sie unabhängig vom guten Glauben des Anbeters völlig undenkbar ist. Die Eucharistie aber ist vor allem eine göttliche Handlung, wenn auch in der Ordnung der Inkarnation und der Kirche; und dies wiederum erklärt, warum sie außerhalb des vollen katholischen Glaubens absolut unvorstellbar ist.

Nun aber möchte ich versuchen, Ihnen den Sinn, den die Eucharistie für den Christen hat, zu erklären. Man könnte sagen, daß Ihr Bilderdienst von einem Gesichtspunkt aus dem christlichen Dogma nähersteht als die vedantische Haltung, die da glaubt, jede sinnenhafte religiöse Form und materielle Wirklichkeit übersteigen zu müssen, um in Kommunion mit dem Absoluten einzutreten. Fern sei es mir auch, Sie aufzufordern, Ihren Glauben an Symbole aufzugeben, ohne den Glauben an das Symbol gefunden zu haben: an das wahre Ebenbild der Gottheit, nämlich des Vaters. Im Idol finde ich ein Symbol des Symbols, ein Bild des Bildes, einen Vorläufer dessen, der für Sie noch der Zukünftige ist, für mich aber der bereits Gekommene. Ich begreife, daß die Juden, denen Gott noch ungeschieden Einer war (ohne die Offenbarung der Dreifaltigkeit), jedes

Sinnes für den Bilderdienst, auch in ihren eigenen strukturellen Formen, ermangelten. Es könnte kein sichtbares Bild Gottes geben, welcher Art auch immer es sei, wenn nicht im Schoße der Gottheit selber ein ungeschaffenes, gleich ewiges, göttliches und vollkommenes Bild der Gottheit existierte. Der Christ kann verständnisvoller sein als der Befolger des Alten Gesetzes, denn er entdeckt in Ihrer Idolatrie ein entferntes, aber doch reales Symbol der Trinität und der Eucharistie. Ich sage nicht, daß der Bilderdienst sich allzeit rein erhalten habe, frei von Aberglauben und Magie; doch auch der Kult des wahren Gottes ist nicht immer frei von solcher Entartung geblieben.

So also möchte ich die eucharistische Gegenwart in Begriffen, die Ihrem Glauben verständlich sind, zu erklären versuchen. Ich beabsichtige nicht, Sie zu bekehren, ja nicht einmal, Sie zu überzeugen. Ich bemühe mich nur, mich verständlich zu machen. Und ich meine, daß das Ihnen gegenüber leichter sein müsse als gegenüber einem modernen Agnostiker, für den die meisten der hier gebrauchten Worte jedes Sinnes entbehren.

Während die letzte Quelle allen Geschehens allein das göttliche Bewirken ist, gibt es doch zweifellos eine doppelte Bewegung – vom Menschen zu Gott und von Gott zum Menschen. Diese doppelte Bewegung ist – wie gesagt – das Ergebnis der freien und ungeschuldeten göttlichen Initiative; *wenn* aber Gott den Menschen berufen hat, sich mit Gott zu vereinen, wenn er ihm eine solche Sehnsucht eingepflanzt hat, dann können beide, Gott und Mensch, die doch so verschieden sind, einander nicht anders begegnen, geschweige denn sich vereinen, als durch eine Vermittlung, einen Mittler. Diese doppelte Bewegung führt uns also zu einer gemeinsamen Plattform, sozusagen zu einem gottmenschlichen Sein – Ihnen zuliebe könnte ich es vielleicht ein „Idol" nennen –, in dem die Begegnung zwischen Gott und Mensch stattfinden kann. Als geometrischer Ort der Begegnung müßte dieses Sein – oder diese Person – zugleich Schöpfer und Geschöpf sein. Sie haben geahnt, daß es dieses Sein geben muß, und haben gemeint, es in einem unbeseelten Gegenstand zu entdecken, den Sie ein Idol nennen; ich glaube – denn zweifellos ist das eine Sache des Glaubens – es in einem Menschen gefunden zu haben, den ich Christus nenne.

Sie hätten nun freilich ein gewichtiges Argument gegen mich vorzubringen, wenn Christus nur ein Mensch der historischen Vergangenheit wäre, welcher vor fast zwei Jahrtausenden auf diesem Planeten gelebt hat und dem ich, an die Vergangenheit gebunden, in treuer Erinnerung nachfolge, während Ihr Idol aktuell gegenwärtig ist. Dies ist aber nicht so. Jesus Christus hat auch als Mensch eine metahistorische Realität, die es ihm gestattet, hier und jetzt gegenwärtig zu sein für mich und für alle, die an ihn glauben, und auch für all jene, die, ohne an ihn zu glauben, ihn nicht zurückweisen. Diese Gegenwart, die die Grenzen von Raum und Zeit übersteigt und die gleichwohl in diese eintritt, die es ermöglicht, daß Mensch und Gott einander begegnen und sich einen – dies ist eben die eucharistische Gegenwart. Der Weg zu Gott führt durch Christus – nicht nur im ontologischen Sinn der Vermittlung, sondern auch in einem konkreten materiellen Sinn der Begegnung mit dem Bilde Gottes auf Erden. Dieser Kult ist nicht (wie Romantiker und Sentimentale zu glauben neigen) nur ein Gedächtnis der Vergangenheit, sondern er gehört der Gegenwart an, die er gestaltet. Der Kult ist nicht, wie der *vedantin*, der Modernist oder Deist ihn sehen wollen, etwas Vorläufiges, das hinter sich lassen muß, wer einmal die ersten Stationen des geistlichen Lebens durchschritten hat; er ist nicht ein psychologisches Hilfsmittel; nein, er entspricht der Struktur unseres Seins selbst. Die Einung mit der Gottheit ereignet sich nicht nur auf dem Gipfel der Seele, dem *apex mentis*, sondern sie betrifft den ganzen Menschen, einschließlich seiner Leiblichkeit, die berufen ist, eines Tages aufzuerstehen.

Die vollkommene Epiphanie der Gottheit ist einerseits bestimmt, jede andere, teilweise oder nur subjektive Kundgebung zu ersetzen, gibt aber andererseits Wert und Sinn – vorbereitenden Wert und vorläufigen Sinn – jedweder Theophanie, die diesen Namen verdient. Damit ist gesagt, lieber Freund, daß das wahre, aber verborgene Antlitz Ihres Idols – insofern Sie durch dieses sich mit Gott zu vereinen oder Seine Gnade zu erlangen suchen – dieser Christus ist: das vollkommene „Idol", die totale *eikon* des Gottes, den niemand gesehen hat und der uns alle ohne Ausnahme ruft.

Ich denke nicht, daß ich nunmehr in Einzelheiten eintreten sollte, um theologisch die Lehrunterschiede zwischen Idolatrie und Eucharistie darzulegen. Ich wollte lediglich zeigen, wie ich eine Erörterung über Idolatrie beginnen würde – in tiefer Ehrfurcht vor dem Gott aller Götter, von dem der Psalmist singt, der seine Herrlichkeit kundgetan hat in allen Geschöpfen, die er (ohne Ausnahme) nach seinem Bilde schuf.

An einen Wahrheitssucher
Benares, 24. Februar 1957

Mein lieber Freund!

Sie sind zwanzig Jahre älter als ich, und ich zweifle nicht, daß Sie mir an Weisheit und Erfahrung überlegen sind. Dennoch wage ich, Ihnen zu schreiben, da Sie so demütig gewesen sind, sich an mich zu wenden und mich Ihre Zweifel wissen zu lassen. So viele weise und heilige Männer haben Sie bereits vergebens um Rat gefragt, daß ich zögere, meinerseits eine weitere Antwort zu versuchen. Es handelt sich nicht darum, daß ich Ihre Frage nicht verstünde; ich begreife sie durchaus. Noch handelt es sich darum, daß ich nichts zu sagen hätte; ich habe sehr viel zu sagen, und ich meine sogar die Antwort zu wissen. Doch so seltsam es auch scheint – ich vermag nicht, sie in bloßen Worten Ihnen mitzuteilen.

Doch da ist ein anderer Gedanke, der mir noch wichtiger zu sein scheint als all Ihre theoretischen Zweifel über Gott, den Menschen, das Böse, die Religionen usw. Dieser Gedanke dürfte kaum Ihre Zweifel zerstreuen, und das soll er auch nicht; doch vielleicht vermag er Ihrem Gemüt einigen Frieden zu schenken und Ihnen zu helfen, den rechten Weg zur Lösung Ihrer Probleme einzuschlagen.

Über dreißig Jahre lang haben Sie sich nach spiritueller Erleuchtung gesehnt, und Sie haben Monate in Ashrams und Klöstern von mancherlei Art zugebracht. Sogar an christlichen Korrespondenzkursen haben Sie teilgenommen, und Sie haben fast alle religiösen Wege, die in diesem Lande bekannt sind, versucht. Sie wollen Gott verwirklichen; Sie möchten *samadhi* erreichen; es verlangt Sie danach, das Geheimnis der Wirklichkeit zu durchdringen und Gott zu gewahren. Dies ist ein edles Streben und ein lobenswertes Beginnen; doch darf ich sagen, was ich denke?

Ich wage nicht zu raten, daß Sie dieses Ziel aufgeben sollten; doch ich möchte Sie nur auf zwei Dinge aufmerksam machen:

Sie sagten mir, daß die meisten jener Heiligen und Asketen von eigenen Gnaden Schurken seien – sofern nicht ihre Mittelmäßigkeit sie selbst dieses Vorzugs beraube! Hierzu möchte ich nicht Stellung nehmen. Doch Sie fahren fort, den „blendenden Glanz" solcher Lebensführung zu genießen, vielleicht wegen des äußeren Ansehens, das sie umgibt. Sie sind ein Mann weltlichen Standes, kein *brahmacarin* oder *sadhu*. Glauben Sie mir: Gott ist für alle da, auch für den gewöhnlichen Menschen;

Sie können Ihn ohne viel Aufwand – und gefahrloser – in der liebenden und redlichen Erfüllung Ihrer täglichen Pflichten finden. Mag sein, dies ist nicht alles, doch es ist der Beginn.

Damit komme ich zum zweiten Punkt: Es ist die Verwirklichung des wirklichen Gottes, worauf es wahrlich ankommt, denn Erlösung bringt nicht so sehr *meine* Verwirklichung Gottes, sondern vielmehr *seine* Verwirklichung meiner. Ich frage mich, ob irgendein Mensch ihn in dieser Welt völlig „verwirklichen" könne; doch ich bin gewiß, daß er, wenn er ist, jeden von uns „verwirklichen" kann. Dies geschieht in eben dem Augenblick, da wir die Hindernisse beseitigen, die ihm im Wege stehen, da wir versuchen, seinen Willen zu tun; da wir bereit sind, unserem Gewissen zu folgen.

So wird, was ich meine, in der christlichen Heiligen Schrift ausgedrückt: „Reine und ungetrübte Religion vor Gott dem Vater ist diese – Waisen und Witwen in ihrer Trübsal besuchen und sich von der Welt unbefleckt bewahren." Und gleicherweise sagt Konfuzius: „Niemals tue anderen, was du nicht möchtest, daß sie dir tun"; und auch „Liebe deinen Nächsten, liebe diesen unbekannten Gott, so sehr du vermagst, wahrlich liebe die Menschen mit all deiner Kraft." Oder, wenn Sie säkularisiertere Ausdrücke bevorzugen: Tun Sie Ihre Pflicht, versuchen Sie, redlich zu leben und anderen nach Möglichkeit zu helfen, indem Sie sich bemühen, für sie dazusein und die Menschen, die Sie umgeben, glücklich zu machen – und Sie werden Gott und Frieden und Glück finden und werden auf Ihre Weise Gott „verwirklichen", weil Gott Sie „verwirklichen" wird; Sie werden sein Werkzeug sein, aus Liebe und Dienst und Hingabe werden Sie ein gott-ähnliches Leben führen. Ich brauche nicht zu betonen, daß dies nicht irgendeinen „Naturalismus" oder innerweltlichen Humanismus bedeutet. Sie sind zu gott-berauscht – wie Sie zu sagen lieben –, um in dieses andere Extrem zu fallen.

Über diese beiden Punkte sollten wir ausführlich sprechen, und wir könnten dann auch Ihre spekulativen Fragen erörtern; der Kern des Problems aber, denke ich, liegt für Sie eben hier.

An einen Mystiker
Bangalore, 6. April 1955

Ich stimme mit Ihnen überein, lieber Freund, und ich sehe kaum einen nennenswerten Unterschied in dem, was wir beide *meinen*. Ja, ich möchte sagen, daß in dem, was wir *meinen*, wir wirklich eins seien. Wenn Sie mir sagen, daß ich noch nicht die äußerste Ebene erreicht habe oder daß wir doch nicht völlig übereinstimmen, so scheint es mir, daß ich tatsächlich verstünde, warum Sie dies sagen, während ich gleichzeitig die Empfindung habe, daß umgekehrt Sie mich nicht verstehen. Vielleicht liegt der Fehler bei mir, weil ich der Fähigkeit ermangle, mich angemessen auszudrücken[1].

Sie sagten, und bis zu einem gewissen Punkte muß ich Ihnen zustimmen, daß die letzte – nennen wir sie ruhig: mystische Erfahrung nur eine sein könne, gleichgültig ob es ein Christ, Hindu, Moslem oder was immer sonst sei, der sie „erleide". Ich füge hinzu, daß dies *per definitionem* wahr sein müsse. Wenn nur eine Wirklichkeit ist und wenn wir sie zu erreichen vermögen, so muß die äußerste Erfahrung, durch die wir mit der Wirklichkeit eins werden oder sie berühren, ein und dieselbe sein. In strenger aristotelischer oder thomistischer Sprache gesagt: Wenn zwei Intellektuelle dasselbe Ding unter derselben Rücksicht sehen, so sind diese beiden Intellekte eins. Und Thomas von Aquin fügt hinzu, daß die Identität zwischen dem *Erkennbaren* und dem *Erkennenden* sogar über die logische Identität selbst hinausgehe.

Doch lassen Sie uns in einer gewissen Ordnung vorgehen. Ich sagte Ihnen, daß für manche katholischen Kreise ein Schatten auf ihre Behauptung fallen könne – nämlich die Furcht, Sie vermischten das Natürliche mit dem Übernatürlichen. Wir brauchen hierauf jetzt nicht näher einzugehen. Ich möchte lediglich bemerken, daß die äußerste Erfahrung, wo immer sie auch angetroffen werde und was immer sie auch sein möge, jedenfalls nur der existentiellen und übernatürlichen Ordnung angehören kann.

Vor allem ist festzuhalten, daß diese äußerste Erfahrung als solche eine ist. Dabei wollen wir jetzt die Frage unerörtert lassen, inwiefern

---

[1] Der Leser sei daran erinnert, daß der Empfänger dieses Briefes ein nichtchristlicher Mystiker und Anhänger des Advaita-Vedanta ist.

jene, die diese Erfahrung hatten, als viele zu bezeichnen seien oder als einer.

Diese Erfahrung ist, zweitens, unsagbar; nicht nur, weil sie eine *Erfahrung* und daher notwendigerweise unaussprechlich ist, sondern auch, weil sie die äußerste Erfahrung ist, und die *äußerste* Wirklichkeit, wenn anders sie die äußerste bleiben soll, in keine Aussage eingeschlossen werden kann. Jeder Versuch, diese Erfahrung in Worten auszudrücken, muß sie radikal verändern. Außerdem bedeutet der Versuch, diese Erfahrung auszudenken, deren Übertragung in eine andere Ebene und ihre Umwandlung in reine Begrifflichkeit, und unsere Begriffe können nun einmal nicht die Wirklichkeit einer Erfahrung ausdrücken, welche alles andere und auch die Begriffe übersteigt.

Wie dem aber auch sei, jedenfalls kann diese äußerste Erfahrung (und nebenbei sei bemerkt, daß das Wort „Erfahrung" vielleicht nicht das beste Wort sei) in etwa durch mein Sein wiedergegeben werden: Mein eigenes, mein ganzes Sein, meine schweigende Existenz als solche kann die „Spiegelung", das „Zeugnis", der *logos* jener Erfahrung werden; und dies wäre der am wenigsten unangemessene *Ausdruck* des „Erfahrenen". Mein ganzes Sein wird also erleuchtet und verwandelt, denn es wird sozusagen zur Inkarnation jener Erfahrung. Anders gesagt: Nur „Heiligkeit" ist der echte Ausdruck für die Berührung des Unsagbaren. Habe ich eine Erfahrung zu vermitteln, eine Botschaft zu überbringen, so kann dies nur durch mein ganzes Sein und nicht in erster Linie durch meine Gedanken geschehen. Seiend, durch Sein bezeuge ich Es, Ihn; sprechen aber muß ich nur insoweit, als dies zu meinem Sein gehört und daher dessen natürlicher Ausdruck ist.

Fahren wir fort: Da ich ein sprechendes, ein denkendes Wesen bin (denn ich bin eine vernünftige und geistige Person), kann ich nicht umhin, meine Erfahrung auszudrücken und zu bedenken. Ich muß, aus meiner menschlichen Natur heraus, sprechen – und zuerst nicht zu anderen, sondern zu mir –, um meiner eigenen Situation bewußt und meiner persönlichen Erfahrung gewahr zu werden.

Dies ist der zweite Schritt. Und hier würde ich zwei Momente unterscheiden: ein ontologisches und ein logisches.

Mein Sein ist vernünftig, geistig, erkennend. *Ich* könnte überhaupt keine Erfahrung *haben*, wenn ich nicht meine Erfahrung erführe; das heißt, wenn ich nicht in irgendeiner Weise meine eigenen Erfahrung wahrnähme. Wenn Sie wollen, so bin ich meine Erfahrung; doch diese

Erfahrung erfährt sich selbst, andernfalls hätte *ich* gar keine Erfahrung. Außerdem könnte sie sonst ja gar nicht als Erfahrung existieren. Mag sein, daß ich lediglich eine besondere Erfahrung, die Gott selber erfährt, sei; doch diese eine Erfahrung ist Erfahrung eben nur als selbst-erfahrene. Eben dieses „selbst" bin aber ich – was immer auch dieses „ich" sein mag. Das bedeutet, daß meine Erfahrung eine intellektuelle oder, wenn Sie so wollen, eine bewußte ist. Sie ist etwas, das in mir geschieht, oder *ich* geschehe in ihr. Aber immer ist diese Erfahrung erkennend, „intellektuell" – in der klassischen Bedeutung des Wortes. *Experientia oculata*, „Augen-Erfahrung", ist eine andere traditionelle Bezeichnung. Der Stein mag eine andere Erfahrung Gottes sein, doch mit dem Unterschied, daß die Erfahrung, welche ich bin, eine Selbst-Erfahrung, eine wirkliche Erfahrung ist, während der Stein wohl eine Erfahrung des Selbstes sein mag, nicht aber eine Erfahrung des Steines als Stein durch den Stein ist (immer unter der Voraussetzung, daß der Stein nichts anderes als ein Teil Gottes beziehungsweise Teilhabe an Gott sei). Damit ist freilich nicht gesagt, daß ich in meiner Erfahrung mich als Menschen erführe – ich erfahre mich als das, was ich wirklich *bin*.

Sagen wir also, daß ich eine besondere Erfahrung Gottes sei, das ist eine geistig-personale Erfahrung, die als solche von allen anderen Erfahrungen verschieden ist, wiewohl von oben, gleichsam in der Sicht Gottes, sie als eins mit allen anderen Wesen (Erfahrungen) gesehen wird.

In diesem Sinne, von oben, von Gott, vom *Inhalt* unserer Erfahrungen her gesehen, mag nur eine einzige Erfahrung sein, das heißt: nur der Einzige sein. Von unten aber, von mir, der ich spreche, schreibe, bin – was immer mein Sein auch sei –, ist es *meine* Erfahrung, bin ich es, verschieden von allen anderen, und in diesem Sinne ist die Erfahrung unsagbar und unmittelbar. Ich bin ich selbst und Bewußtsein meiner selbst – was immer dies *selbst* auch sei.

Dieser zweite Schritt in bezug auf die äußerste mystische Erfahrung, durch die wir wirklich *sind,* hat nun aber, wie oben gesagt, noch einen anderen Aspekt, neben dem ontologischen: Es ist dies der logische Ausdruck, die „allgemeingültige" Manifestation meines eigenen Seins beziehungsweise meiner Erfahrung.

Ich bin, wie gesagt, nicht blind, sondern sehende Erfahrung, nicht tot, sondern lebendig bewußte Erfahrung. Wenn ich versuche, sie auszusprechen, auch nur mir selbst gegenüber, wenn ich diese Erfahrung zu verstehen trachte, auf sie reflektiere, dann tritt der logische Aspekt hervor.

Dies wollen wir kurz näher betrachten. Nehmen wir an, wir hätten die äußerste Erfahrung gehabt und wüßten darum. Dieses „Wissen" ist doppelt: Zum ersten ist da die Erfahrung selbst, die als solche nacktes, unmittelbares Gewahren ist. Zum zweiten müssen wir nun aber wiederum zwei Arten von „Wissen" unterscheiden, deren Verwechslung oder Vermischung schon viele Kontroversen verursacht hat. Die eine Art ist das einfache „Gedenken" an die Erfahrung oder auch das vom Hörensagen über sie Wissen und Sprechen. Auch die andere Art ist ein rein intellektuelles Gewahren der Erfahrung, gleichwohl aber weder die „Erfahrung" selbst noch deren Gedenken. Sie ist vielmehr die Erfahrung intellektueller Dimension; denn da wir intellektuelle Wesen sind, sind tatsächlich auch in jenem letzten Gewahren bereits gewisse Ideen und Begriffe gegenwärtig enthalten, wenn auch vielleicht unentfaltet. Wenn ich versuche, mich auszudrücken und etwas Licht auf das, was da geschieht, fallen zu lassen, dann bedarf ich der Hilfe meines Intellektes, meines Denkens und auch meiner Begriffe.

All diese Begriffe kann ich nicht alleine schaffen. Tatsächlich beginne ich mit übernommenen Ideen und Begriffen, die ich nur zum Teil kritisch prüfen kann. Ich kann den kulturgeschichtlichen Augenblick, in dem ich lebe, nicht selber wählen und auch nicht die Gedanken, deren ich mich zu bedienen habe.

Doch nur mit den Gedanken, die mir zur Verfügung stehen – gleichgültig, ob sie von mir selber gefunden oder von außen übernommen wurden –, kann ich mein Sein ausdrücken und meine Erfahrung mitteilen. Zumindest theoretisch könnte man sich nunmehr zwei Fälle denken:

a) Ein Mensch, der in einer bestimmten Kultur und Religion (das heißt innerhalb einer bestimmten geistigen Umwelt) aufgewachsen ist, kann versuchen, seine Erfahrung auszudrücken, indem er allgemein gebräuchliche Begriffe anwendet, sie läutert, sie tiefer versteht usw.; trotzdem würde er innerhalb des Bereiches jener Kultur und Religion bleiben.

b) Ein Mensch, der zwei kulturelle und religiöse Welten von innen her kennt, könnte in der Lage sein, seine Erfahrung in Ausdrücken beider Kulturen oder Religionen wiederzugeben. Hinsichtlich der Tiefe der Wiedergabe einer solchen Erfahrung lassen sich verschiedene Grade denken. Zum Beispiel könnte der Betreffende, nachdem er die Erfahrung verwirklicht hat, versuchen, sie in indischen Begriffen und in abendländischer Form auszudrücken, wenn er in beiden hinlänglich bewandert ist.

Diese zweitgenannte Möglichkeit werden wir etwas genauer betrachten müssen. Zunächst, ist es wirklich eine Möglichkeit? Dem scheinen vor allem zwei grundlegende Hindernisse entgegenzustehen.

Denn wenn wir die Dinge konkret betrachten, so scheint es kaum möglich, diese Erfahrung mit den Werkzeugen zweier verschiedener religiöser Welten auszudrücken, ohne entweder der eigenen Religion oder der Erfahrung selbst untreu zu werden. Betrachten wir diese beiden Gesichtspunkte.

1. Die Forderungen meiner eigenen Religion

Die äußerste Erfahrung ist eine religiöse, und Verkehr zwischen zwei Religionen ist keine einfache Angelegenheit.

Jede Religion beansprucht irgendwie Letztgültigkeit – zumindest muß sie sich als ebenso letztgültig wie jede andere Religion und als letztgültig für ihre eigene Gemeinde verstehen. Wird nun als letztgültige jene mystische Erfahrung betrachtet, welche ja doch den Kern aller Religionen berühren soll – muß das nicht bedeuten, daß diese unterschiedslos als gleich angesehen werden? Religion wäre dann ja nur die äußere Einkleidung einer solchen Erfahrung, ein Kleid, das nur infolge gewisser historischer, geographischer oder rein psychologischer Umstände von Religion zu Religion verschieden wäre.

Selbst wenn man dieser Auffassung zustimmte – was ich persönlich nur unter der Bedingung zugeben könnte, daß man der Geschichte, Geographie und Psychologie eine sehr eindeutig christliche Bedeutung beilegte –, bliebe doch die Tatsache bestehen, daß wir den Weg zu jener äußersten Erfahrung innerhalb des Rahmens einer besonderen Religion zurückgelegt haben. Ist jene Erfahrung erreicht – soll ich dann alle Religionen als gleicherweise zu dem Ziel hinführend betrachten, als relative Wege, deren Verschiedenheiten folglich keine Rolle spielen? Kann ich sicher sein, daß andere Religionen zu demselben Ziel führen?

Ich könnte mich auf das Zeugnis anderer verlassen und deren Aussagen als gleichbedeutend mit meiner Formulierung der mystischen Erfahrung verstehen; doch wie kann ich wissen, daß dem tatsächlich so ist, wenn ich nicht selber jenen anderen religiösen Weg gegangen bin? Jenen Weg kann ich aber nicht gehen. Und dies aus *zwei* Gründen.

Der *erste* ist psychologisch in des Wortes weitester Bedeutung. Bin ich Anhänger einer besonderen Religion, kann ich nicht gleichzeitig

Anhänger einer anderen sein. Und selbst wenn ich mich bemühte, die Erfahrung eines anderen Weges zu erlangen, hätte ich nicht die gleiche Unschuld des Gemütes wie damals, da ich dem ersten Weg folgte; und die so erlangte zweite Erfahrung wäre mit der eines orthodoxen Anhängers jener zweiten Religion nicht zu vergleichen. Ganz abgesehen von der Gefahr der Unaufrichtigkeit, die ein solches Experiment einschlösse – man kann mit Religionen nicht wie mit chemischen Substanzen experimentieren –, wäre die Erfahrung keinesfalls die gleiche wie die eines Menschen, der jener Religion bona fide anhängt.

Der zweite Grund ist metaphysisch. Habe ich die mystische Erfahrung gehabt, so bin ich nun radikal verwandelt und kann nicht mehr so sein, als hätte ich sie nicht gehabt. Selbst wenn ich in der allerbesten Absicht versuchen wollte, einem anderen Weg zu folgen – so wie dies zum Beispiel Sri Ramakrishna getan hat –, könnte dieser Weg für mich doch nicht mehr „Weg" sein, da sein Ziel einmal erreicht oder verkostet wurde.

2. Die Manifestation der Erfahrung

Wenn auch die Erfahrung selbst unaussprechlich ist, werden doch nicht alle Weisen, sie auszudrücken, gleichwertig sein. Kann es einen Ausdruck der äußersten Erfahrung geben, welcher in zwei Gedankensystemen, zwischen denen grundlegende Unterschiede und vielleicht sogar logische Widersprüche bestehen, gleicherweise verständlich sei? Können wir einen gemeinsamen Ausdruck finden, welcher ebenso, sagen wir, für eine monistische und für eine rein polytheistische Weltsicht gelte? Wir können ja nicht *a priori* verneinen, daß einem frommen Polytheisten die mystische Erfahrung zuteil werden könnte.

Abermals erweist es sich als angebracht, eine doppelte Unterscheidung zu treffen.

a) Jedermann wird zugeben, daß diese Ausdrucksweisen nicht gleich sein können; doch es erscheint möglich, in den verschiedenen Formeln eine ihnen allen zugrunde liegende Identität zu entdecken. Demnach werden wir die verschiedenen Formulierungen als mehr oder weniger angemessen – je nach unserer Auffassung – betrachten. Vielleicht werden wir auch einige Ausdrucksweisen gänzlich verwerfen, indem wir sagen, daß ein Mensch, der solche Sätze gebrauchte, die äußerste

Erfahrung nicht gehabt haben könne. Über diesen letzten Punkt könnte man vielleicht streiten, doch dies muß uns jetzt nicht beschäftigen.

b) Es kann sein (und es ist tatsächlich in einigen Religionen der Fall), daß auch der Ausdruck der äußersten Erfahrung irgendwie für letztgültig gehalten wird, nicht nur für eine bloße Formel, sondern für eine Manifestation der höchsten Bewußtseinsstufe.

So werden Sie zum Beispiel sagen, daß ein gültiger Ausdruck des Letzten keine dualistische Form haben könne, da in der äußersten Erfahrung sämtliche Unterscheidungen schwinden. Ich meinerseits stimme mit dem überein, was Ihrer Behauptung zugrunde liegt; doch für mich ist eine trinitarische Ausdrucksweise keine Trübung der Einheit, sie dringt vielmehr tiefer in den Schoß des Absoluten ein. Sie erfahren das Absolute als Eines und ich desgleichen; doch innerhalb dieser Einheit gleichsam entdecke ich eine Dreieinheit, die die absolute Einheit bereichert und stärkt und die allein jedwede Erfahrung ermöglicht. Unsere Ausdrucksweisen sind verschieden.

Doch betrachten wir diese beiden Hindernisse noch genauer:

Selbstverständlich kann ich, wenn ich ein guter und orthodoxer Christ bin, nicht Hindu werden – auch nicht mit der „guten" Absicht, auf diese Weise Hindus zum Christentum zu bekehren. Wenn ich nicht an Idole glaube, kann ich die äußerste Erfahrung nicht durch Verehrung von Idolen erlangen. Selbst wenn ich es versuchte, wäre meine Bemühung weder aufrichtig noch gerecht, und gewiß kann ich zur äußersten Erfahrung nicht durch eine Unaufrichtigkeit gelangen. Habe ich die Einung mit Gott durch Christus erfahren, dann kann ich nicht zu den Muslims oder den Hindus gehen; ich kann nicht ein Anhänger Mohammeds oder des Hindu-Glaubens werden und auf jenen Wegen zu gehen versuchen, ohne vom Christentum abzufallen. Selbst wenn alle Pfade gut wären, wären sie es doch nur für jene, die ihnen aufrichtig folgen. Wenn ich aber einen Weg gehe, kann ich nicht gleichzeitig einen anderen gehen; und wenn ich von der Gültigkeit eines Weges *für mich* überzeugt bin, kann ich nicht einem anderen folgen, ohne den ersten zu verraten.

Bin ich Christ, so mag ich glauben, daß ein guter Hindu dasselbe Ziel erreichen werde; nicht aber kann ich glauben, daß der Hinduismus ein Weg *für mich* sei.

Wenn ich nun aber ein orthodoxer Katholik bin, so kann ich immer noch glauben, daß der Hinduismus nicht absolut irrig sei; daß durch den Hinduismus – als Weg, nicht als Mittel verstanden – viele Menschen gerettet werden, das heißt, das Absolute erreichen, und daß also die äußerste Erfahrung, die höchste, die auf dieser Erde möglich ist, auch Hindus zuteil geworden sein mag.

Bin ich wirklich katholisch, so glaube ich an das Christentum nicht nur als einen Weg oder in gewissem Sinne als *den* Weg, sondern auch als das Ziel, die Erfüllung. Das heißt dann aber, daß ich alle, die jetzt mit Gott vereint sind, und auch alle, die auf Erden unterwegs zu ihm sind, gleichfalls als Katholiken ansehen muß.

Und so werde ich alle Lehren des Hinduismus, insoweit sie wahr sind, in mich aufnehmen können. Dies aber wird eine Art Inkarnation ermöglichen.

Umgebung, Kultur, Lebensweise, Philosophie, Sittlichkeit – alles, was das wirkliche Leben des Volkes ausmacht, wird mir einverleibt werden.

Offensichtlich wird der Ausdruck, den ich für meine Erfahrung finde, wenn mein Versuch gelingt, nicht eine einfache Übersetzung in eine neue Sprache sein, sondern eine wirkliche Neuschöpfung, wahrhaft ein neuer Ausdruck einer neuen Erfahrung, welche gleichzeitig eine alte, ja eben dieselbe Erfahrung ist. Freilich ist es eine andere Frage, ob solches einem einzelnen Individuum möglich sei. Wahrscheinlich bedarf es einer Gemeinde, ja einer ganzen Generation, daß solches gelinge. Christlich gesprochen: es ist eine „kirchliche" Funktion.

Dieser Versuch beruht keineswegs auf der Voraussetzung, wie im Falle Sri Ramakrishnas, daß alle Religionen relativ und letztlich gleich gültig seien. Er ist nicht das Unterfangen eines einzelnen, der meint, über alle religiösen Bedürfnisse und alle menschlichen Gemeinschaften erhaben zu sein, sondern vielmehr die Bemühung eines demütigen Geistes, der sich auf der Suche nach der Wahrheit befindet.

Und nun eine rein theologische Bemerkung. Ich bitte Sie, mir einige Fachausdrücke zu verzeihen, da ohne diese zu weit ausholende Umschreibungen notwendig wären. Um wahre Mystik von falscher, das Übernatürliche vom Natürlichen zu unterscheiden, wird gemeinhin gesagt, daß in der wahren und übernatürlichen Mystik der Mensch lediglich Empfänger sei, daß er die Berührung der göttlichen Gegenwart lediglich erleichtern könne. Es wird betont, daß wahre Mystik mit menschlichen Mitteln nicht zu erreichen sei, übernatürliche Mystik übersteige alle menschliche Bemühung. So erscheint Mystik mehr als göttliches Tun denn als menschliche Tätigkeit. Sie ist göttliches Tun und menschliches Erleiden – *pati divina.*

All dies ist wahr. Doch es besteht die Gefahr des Mißverständnisses – daß nämlich die Mystik ausschließlich in nicht-menschlichen Begriffen gedeutet werde; die Gefahr der Vorstellung, daß Gott mehr oder weniger in eine menschliche Seele herabsteige und die Seele dann diese besondere und ungeschuldete göttliche Gegenwart erfahre. Das ist nicht genau genug. Gott ist in der mystischen und in der nicht-mystischen Seele mit gleich großer Liebe (um diesen gebräuchlichen, wenn auch leicht mißverständlichen Ausdruck zu gebrauchen) gegenwärtig. Der Mystiker unterscheidet sich von dem anderen Menschen dadurch, daß er dies erfährt, wiewohl Gott gleicherweise, sozusagen, in beiden wohnt. Mystiker aller Zeiten haben darauf hingewiesen, daß mystische Erfahrungen kein Beweis für größere Heiligkeit seien, das heißt, daß die mystisch Begabten nicht enger mit Gott vereinigt seien als andere Menschen. Advaita hat völlig recht, meine ich, wenn es unbarmherzig alle Auffassungen kritisiert, welche von einem *wirklichen* Herabstieg, irgendeiner *wirklichen* Veränderung, einem Werden des Absoluten sprechen. Ich will jetzt nicht auf die Frage nach dem *Subjekt* der mystischen Erfahrung eingehen und beschränke mich auf die Betrachtung der Erfahrung selbst und ihrer Entdeckung durch die menschlichen Subjekte.

Der erwähnten Darstellungsweise fehlt es auch an der nötigen meta-theologischen Genauigkeit. Ihre Perspektive ist zu dualistisch; die menschliche Person, sei es Heiliger oder Sünder, ist nicht außerhalb Gottes. Gott – in dem Sinne, in dem wir Menschen gern von Ihm sprechen – wohnt in ihr. Jedes Wesen ist in der Gottheit, und es ist gerade insofern, als es „*in-ist*". Es stimmt, daß durch die „Gnade" Gott in besonderer Weise der vergotteten Person einwohnt, doch nicht alle Menschen, die „in der Gnade" leben, können Mystiker genannt werden. So bleibt das Problem das gleiche, ob sie nun eine übernatürliche Ordnung annehmen oder verwerfen.

Der Mystiker *qua* Mystiker ist also metaphysisch nicht erfüllter von Gott als andere; er ist nur in höherem Grade dieser Erfülltheit gewahr. Dieses Bewußtsein, diese Erfahrung ist aber nun tatsächlich eine göttliche Gabe. Andererseits ist dieses Gewahrsein selbst auch wiederum etwas; und als solches, als Sein, ist es ein neues Teilhaben an Gott und daher eine echte Vollkommenheit. Doch diese Gabe ist nur akzidentiell, *per modum actus* (wie die Scholastiker sagen würden), sie gehört nicht zu des Mystikers Wesenskern.

Hieraus folgt die Feststellung, daß die Gottheit dem Mystiker *quoad substantiam*, hinsichtlich seines Seins, nicht in besonderer Weise einwohne, wohl aber *quoad modum*, hinsichtlich seiner geistigen Tätigkeit *(per modum operationis)*.

Ich weiß nun, mein lieber Freund, was Sie sagen wollen: nämlich, daß Sie solcher Unterscheidungen nicht bedürfen, weil Sie sie alle in einem Sprung hinter sich gelassen haben. Dies vereinfacht das Problem, gewiß. Doch um welchen Preis! Das Ergebnis dieser Vereinfachung ist, daß Sie in diesem Leben nicht mehr zu sprechen, nicht mehr zu denken, nicht mehr zu leben vermögen. Die Geschichte bedeutet Ihnen nichts, und alles zeitliche Werden ist Ihnen reine Lüge. Bitte sprechen Sie jetzt nicht zu mir; lassen Sie mich Ihr Schweigen achten – und verstehen. Wir *werden* einander treffen – ich muß das Futur des Zeitwortes gebrauchen! – , wir *werden* einander treffen, hoffe ich, am Ziel, wo wir *sind*. Inzwischen bin ich noch Pilger, ein Wesen unterwegs; lassen Sie mich „mich vollbringen" und mein Sein verwirklichen. Ich weiß, daß dieses Wachsen des Seins tatsächlich ein Sterben ist, und doch ist es wirkliches Wachstum.

Nun sind wir zum Anfang unseres Gespräches zurückgekehrt. Lassen Sie es uns vertagen – wiederum die erbärmliche Zeit, die uns festhält! – bis zum Ende unseres Lebens. Dieses Ende ist allezeit gegenwärtig und doch noch nicht völlig enthüllt, denn *wir sind noch nicht*. Doch wir *werden sein*. Denn in ihm *sind* wir.

An einen Philosophen
Madras, 18. November 1955

Mein lieber Freund!
Ich wünschte, ich hätte gleich nach unserer Begegnung geschrieben; dann wäre dieser Brief polemischer und wärmer geworden.

Wir sprachen über zwei Themen: die zentrale Position einer advaitischen Philosophie und das aktuelle Problem der Philosophie überhaupt.

Auf das erste Thema möchte ich in diesem Brief nicht zurückkommen. Ich hoffe nur, daß mein Kopf noch klar genug sei, um meine Meinung zu dem zweiten genauer auszudrücken, zur Frage nach dem, was man Philosophie nennt.

Ich bin mir bewußt, daß Begriffe eine Menge historischen Staub mit sich tragen, welcher ihr meta-historisches und unveränderliches Wesen verhüllt. Lieber spräche ich von Theologie, wobei Theologie als die äußerste Weisheit, die der Mensch hier auf Erden hinsichtlich der äußersten Wirklichkeit und des letzten Seinsgrundes erlangen kann, zu bestimmen wäre. Doch wenn Sie fürchten, daß die Begleitmusik historischer Obertöne, die im Wort Theologie mitschwingen, die wesentliche Bedeutung auslöschen würde, so wollen wir es lieber Philosophie nennen.

Nennen wir es Philosophie; doch lassen wir dies dann nicht einen bloßen Namen sein, sondern dringen wir tief in die Bedeutung des Wortes ein, um zur *res significata*, wie Thomas von Aquin sagen würde, zu gelangen.

Meines Erachtens gibt es zwei verschiedene Auffassungen von Philosophie, die gegenwärtig beide lebendig sind. Die eine ist weit, frei und offen. Die andere setzt eine bestimmte Vorstellung von Philosophie voraus und ist konkret; sie ist tatsächlich „dogmatisch" (wenn man dies Wort in der falschen Bedeutung gebrauchen will, welche heutigentags so üblich geworden ist).

Diese Zweiheit der Auffassungen wird zusätzlich kompliziert dadurch, daß jene, welche durchaus im Zentrum der erstgenannten stehen, auch die zweite Bedeutung angenommen haben. Lassen Sie mich erklären, was ich meine.

In beiden Fällen beansprucht Philosophie, das höchste und letzte Wissen zu sein, welches der Mensch von der äußeren Wirklichkeit erlangen kann. Ich habe zuvor das Wort „Weisheit" gebraucht, doch hier halte ich „Wissen" für passender.

Da der Mensch ein erkennendes Wesen ist und Erkenntnis sein höchstes Vorrecht darstellt, so wird er, wenn er vollkommenes Wissen erlangt, gleichzeitig auch Glück und Seligkeit, kurz: Heil erlangen. Überall und allzeit hat Philosophie behauptet, solche erlösende Macht zu besitzen. Denken Sie an Platon, Aristoteles, Sankara oder Ramanuja – für sie alle trifft dies zu.

Diese Art Philosophie ist von jenen Meistern und von andern unterschiedslos Philosophie oder Theologie genannt worden; wahrscheinlich würde die Mehrzahl die Beschreibung als Theologie vorgezogen haben, doch *non est de nominibus disputandum*.

Mit Descartes beginnt eine andere Auffassung von Philosophie, wiewohl ich meine, daß in unserer Zeit dieses Kapitel seinen Abschluß finden dürfte. Unter der – bewußten oder eingeschlossenen – Voraussetzung, daß *rationale* Erkenntnis entweder die einzige oder doch die höchste sichere Erkenntnis sei, definiert die sogenannte *moderne* Philosophie sich selbst als das äußerste *rationale* Wissen von der äußersten Wirklichkeit.

Nun haben in der abendländischen Kulturtradition jene, die die erste Auffassung (von Philosophie als Theologie) vertreten, dieser Definition der zweiten Auffassung zugestimmt, um apologetisch wirken zu können und einen Dialog aufrechtzuerhalten. Gleichzeitig haben sie dann der Theologie ein noch höheres Wissen vorbehalten, wobei sie freilich zugeben müssen, daß diese höhere Weisheit nicht allen gewährt wird. (Nebenbei bemerkt: damit tun sie nun freilich so, als ob das äußerste rationale philosophische Wissen Gemeinbesitz aller Menschen wäre!)

Diese Übereinkunft hinsichtlich des Wortes ist aber um den Preis einer viel tieferen Meinungsverschiedenheit hinsichtlich der zu Grunde liegenden Auffassung der Wirklichkeit selber erkauft worden.

Tatsächlich sind beide Denkrichtungen einig in der nominellen Definition der Philosophie als rationaler Erklärung der äußersten Wirklichkeit; doch während es für die rationalistische Strömung keine weitere und höhere Erkenntnis gibt, anerkennt die andere eine dieser überlegene Weisheit. Für jene ist Philosophie eine Art Religion; sie hat erlösende Kraft und muß die menschlichen Ziele und Handlungen bestimmen, denn es gibt nichts Höheres als sie. Für diese dagegen ist Philosophie, etwas vereinfacht gesprochen, so etwas wie eine intellektuelle Technik; sie hat keine letzte Verantwortung für die Lenkung der Menschen, und auch deren Heil hängt nicht von solch „technischer" Philosophie ab.

Oder, mit anderen Worten: Wenn wir in unserer Definition von Philosophie voraussetzen, daß es keine andere, höhere, sichere und allgemeine Erkenntnis gibt als jene, die durch reine Vernunft erreicht wird, so ist unser Vorgehen durchaus berechtigt. Doch dann müssen wir uns zu dem „Dogmatismus" unseres Ausgangspunktes bekennen, zu der *„a priori"*-Position, die wir eingenommen haben.

Es bleibt die Tatsache, daß obige Definition mit ihren Folgerungen selber nicht streng philosophisch ist, denn sie prüft weder Vermögen noch Grenzen der Vernunft selbst. Und dies ist der dritte Punkt, der unser Problem weiter kompliziert.

Fassen wir zusammen: Philosophie (Theologie) ist das letzte und höchste Wissen, das der Mensch von der äußersten Wirklichkeit erlangen kann. Ob dies lediglich rationales Wissen (reine Philosophie) sei oder ob es höhere Erkenntnisweisen gebe, dies ist selber ein philosophisches Problem, das nicht als entschieden vorausgesetzt werden darf. Im Gegenteil, eines der wichtigsten philosophischen Probleme ist eben das Forschen nach der Natur der Philosophie selbst.

Lassen Sie uns nun phänomenologisch korrekt vorgehen. Vielleicht werden wir den Grund entdecken, warum Philosophie von Theologie unterschieden worden ist.

Wir beginnen mit der weiten und offenen Auffassung von Philosophie als dem höchsten Wissen von der äußersten Wirklichkeit. Vergessen wir nicht die beiden räumlichen Gleichnisse, die wir da gebrauchen: „höchste" und „äußerste". Denn natürlich ist nicht alles Wissen philosophisch, und nicht irgendeine *Form* der Wirklichkeit ist als solche Gegenstand der Aufmerksamkeit des Philosophen. In dieser Feststellung sind viele Folgerungen eingeschlossen, deren Entfaltung einen bedeutenden Teil der Philosophie ausmacht; im Augenblick möchte ich aber nur einen einzigen Gedanken betonen, nämlich die wechselseitige und ganzheitsbezogene *Zuordnung* von Wissen und Wirklichkeit (verschiedenen Arten des Wissens und verschiedenen Graden der Wirklichkeit).

Höchstes Wissen beziehungsweise äußerste Wirklichkeit schließen nicht niedrigere Erkenntnisweisen und unmittelbarer gegebene Gegenständlichkeiten aus. Selbst der unbeugsamste Monist wird die Nichtwirklichkeit der Erscheinungen qualifizieren müssen. Weder unser Gemüt noch die Wirklichkeit sind aus geschlossenen, verbindungslosen Abteilungen aufgebaut. Gewiß ist Sinneswahrnehmung nicht dasselbe wie rationales Verstehen. Gewiß ist auch die chemische Natur des materiellen Leibes nicht dasselbe wie dessen metaphysische Struktur. Jedenfalls aber schließt die höhere Erkenntnisweise irgendwie die niedrigere ein, ebenso wie die metaphysische Struktur eines Gegenstandes in gewissem Sinne auch dessen physische Verfassung enthält. Das heißt, unsere Vernunft ist nicht gänzlich unabhängig von unseren Sinnen, und unsere Metaphysik ist einfach der Rahmen, der unser physisches Sein umgreift.

Darum besteht eine Verbindung zwischen Philosophie und Naturwissenschaft, zwischen philosophischer Erkenntnis und Sinneswahrnehmung.

Hierauf werden wir später zurückkommen müssen; im Augenblick genügt es, sich daran zu erinnern, daß philosophische Erkenntnis der

Wirklichkeit nicht ein getrenntes Wissen von einem ganz besonderen, eigenartigen Gegenstand sei. Ganz im Gegenteil behauptet Philosophie, eine ganzheitliche Auffassung der Gesamtwirklichkeit vom „höchsten" Blickpunkt aus zu sein, das heißt, von dem einzigen Blickpunkt, der die Wirklichkeit als ganze zu „sehen", zu erkennen gestattet.

Nun, welches ist die höchste Form der Erkenntnis, von der aus wir die ganze Wirklichkeit gewahren können? Welches Wissen schenkt uns einen Standpunkt, von dem aus wir alles Sein insgesamt überblicken können?

Es ist nicht gewiß, daß solch ein Standpunkt existiere. Wir können es nicht als selbstverständlich voraussetzen, daß Philosophie als Besitz der ganzen Wahrheit (der wirklichen Wirklichkeit) auch hier auf Erden eine wirkliche Tatsache sei. Sie könnte auch nur ein Ideal sein; oder vielleicht gestattet auch die Wirklichkeit selber keinen solchen vereinheitlichenden Standpunkt.

Wir selber sind Teil der Wirklichkeit; und es ist schwer einzusehen, wie wir, selber dessen Teil, eine umfassende Schau des Ganzen haben können. Vielleicht dachten die alten Meister an etwas Derartiges, wenn sie das höchste Wissen nicht einfach *sophia*, sondern *philo-sophi*a nannten.

Dialektisch gesprochen, müssen wir sagen, daß, wenn es Sophia für Menschen gibt, es sie nur als Gabe geben kann, als Geschenk, als Teilhabe an dem unendlichen Wissen, dessen Sein er selbst *ist* – oder es selbst, wenn das persönliche Fürwort „er" Sie stören sollte. Einstweilen aber wissen wir noch nicht, ob solche Sophia überhaupt eine Möglichkeit sei. Wir haben noch nicht von Gott gesprochen; um so weniger können wir in genauem Sinne von Theologie sprechen!

Gehen wir philosophisch oder zumindest phänomenologisch vor! Da wir auf keine andere Weise mit der Wirklichkeit in Berührung kommen, sie assimilieren oder sie *erkennen* können als eben durch unsere Erkenntnis, so muß *per definitionem* einer der ersten philosophischen Schritte die Analyse der Formen unserer Erkenntnis sein. Und so sehen wir denn auch, daß Philosophen aller Zeiten gleicherweise sich eben diesem Problem zugewandt haben. Andererseits ist die Frage um so schwieriger durch die Tatsache, daß ich der Formen meines Erkennens nur gewahr werde, wenn ich wirklich etwas erkenne, wenn sie irgendwie aktualisiert werden. Mit anderen Worten, nur durch Erkennen werde ich die Formen meines Erkennens erkennen. Nur die Wirklichkeit, die sich mir durch mein Erkennen erschließt, wird mir auch die Unterscheidung der Formen des Erkennens vermitteln.

Betrachten wir ein Beispiel: Vor mir steht ein Freund. Das ist die *ganze* Wirklichkeit, die mir gegeben ist. Ich berühre ihn, höre ihn, sehe ihn; und so sind in mir mehrere Formen der Erkenntnis meines Freundes. Ich erkenne sein Gesicht, seine Stimme usw. Ich nehme ihn mehr oder weniger vollständig wahr. Indem ich ihn sehe, entdecke ich mein Sehvermögen, indem ich ihn höre, erfahre ich mein Gehör. Die Erkenntnis meiner Sinne entdecke ich dadurch, daß ich mit ihnen erkenne. Hätte ich niemals etwas gesehen, so wüßte ich nicht, daß ich Augen habe; ich verstünde nicht einmal, was es bedeutet, Augen zu haben; ja wirklich, ich *hätte keine Augen.*

Des weiteren wird mir bewußt, daß die Sinneserkenntnis mein Erkennen des Freundes keineswegs erschöpft; daß ich *durch* meine Sinne selbst anderes erkenne, was nicht eigentlich Gegenstand der Sinneswahrnehmung ist. Ich kenne sein Temperament, seinen Charakter; ich verstehe seine Miene, begreife die Bedeutung seiner Worte. Ich nehme auch wahr, ob er glücklich sei oder nicht; ich bemerke, wenn er über mich oder über jemand anders ärgerlich ist; ich vermag zu ahnen, ob er darauf ausgerichtet sei, sein Leben, sein Sein zu erfüllen oder nicht. Kurz, ich kenne ihn.

All diese verschiedenen Gegenstände muß ich analysieren, um die Formen des Erkennens zu unterscheiden. So entdecke ich das Empfinden, das Gefühl, die Vernunft, die Intuition, den Glauben. Nur wenn ich all diese Formen zu einer harmonischen Einheit verbinden kann, darf ich sagen, ich kenne ihn. Und dieses Kennen wird viel umfassender sein als die körperliche Gegenwart meines Freundes und viel tiefer als seine äußeren Taten: „Nein, so etwas kann er nicht getan haben! Ich bin sicher! Ich kenne ihn!" (Und eben diese, die höchste Form von Erkennen, ist Glaube.) Ich habe nicht gesehen, daß er jene Tat getan oder nicht getan habe, und doch bin ich sicher, daß es nicht der Fall war, denn ich „kenne" ihn! Andererseits ist es, abstrakt oder logisch gesprochen, keineswegs unmöglich, daß er oder ein Individuum wie er eine solche Tat vollbringe.

Fassen wir zusammen: Eine Analyse aller Formen des Erkennens ist abhängig von der Wirklichkeit und von der Art meines Kontaktes mit ihr. Wenn ich meinen Freund nicht liebe, werde ich nur wenige Aspekte seines Wesens erkennen. Wenn ich nicht aufrichtigen und demütigen Gemütes und reinen Herzens bestrebt bin, Wahrheit zu erfahren, werde ich mich nicht auf die Ebene philosophischer Erkenntnis erheben; ich werde immer an der *doxa* hangen, an der Illusion, wie Parmenides und Sankara sagten, und werde nie den Bereich wahrer *sophia* des *dharsana* erreichen, wo der *nous* der *anubhava* allein herrscht.

Ich bin überzeugt – und es ist meines Erachtens die Aufgabe der Philosophie, dies zu zeigen –, daß Glaube die höchste Form des Erkennens sei und daß daher die Philosophie, als die äußerste Weisheit, es mit Glauben zu tun habe. Dieser Glaube schließt die Vernunft keineswegs aus, vielmehr schließt er sie ein, wie die höhere Form des Erkennens die niedrigere voraussetzt und einschließt. Nebenbei bemerkt: Die Frage nach dem übernatürlichen, christlichen Glauben möchte ich hier unerörtert lassen, um das Problem nicht noch mehr zu komplizieren.

Was aber, wenn ein Mensch, ein Philosoph, nicht glaubt? Was ist dann zu tun? Resignieren oder eine Stufe heruntersteigen und so tun, als ob es Glauben nicht gäbe? Diese niedrigere Stufe Philosophie nennen und der Theologie den höheren Bereich vorbehalten?

Aber der wahre Philosoph wird nicht, kann nicht auf den höchsten Platz verzichten.

Die einzige Antwort ist, ihn so zu führen, daß er sehe, glaube; ihn zum Lichte geleiten, nicht mit ihm diskutieren, denn das rein rationale Argument wäre die Verneinung des Glaubens und würde die Tür verschließen, welche sich zum helleren Licht öffnen soll.

Hören Sie eine Stelle aus Rabindranath Tagores Roman Gora:

„Wenn wir sinken, wenn wir sterben müssen, so sei es. Es ist so lebensnotwendig für uns, daß wenigstens ich das wahre und vollkommene Bild Indiens niemals vergessen kann!"

„Ist dies nur die Wallung der Begeisterung oder die Wahrheit?" fragte Binoy.

„Die Wahrheit natürlich!" donnerte Gora.

„Und was mit denen, die nicht wie du sehen können?" fragte Binoy sanft.

„Wir müssen sie sehen lehren!" antwortete Gora und ballte die Faust. „Das ist unsere Aufgabe. Wenn die Menschen nicht ein klares Bild der Wahrheit zu sehen vermögen, werden sie sich Phantomen hingeben. Haltet allen das ungebrochene Bild Indiens (– der Philosophie, der Wahrheit Gottes –) entgegen, und die Menschen werden von ihm besessen werden. Dann werdet Ihr nicht (– sich nur auf die Apologetik beschränken –)

müssen, die Menschen werden sich drängen, einander zuvorzukommen in ihrer Bereitschaft, ihr Leben aufzuopfern."

„Nun wohl, zeige mir dieses Bild, oder schicke mich fort zu der blinden Menge!"

„Versuche selber, es zu erkennen" (der existentielle und personale Charakter der Philosophie), antwortete Gora. „Wenn du nur Glauben hast (dies ist kein *circulus vitiosus*, sondern ein *circulus vitalis*), wirst du in den Entbehrungen deiner Hingabe Freude finden. Unsere so besonders feinen Patrioten glauben nicht an die Wahrheit; darum können sie keine strengen Forderungen stellen, weder gegen sich selbst, noch gegen andere … Sie haben keinen Glauben, und so haben sie keine Hoffnung."

Lassen Sie mich mit der Feststellung schließen, daß der „Irenismus" gegenüber jenen, die die rationale Auffassung der Philosophie vertreten, das Problem kompliziert hat; dadurch, daß man in der nominellen Definition der Philosophie übereinstimmt, ist die Kluft zwischen dieser und der eigentlich gemeinten Wirklichkeit größer geworden und ist der Eindruck der Unaufrichtigkeit entstanden. An Philosophie als Technik oder als nicht-endgültige Erklärung ist uns nichts gelegen; wir verlangen nach Weisheit, wir forschen nach Wahrheit, wir sind auf der Suche nach dem Äußersten – über dessen Wesen wir verschiedener Meinung sind, darüber haben wir uns verständigt. Trotzdem ist der Austausch zwischen uns echt, und unsere Übereinstimmung ist größer als die scheinbare Einigkeit jener, die sich nur auf einer äußeren und dialektischen Ebene treffen.

Nun können wir dem Mißverständnis, mit dem unser Gespräch begann, auf den Grund gehen. Es war ein schlagendes Beispiel dafür, wie ein Dialog dadurch behindert werden kann, daß die Bemühung, zu verstehen, nicht über eine halb-assimilierte Kultursynthese hinausdringt.

Ich sprach von Philosophie, und Sie waren nicht einverstanden, weil Sie unter diesem Wort Rationalismus verstanden. Meine Auffassung des Wortes Intuition sagte Ihnen mehr zu. Wie ich wollen Sie von einer intuitiven Schau der Wirklichkeit sprechen. Dann nannte ich jene äußerste Weisheit, nach der wir suchten, Theologie – und auch dieses Wort nahmen Sie nicht an, weil Sie darunter *mimamsa*, rein „dogmatische" oder „blinde" Exegese verstanden. Für Sie bedeutete Theologie lediglich, aus heiligen Texten Schlußfolgerungen zu ziehen. So denke ich nicht, doch dies könnte vielleicht Gegenstand einer terminologischen

Erörterung sein. Ich schlug das Wort Religion vor, und da glaubten Sie nicht einmal, daß ich es ernst meine; denn Sie verstehen unter Religion lediglich „Kult".

Ich denke, daß nunmehr der Weg für eine echte „philosophische" Begegnung geebnet ist. In der Hoffnung, Sie zu *treffen* – dort, wo alle Wahrheitssucher einander treffen, grüße ich Sie.

An einen Seelsorger
Benares, Herbst 1957

Mein lieber Monsignore!
In den letzten Tagen, einer Woche oder etwas mehr, ist dieses Problem in mir herangereift, das ich Ihnen nun darlegen möchte, um Ihre Meinung und Ihren Rat zu erbitten.

Das Problem ist einfach, und gleichzeitig doch auch verwickelt; und ich weiß nicht, inwieweit das Wort unseres Herrn, daß man neuen Wein in neue Schläuche füllen solle, hierauf anwendbar ist. Die alten Institutionen pflegen es nicht zu verstehen; doch wir können nicht von vorne beginnen, und für Revolutionen ist in der Kirche kein Platz. Das Heilmittel wäre schlimmer als die Krankheit.

Vor einigen Tagen widerfuhr es mir wieder einmal, wie schon so oft, daß ich mein Unvermögen empfand, einigen guten Nonnen klarzumachen, daß meine Ansichten und Ideen durchaus rechtgläubig und katholisch seien und daß die Tradition der Kirche nicht erst vor ein paar hundert Jahren oder erst mit unserer Geburt begonnen habe. Und dabei sprachen wir kaum über das Apostolat oder schwierige Probleme, sondern nur über Liturgie.

Das Problem ist einfach dies: Die Mission des Missionars (wenn ich so sagen darf) ist, Jesum Christum zu predigen, ihn jedermann zu verkündigen und so (denn Christus und seine Kirche sind nicht voneinander zu trennen) die Kirche einzupflanzen. Hierfür hat man in den letzten Jahrhunderten in diesem Lande eine Reihe von Mitteln gebraucht: Schulen, Waisenhäuser, Spitäler usw.; von diesen nun sieht man heute ein, daß sie unsere Aufmerksamkeit allzu ausschließlich in Anspruch genommen haben, und das Volk beginnt sich zu fragen, ob sie die *besten* Mittel oder nur durchaus zweitrangige Formen des Apostolates darstellen. Oft erhebt sich die Frage: haben wir die Dinge nicht zu sehr kompliziert?

Zweifellos ist eine starke Persönlichkeit, ein großer Heiliger, der unmittelbar Zeugnis von Christus ablegt, stets wertvoller und übt einen größeren Einfluß aus als eine ganze Institution.

Doch wenn dies auch theoretisch wahr ist, so müssen wir doch den doppelten Aspekt des Problems im Auge behalten, welchen die Kirche nie vergißt:

1. Die normale Tätigkeit der Kirche, die, wenn sie auch charismatisch und übernatürlich ist, ihre Stetigkeit bewahren muß, kann nicht *ausschließlich* von der Persönlichkeit prophetischer Menschen getragen werden. Eine normale, beständige Organisation ist notwendig.

2. Außerdem ist es berechtigt, nicht nur nach der Stetigkeit zu fragen, sondern darüber hinaus nach der Möglichkeit solch persönlichen Zeugnisses überhaupt ohne die wenn auch vielleicht nur mittelbare Unterstützung einer Institution.

Meine konkrete Frage heute geht nun nicht eigentlich in diese Richtung, sondern sie ist mehr seelsorglicher Natur.

Ich beginne mit einer Voraussetzung, die wenige Menschen werden bestreiten können, wiewohl wir im Gebrauch dieser Feststellung sehr behutsam, genau und voll liebender Rücksicht sein müssen:

Haec opportet facere et illa non omittere!

Haec: Schulen und Hochschulen, Waisenhäuser, Spitäler, auch Gewerkschaften, Kongresse, Versammlungen usw. Wir können dies nicht einstellen; wir haben kein Recht dazu. Es beweist einen Mangel an geschichtlichem Wissen, aber auch an theologischem Verständnis, wenn jemand absolut gegen diese Tätigkeit eingestellt ist.

Doch es gibt auch ein *illa*, es gibt auch die anderen Dinge, die oft – ach! – zu weit entfernt und aus unserer Sicht sind, zu sehr *illa* statt *ista*, zu sehr *jene* statt *diese*, und eben diese Dinge sind die wichtigsten. Und hier in den Missionsländern (wie übrigens überall sonst, wenn auch in verschiedener Form) sind diese *illa*: die reine *Gegenwart* Christi, das nackte Zeugnis von Ihm, nur allein die Botschaft vom Kreuz und vom Sieg des Kreuzes, oder, mit anderen Worten – der mystische Aspekt der Kirche, die übernatürliche Dimension des christlichen Lebens, die selige Armut der Bergpredigt, das persönliche Apostolat usw.

Wie kann man dies in organisierter und beständiger Form ausführen? Ich weiß, daß viele religiöse Orden und Kongregationen hierfür gegründet worden sind: Die christliche Existenz neu zu verlebendigen, wiederum mit neuen Kräften von der unvergänglichen Torheit des Kreuzes her anzufangen. Doch diese Kongregationen machen bald ihrerseits neue Gründungen notwendig, und dies aus der nämlichen Ursache: daß die alten zu sehr bei den Mitteln hängengeblieben sind, bei deren Beschaffung oder Organisation, und daß daher für den Hauptzweck zu wenig Zeit übrigbleibt.

Um nur ein Beispiel zu nennen: Überall in der Welt sind viele Kongregationen für die Erziehung der Armen gegründet worden. Doch diese Institutionen bedürfen wirtschaftlicher Mittel für ihre Erhaltung; und da sie Lehrkörper sind, ist nichts naheliegender, als daß sie das nötige Geld durch Unterrichten der reichen Klassen verdienen. So können sie das Geld bekommen, das sie für ihre wohltätigen Zwecke brauchen. Doch eine Schule mit einem gewissen Standard fordert einen großen Aufwand an Kenntnissen, Zeit, Geld, Verzinsung usw., jedenfalls viel mehr als eine parallele Einrichtung für den Grundschulunterricht armer Knaben und Mädchen; sie wird zu einer Beschäftigung, die fast die ganze Zeit nicht nur der individuellen Lehrkraft, sondern auch der Institution als solcher erfordert (man denke nur z. B. an die Ausbildung für solch höheren Unterrichts befähigter Lehrer). Und so wandert der Schwerpunkt automatisch und unmerklich zur Erziehung der Oberklassen; und dort bleibt er dann, wenn man entdeckt, daß auch dort viel Gutes getan wird und getan werden kann. So wird das ursprüngliche Ziel jener Gründung in ein zusätzliches Werk der Wohltätigkeit verwandelt; es wird ein Dienst, den die Kongregation aus Gutheit tut, *auch* tut, *neben* anderen Tätigkeiten; aber es ist nicht mehr, wie zu Anfang, deren zentrale Aufgabe.

Lassen Sie mich nun dasselbe Problem von einem allgemeineren Gesichtspunkt aus betrachten.

Der Lebensstandard aller sogenannten Missionare, seien es Europäer oder Inder, ist tatsächlich viel höher als der der durchschnittlichen Bevölkerung Indiens, der Katholiken ebenso wie der Nicht-Katholiken. Besser ist nicht nur ihr Essen, ihre Wohnung und Kleidung, sie haben auch eine höhere Bildung, mehr Kenntnisse aller Art usw. Sie sind Vertreter der abendländischen Kultur. Es geht mir hier nicht darum, Kritik zu üben, ich versuche nur, Tatsachen festzustellen. Nehmen wir ein Beispiel, das mit Schuhen, Mahlzeiten und schönen Pfarrhäusern oder Konventen nichts zu tun hat: Der Missionar versteht viel mehr von Hygiene und Medizin als die Bewohner des Dorfes, und so ist er dazu verurteilt, der ärztliche Betreuer der gesamten Bevölkerung zu werden.

Nun sehen wir, wenn der Missionar nicht Almosen, Bücher, Medikamente usw. verteilt, so ist dies schlecht, und es kann eine wirkliche Sünde werden. Er fühlt auch, daß es der einzige Weg sei, sein Haus, sein Bett und seine drei täglichen Mahlzeiten zu rechtfertigen, daß er etwas von dem, was er besitzt, hergibt. Er muß geben.

Wenn er aber gibt, so ist die Lösung schlimmer als das Problem. Nicht nur kann sich die Mentalität der „Reis-Konversionen" entwickeln, sondern er selber wird auch nicht mehr das Gefühl haben, der Aufrichtigkeit seiner Gemeinde und der umwohnenden Bevölkerung sicher zu sein. Er wird zahlreichen gebildeten Nicht-Christen verdächtig, und er wird automatisch in einen sehr lieben und mildtätigen Christen verwandelt, so daß er nicht mehr der einfache Prediger des Wortes Gottes ist, nicht mehr ausschließlich der Überbringer der neuen und frohen Botschaft.

Meine persönliche Meinung ist, daß der Fehler im Ausgangspunkt selber liege, weil wir nicht das Leben der Bevölkerung teilen; und unter „Leben" verstehe ich nicht nur den Vermögensstandard. Hier aber erhebt sich meine erste Frage: Wie können wir einen solchen Geist institutionalisieren? Wie ihn die Form eines normalen, wirksamen Weges annehmen lassen, ohne eben jenen Geist zu verlieren, ohne wiederum in eine bloße administrative Gewohnheit zu verfallen?

Diesen ganzen Brief hindurch habe ich unausgesprochen die *Pfarreien* im Sinne gehabt als das *Ideal* lebendiger christlicher Zellen. Doch auch dadurch wird das Problem nicht gelöst, denn unsere Pfarreien werden im allgemeinen keineswegs in solcher Weise und in solchem Geiste geführt.

Ich meine Ihre Antwort zu erraten: Beginnen wir mit einer stets wachsenden Betonung der persönlichen Heiligkeit, und entfalten wir im Rahmen der vorhandenen Strukturen einen möglichst reinen christlichen Geist, da, wo er etwa fehlt. Damit aber bleibt das *pastorale* Problem bestehen, denn sogar der Geist bedarf eines Leibes, und die christliche Liebe braucht Organisation, wenn sie dauerhaft und wirksam sein soll.

Wir alle kennen das traditionelle christliche Ideal. Menschliche Liebe wird durch das Sakrament der Ehe institutionalisiert. Übernatürliche christliche Liebe findet ihre originale Struktur in der Diözese und der Pfarrei. Der Bischof ist seiner Diözese anvermählt; er ist der Bräutigam, der arbeitet und sich müht für seine geliebte Braut; gleichwie in der christlichen Ehe nimmt er, Nachfolger der Apostel, die Stelle Christi ein, dessen Braut die Kirche ist, ist er mit einer Teilkirche, mit seiner Diözese vermählt. Doch Gatte und Gattin sind nicht mehr zwei, sondern eins; und wenn sie auch ihre persönliche Bestimmung, ihren persönlichen Geist nicht verlieren, sind sie doch nur ein Fleisch und von Gott in über-individueller Einheit verbunden. Wie können wir dazu gelangen, daß Pfarrer und Gemeinde ein Fleisch seien? Wie können wir solche Verbindung des Geschickes beider und solche wirksame Lebensgemeinschaft erreichen?

Bitte versuchen Sie, mich zu verstehen. Ich kenne manchen Bischof, der der gute Hirte ist, der sein Leben opfert für seine Herde. Ich kritisiere nicht; im Gegenteil, ich versuche nur, eine pastorale und eine durchführbare Lösung zu finden, denn jene Bischöfe leiden selber am meisten unter der traditionellen Struktur ihrer Diözesanorganisation und würden sie gerne ändern; doch viele wissen nicht, wie. Ich bitte Sie um eine Antwort hinsichtlich dieses „Wie", denn es kann sich nicht einfach darum handeln, daß der Prälat die Zeichen seiner Würde ablegt und sich unter das Volk mischt (wiewohl auch dies nicht ganz schlecht wäre). Das Problem ist sehr komplex und muß in seiner ganzen Vielschichtigkeit ins Auge gefaßt werden.

Einstweilen kann ich nur zwei Ansatzpunkte sehen. Erstens, versuchen wir, den *echten* christlichen Geist zu verbreiten und zu entfalten, das tiefe theologische Verständnis unseres christlichen Lebens, und nach wirklicher Heiligkeit in der Wahrheit zu streben. Der Geist wird ganz von selber die besten Wege für die weitere Entwicklung finden.

Und zweitens, gleichzeitig, öffnen wir die Hand ein wenig, lockern wir ein wenig die Zügel, gestatten wir größere Mannigfaltigkeit in Unternehmung und Erfahrung. Lernen wir, zwischen Einheit und Einförmigkeit zu unterscheiden, zwischen übernatürlichem liebendem Gehorsam und militärischer Disziplin; kurz, zwischen dem Ziel und den Mitteln. Geben wir Raum für freiwillige, ehrliche Mitarbeit, und lassen wir dem Geist Sein Vorrecht, zu wehen, wo Er will; doch seien wir auch bereit, Sein Wehen an- und aufzunehmen, wo immer es sich erheben mag.

Doch ich habe Ihnen nicht geschrieben, um eine Lösung vorzuschlagen, sondern nur, um mein Gewissen zu entlasten und zu diesem dringenden Problem der Seelsorge Ihre Meinung zu erfragen.

4. Kapitel

Die kosmotheandrische Intuition

Ich bin in meinen Überlegungen davon ausgegangen, daß die Sensibilisierung für die ökologische Problemstellung nur eine Begleiterscheinung der zweiten Epoche ist. Die drei wirklichen kairologischen Momente sind: a) das uranfängliche oder ökumenische Moment, jenes vorreflexive Bewußtsein, in dem die Natur, der Mensch und das Göttliche noch gestaltlos vermischt und kaum differenziert sind; b) das humanistische oder ökonomische Moment, jene historische Geisteshaltung, in der die Individuation als Prozeß der Differenzierung von der Makro- zur Mikrosphäre fortschreitet; und c) das katholische oder kosmotheandrische Moment, das die Unterscheidungen des zweiten Momentes bewahrt, ohne die Einheit des ersten aufzugeben. Im folgenden möchte ich mich weniger auf das Trennende als vor allem auf die Beschreibung der Ganzheitserfahrung konzentrieren[1].

Für die Beschreibung der kosmotheandrischen Intuition wird der Ausdruck *theanthropokosmisch* vielleicht als treffender empfunden, weil *anthropos* sich auf den Menschen als menschliches Wesen im Unterschied zu den Göttern bezieht, während in *aner* eher die Konnotation mit dem Männlichen anklingt. Dies war allerdings nicht immer

---

[1] Wir benutzen in diesem Essay den Neologismus „holistisch", um daran zu erinnern, daß der von Gen. Jan C. Smuts in seinem zum Klassiker gewordenen Buch *Holism and Evolution.* New York (Macmillan) 1926, geprägte Ausdruck „Holismus" nicht auf den Bereich der biologischen Evolution beschränkt war, obwohl er in diesem Bereich am meisten Beachtung gefunden hat. Im Kapitel V, „General Concept of Holism" *(Summary)*, beschreibt Smuts mit den folgenden kosmotheandrischen Begriffen, wie er dieses Wort verwendet: „Die starke gegenseitige Annäherung der Konzepte von Materie, Leben und Geist und das teilweise Überlappen in den Bereich der jeweils anderen wirft die weitere Frage auf, ob sich hinter diesen Konzepten nicht ein grundlegendes Prinzip befindet, dessen progressives Ergebnis sie sind ... Holismus (von *hólos* = ganz) heißt der Begriff, der hier für diesen grundlegenden Faktor geprägt wird, der auf die Schaffung der Ganzheit im Universum hinwirkt ... Die Vorstellung von ganz und Ganzsein sollte deshalb nicht auf den biologischen Bereich beschränkt werden; er deckt sowohl anorganische Substanzen als auch die höchsten Manifestationen des menschlichen Geistes" (pp. 85–86). Eine aktualisierte Übersicht über die Idee des „Holismus" cf. Arthur Koestler, *Der Mensch als Irrläufer der Evolution,* Bern/München (Scherz) 1978.

so[2]. Das Wort *theandrisch* kann im abendländischen Denken auf eine lange Geschichte zurückblicken und stand schon immer für die Einheit zwischen Menschlichem und Göttlichem ohne jede Vermischung. Im übrigen ist der Ausdruck *kosmotheandrisch* einfach wohlklingender als *theanthropokosmisch*[3].

Um meine Darlegungen auf die grundlegenden Elemente zu beschränken, werde ich nur 1. die Grundlage dieser Intuition ausarbeiten, 2. die Einsichten formulieren, 3. einige Einwände aufgreifen und schließlich 4. beschreiben, wie diese Einsichten die Wirklichkeit wahrnehmen.

Einige Annahmen

Die kosmotheandrische Vision kann wohl als die erste und ursprüngliche Form des Bewußtseins betrachtet werden. Tatsächlich schimmert sie seit den ersten Anfängen der menschlichen Bewußtwerdung als ungeteilte Vision der Ganzheit durch. In ihrer Ursprünglichkeit ist sie aber noch eine naive, ununterschiedene Vision, die sehr schnell von den glänzenderen Teilentdeckungen, seien sie physisch oder metaphysisch, in den Schatten gestellt wird. Es verwundert kaum, wenn die Menschen vom fortschreitenden Entdecken der reichen Wirklichkeit der Welten über, um und in sich beinahe trunken werden. Die Wellen sind wirklich fes-

---

[2] Vor Homer bezog sich der Ausdruck nicht ausschließlich auf das Männliche, und in Zusammensetzungen stand er für das Menschliche in einer Bedeutung, wie sie der indoeuropäischen Wurzel entspricht [sanskr. *na (nar, z. B. narayan)*], die aber im späteren lateinischen *vir* nicht erhalten blieb. So kann, ja sollte der Ausdruck in seiner ursprünglichen Bedeutung als menschliches Wesen verstanden werden. Cf. die Beispiele und die zitierte Literatur in P. Chatraine, *Dictionnaire etymologique de la langue grecque.* Paris (Klinckselck), 1968, aber auch J. Pokorny, *Indogermanisches Etymologisches Wörterbuch,* Bern, München (Francke) 1959, *sub voce ner-(t-), aner-*. Die Grundidee von „Lebenskraft", deren Bedeutung später auch Mut und Stärke umfaßte, ist wichtig – und kann vielleicht erklären, weshalb es den Männern und dem Kriegshandwerk vorbehalten blieb. Wir leisten dem *humanum* aber bessere Dienste, wenn wir diese positiven Werte aus ihrer einseitigen Inanspruchnahme durch die männliche Hälfte der Menschheit befreien, statt die Niederlage einzugestehen und neue Ausdrücke für „Frau" zu erfinden. [Im Englischen tragen beide Ausdrücke für Frau, wo-men und fe-males, das Männliche/Menschliche in sich! Anm. d. Ü.]

[3] Obwohl ursprünglich in seiner Bedeutung androgyn, ließ *anthropos* bald nur noch auf die Männer/das Männliche schließen, und das männliche grammatische Geschlecht dominierte – abgesehen von einzelnen Ausnahmen.

selnd, und sicherlich verdienen es die Unterwasserströme und die Pflanzenwelt des Meeres, daß wir sie sorgfältig studieren. Wir möchten unsere Aufmerksamkeit jetzt aber dem Ozean als Ganzem zuwenden[4].

Es scheint eine Konstante der menschlichen Kultur zu sein, sich die gesamte Wirklichkeit in Form von drei Welten vorzustellen, gleichgültig, ob diese Vision nun räumlich, zeitlich, kosmologisch oder metaphysisch ausgedrückt wird[5]. Einer unter vielen heiligen Texten sagt: „Er offenbarte sich dreifaltig."[6] Es gibt eine Welt der Götter, eine Welt der Menschen und als dritte die Welt jener, die die Zeit hinter sich gelassen haben; es gibt Himmel, Erde und Unterwelt; den Himmel, die Erde und die Welt dazwischen; da ist Vergangenheit, Gegenwart und Zukunft; das Geistige, das Seelische und das Körperliche usw.

Die klassische Dreiteilung des Menschen in Leib, Seele und Geist (*corpus, anima, spiritus*) könnte als eine weitere Formulierung der gleichen Intuition verstanden werden, sofern wir sie nicht rein individualistisch interpretieren und damit „meinen" Körper, „meine" Seele, „meinen" Geist verstehen. Genaugenommen wird keine dieser drei Dimensionen zum Einzelnen oder zum Teil gemacht. Vielmehr sind Leib, Seele und Geist gemeinsame Nenner jedes wirklichen Wesens, soweit dieses nicht von seinen vitalen Verbindungen mit der gesamten Wirklichkeit abgeschnitten ist[7]. Das christliche Dogma vom mystischen Leib

---

[4] Cf. den *pelagus divinitatis* der christlichen Tradition des Mittelalters.

[5] Die Trinität, die *trikaya*, das *sat-cit-ananda*, die *triloka* praktisch jeder Religion, die drei Dimensionen des Räumlichen, Zeitlichen und Anthropologischen usw. scheinen viel tiefer in der Wirklichkeit verwurzelt zu sein als jedes bloß heuristische bzw. erkenntnistheoretische Hilfsmittel oder Schema.

[6] *Sa tredha atmanam vyakuruta* sagt die *Brihadaranyaka Upanishade* 1, 2, 3. Die Standard-Übersetzung verwendet „geteilt" (Hume, Radhakrischnan, Zaehner, Senart, Filippani-Ronconi usw.) und folgt dabei dem Kontext und der gewöhnlichen Bedeutung des zusammengesetzten Verbes *vyakri*: trennen, sondern, entfernen; aber auch auslegen, auseinandersetzen/erklären, kundtun. Cf. *vyakrita* (und a*vyakrita*): getrennt, entwickelt, entfaltet, verwandelt; und den samakhya-Ausdruck für Entwicklung und Schöpfung: *vyakriya*.

[7] Bezeichnenderweise wurden aus den klassischen Begriffen *corpus, anima, spiritus (soma, psyche, pneuma)* in der späteren Tradition *anima, animus, spiritus (psyche, noûs, pneuma)*. Cf. z.B. Wilhelm von Thierry, *Epist. ad fratres de Monte Dei* I, ii, 45 (P.L. 184, 315 sq.), zum Beispiel: „Initium boni in conversatione anomali, perfecta obedientia est: profectus, subjicere corpus suum, et in servitutem redigere: perfectio, usu boni consuetudinem vertisse in delectationem. Initium vero rationalis est intelligere quae in doctrina fidei apponuntur ei: profectus, talia praeparare, qualia apponuntur: perfectio, cum in affectum mentis transit judicium rationis. Perfectio vero hominis rationalis, initium est

bestätigt genau dies: Jeder von uns ist unerläßlicher Teil einer höheren, wirklicheren Einheit, des *Christus totus*[8].

Es wäre allerdings unhaltbar, der Zeit zuwiderlaufend, unsere heutigen Kategorien in das traditionelle dreistöckige Gebäude dieses Weltbildes hineinzulesen. Es würde auf einen methodischen Irrtum hinauslaufen, der die genaue Umkehrung der anachronistischen Auslegung wäre. Benutzt diese für die Beurteilung der Gegenwart überholte Denkkategorien, so deutet erstere die Vergangenheit mit heutigen Ver-

hominis spiritualis: profectus ejus, revelata facie speculari gloriam Dei: perfectio vero, transformari in eandem imaginem a claritate in claritatem, sicut a Domini spiritus." (Ibd., col. 316). „Der Beginn des Gutem im Leben der Tiere ist vollkommener Gehorsam: Fortschritt heißt, die Kontrolle über den Körper zu erlangen und ihn zur Unterwerfung zu bringen. Vollkommenheit heißt, wenn das Verstandesurteil zur spirituellen Neigung wird. Die Vollkommenheit des rationalen Zustandes ist der Anfang des spirituellen Zustandes: Fortschritt darin bedeutet, mit unbedecktem Gesicht über Gottes Herrlichkeit zu reden [2 *Cor.* 3:18]; seine Vervollkommnung ist es, in die gleiche Gestalt verwandelt zu werden, indem die Herrlichkeit ihm Herrlichkeit verleiht [*a claritate in claritatem*], ermächtigt durch den Geist Gottes." Nach der englischen Übersetzung von Theodore Berkeley OCSO, *The Works of William of St. Thierry*, Vol. 4, Cistercian Fathers Series, No. 12, Spencer, Mass. (Cistercian Publications) 1971, p. 27.

[8] Der Ausdruck war seit Augustinus (passim) populär. Cf. zum Beispiel: „quia caput et membra unus Christus." *In Ps. LIV* (P.L. 26, 629). Und weiter: „nemo timet Dominum, nisi qui est in membris ipsius hominis; et multi homines sunt, et unus homo est: multi enim christiani, et unus Christus. Ipsi christiani cum capite suo, quod ascendit in caelum, unus est Christus; non ille unus et nos multi, sed et nos multi in illo uno unum. Unus ergo homo Christus, caput et corpus. Quod est corpus eius? Ecclesia eius, dicente apostolo: *Quoniam membra sumus corporis eius* Eph: 5, 30; *et Vos autem estis corpus Christi et membra 1 Cor.* 12, 27," *In. Ps.* CXXVII, 3 (P.L. 37, 1679). Oder auch „Dicendum quod, sicut tota Ecclesia dicitur unum corpus mysticum per similitudinem ad naturale corpus hominis, quod secundum diversa membra habent diversos actus, ut Apostolus docet, *Rom.* et 1 *Cor.*, ita Christus dicitur caput Ecclesiae secundum similitudinem humani capitis." D. Thomas, Sum. theol. III, a 8, q.1, c (auch III *Sent.* 13, 2, 1; *De Veritate* XXIX, 4-5; *Compend. theol.* 214; *In 1 Cor.* II. lect. 1; *In Eph.* I. lect. 8; *In Coloss.* I, lect. 5). Cf. die Enzyklika *Unam Sanctam*: „Unam sanctam Ecclesiam … que unum corpus mysticum repraesentat, cuius corporis caput Christus, Christi vero Deus." (Denz.-Schön. 870) und das Zweite Vatikanische Konzil: „Wie aber alle Glieder des menschlichen Leibes, obschon sie viele sind, dennoch den einen Leib ausmachen, so auch die Gläubigen in Christus ... Er ist das Bild des unsichtbaren Gottes, und in ihm ist alles geschaffen. Er ist vor allen, und alles hat in ihm seinen Bestand." Dogmatische Konstitution über die Kirche (*Lumen Gentium*), Kap. I, Art. 7; in Das Zweite Vatikanische Konzil. Konstitutionen, Dekrete und Erläuterungen, lat. u. dt., Teil I, p. 167 und 169. St. Ambrosius von Mailand hat einen wunderbaren Einfall, wenn er in einem anderen Zusammenhang (er spricht über die „Erziehung einer Jungfrau") sagt: „ubi ergo tres isti integri (nämlich *corpus, anima, spiritus*), ibi Christus est in medio eorum", De *institutione virginis*, 2 (P.L. 16, 309). Er fährt weiter mit der Aussage, es sei die Funktion Christi, der zu sein, „qui hoc tres intus gubernat et regit ac fideli pace componit". (*Ibid.*)

stehensmustern, die aber der Vergangenheit genauso wenig angemessen sind.

Ich gehe davon aus, daß diese Vision immer schon vorhanden war und es schon immer Aufgabe der Weisen war, ihre Zeitgenossen auf das Ganze hinzuweisen und sie davor zu bewahren, daß sie sich von einleuchtenden, die Wirklichkeit aber nur teilweise erfassenden Einsichten blenden lassen. Wir können uns aber fragen, ob die Menschheit ohne die Einseitigkeit, ja Überbetonung, die die Entdeckungen in Teilbereichen mit sich brachten, je die Fähigkeit zu Analyse und Unterscheidung hätte erlangen können. O felix culpa?

Heute scheint diese Vision der Ganzheit für immer mehr Menschen zur ungetrübten Hoffnung und zum ausdrücklichen Ziel des menschlichen Bewußtseins geworden zu sein. Der Mensch, der ja nie Teilwahrheiten gesucht hat, ahnt jetzt, daß viele traditionelle Überzeugungen in Wirklichkeit nur solche Teile sein könnten. Schon immer suchte er nach der letzten Wirklichkeit; jetzt argwöhnt er, daß er leicht die Wirklichkeit hinter sich lassen könnte, wenn er rücksichtslos alles transzendiert[9]. Er gibt sich nicht damit zufrieden, die Gipfel zu erreichen, wenn er von dort nicht auch die Täler überblicken kann. Die ganze Wirklichkeit zählt, Materie genauso wie Geist, das Gute ebenso wie das Böse, Wissenschaft genauso wie Mystik, die Seele ebenso wie der Leib. Es geht nicht darum, die naive Unschuld zurückzugewinnen, die wir verlieren mußten, um zu werden, was wir sind, sondern darum, eine neue Unschuld zu erringen.

Auf jeder Stufe, in jeder Epoche des menschlichen Bewußtseins bestand die Versuchung, das Wirkliche zu beschneiden und den Weg zur Synthese dadurch abzukürzen, daß jene Teilbereiche der Wirklichkeit ausgeschaltet werden, die das Bewußtsein nicht ohne weiteres angleichen oder manipulieren können. Sehr früh schon wurde Gott seines Körpers beraubt, später der Materie überhaupt, so daß er nur noch Geist war. Aus demselben Grund – nämlich um alles Unvollkommene aus dem Vollkommenen zu tilgen – wurde er unwandelbar und unbewegt

---

[9] Cf. einen der berühmtesten Abschnitte bei Plotin, der sich in der letzten Zeile seiner unsterblichen *Enneaden* findet (VI. 9): „Das ist das Leben der Götter und göttlicher, seliger Menschen, Abscheiden von allem anderen, was hienieden ist, ein Leben, das nicht nach dem Irdischen lüstet, Flucht des Einsamen zum Einsamen" (*psyche mónou pròs mónon*); deutsch von Richard Harder.

gemacht. Etwas Ähnliches geschah mit dem Menschen: Gedrängt vom Bedürfnis, seine „Würde" zu bewahren, streifte er zuerst seine Tierhaftigkeit ab, dann seinen Körper und seine Sinne, und nur zu bald legte er auch seine Gefühle ab, bis er zum „denkenden Ding", zur *res cogitans* und zur sprechenden Maschine wurde. Trotz der optimistischen iranisch-christlichen Lehre von der Auferstehung des Fleisches wurde die Vervollkommnung des Menschen zunehmend „vergeistigt", bis dies verständlicherweise eine Gegenreaktion hervorrief. Gewiß ist es besser, als Krüppel oder Lahmer ins Reich Gottes zu gelangen, als gänzlich davon ausgeschlossen zu sein[10]. Aber diese einseitige Lösung braucht nicht die Regel zu sein. Im Gegenteil, „dem, der hat, wird gegeben, und er wird im Überfluß haben ..."[11]

Es stimmt, daß niemand zwei Herren dienen kann[12]. Aber es stimmt auch, daß es letztlich nur einen einzigen Herrn, ein Ganzes, eine Wirklichkeit gibt, so daß kein Teil der Wirklichkeit zugunsten eines anderen vernichtet oder außer acht gelassen werden darf. Geistiger Reduktionismus ist genauso schädlich wie materieller. Es ist unsere Aufgabe, jeden einzelnen dieser anmaßenden Reduktionismen zu überwinden, die die Wirklichkeit auf einen einzigen ihrer Bestandteile einzuschränken drohen. Das können wir natürlich nur dann, wenn wir im Zuge unseres ständigen Ringens um eine neue Unschuld unsere eigene anthropozentrische Perspektive durchbrechen.

Das Erringen einer neuen Unschuld ist eine der Annahmen, die der kosmotheandrischen Vision zu Grunde liegen. Wir erwähnten bereits die *radikale Relativität* der ganzen Wirklichkeit und unterschieden sie vom agnostischen Relativismus, der jede Gewißheit und jegliche Unterscheidungsmöglichkeit ausschließt. Diese radikale Relativität bildet den Hintergrund für das unteilbare kosmotheandrische Bewußtsein: Wir können den Kreislauf der Kommunikation zwischen den Sphären der Wirklichkeit nicht schließen. Außerdem kann dieser Austausch nicht eine bloß moralische Verbindung sein oder irgendein verschwommenes Wissen darüber, daß alle Dinge miteinander verbunden sind. In aristotelischen Begriffen ausgedrückt: Die Relationen müssen genauso wirklich sein wie die Elemente, die sie verbinden. Oder anders gesagt: Der onto-

---

[10] Cf. Mark. 9,42–48
[11] Cf. Matth. 28,14–30
[12] Cf. Matth. 6,24

logische Zustand des Bewußtseins, das die verschiedenen Existenz-
bereiche miteinander verbindet, muß zumindest dieselbe Beschaffenheit
aufweisen wie die Bereiche, die es verknüpft. Das Universum besteht
also entweder aus Beziehungen, die so stark – und so wirklich – sind wie
die verbundenen Teile, oder diese Teile brechen auseinander in ein chao-
tisches, zerfallendes und solipsistisches Universum.

In ähnlicher Weise bildet die Erfahrung der nicht-individualistischen
Seiten des Erkennens und schließlich des über-individualistischen Sub-
jekts des Erkennens einen Ausgangspunkt der kosmotheandrischen
Vision. Wir wissen, daß wir über Wissen verfügen, aber „unser" Wissen
ist nicht unser Privatbesitz. Mein Wissen ist nur wirklich als mein inne-
res Wissen; aber es gehört nicht mir. Wissen ist nicht nur Austausch mit
dem Objekt, sondern auch zwischen Subjekten.

Unsere Grundannahme ist also die letzte Einheit der Wirklichkeit:
Alles hängt mit allem zusammen. Trotz verschiedener Seinsbereiche,
unterschiedlichen Wissensstands, ontologischen Gefälles und ontischer
Hierarchien darf eine vollständige Vision der Wirklichkeit keinen dieser
Aspekte übersehen oder irgendwelche „niedrigere" Teile zugunsten
„höherer" opfern. Wir unterscheiden zwar zwischen „Erscheinung und
Wirklichkeit", *paramarthika* und *vyavaharika, ens a se* und *ens ab alio*,
zwischen „der Art des Weisen und der Art des Narren", „Materie und
Geist", „Schöpfer und Geschöpfe", *noumenon* und *phenomenon*, „Wahrheit und Täuschung" usw. Aber diese Unterscheidung kann uns nicht
darüber hinwegtäuschen, daß die andere Seite der Münze zwar möglicherweise nicht wahr, endgültig, existent oder was immer ist, aber doch
ihren eigenen Grad an Wirklichkeit besitzt – und zwar in dem Maße, als
sie sich selbst manifestiert und über sie gesprochen werden kann. Oder
wie die vedantische Scholastik durchwegs bestätigt: *brahman* ist das
höchste Subjekt der *avidya* (Unwissenheit). Das Seil als Schlange zu
sehen (wie die berühmte indische Parabel erzählt), kann eine Illusion
sein – es ist eine –, aber das Seil ist als Seil wirklich, auch wenn es nur
innerhalb eines Traums wirklich ist. *Vidya* (Weisheit) besteht nicht darin,
diese Welt als unwirklich zu erkennen, sondern darin, sie als bloße
Erscheinung, als *maya*, als Schleier der Wirklichkeit[13] zu entdecken. Ich

---

[13] Es handelt sich hier um den Genitiv, der Beziehung anzeigt, nicht Besitz. Cf.
Lalitavistara XIII, 175 sq. und *Samyutta Nykaya* IV, 54, 296.

kann diese Idee auch aus einem anderen Blickwinkel zu formulieren versuchen. Ein Blick auf die Geschichte des Bewußtseins zeigt, daß das Bewußtsein hin und her pendelt zwischen der Überbetonung einer Einheit, die sich alle Verschiedenheit einverleibt, und einem ebenso extremen (manchmal hinter dualistischen Begriffen versteckten) Atomismus, der letztlich jede Verständigung unmöglich macht und überdies Friede und Harmonie zerbricht. Die großen Meister und vermutlich auch das einfache Volk haben die ausgewogene Vision bewahrt; die Epigonen aber neigen zu Extremen. Die kosmotheandrische Erfahrung beginnt auf einer neuen Ebene der Spirale, den positiven (und nicht bloß dialektischen) Mittelweg zwischen der Paranoia des Monismus und der Schizophrenie des Dualismus wiederzugewinnen.

Formulierung

Orthodoxien und Traditionalismus aller Art haben ein Jahrhundert lang heftige Kritik an der Moderne geübt[14]. Sie wiesen uns darauf hin, daß der Mensch nicht überleben kann, wenn er dem Kosmos entfremdet und von Gott abgeschnitten ist[15]. Die kosmotheandrische Vision ist in diesem Sinne sowohl traditionell als auch zeitgemäß. Sie versucht, die Wurzeln des Menschen offenzulegen, geht aber noch einen Schritt weiter. Erstens macht sie nicht beim Menschen halt, sondern durchdringt die eigentlichen Urquellen der „Schöpfung". Sie erneuert die Tradition nicht nur bis in den „metaphysischen Bereich" hinein, sondern dringt noch tiefer, bis in eine Zeit „vor der Formung der Welt", als die Weisheit mit den Menschenkindern spielte und sich an ihrer Gesellschaft erfreute[16]. Zweitens stellt diese Vision (ohne eine gewisse hierarchische Ordnung zu leugnen) nicht Gott in den Mittelpunkt – was ohnehin ein unmögliches Vorhaben ist, sobald sich der Mensch bewußt ist, daß er es ist, der

---

[14] Cf. z. B. die päpstliche Enzykliken, die „Gleichgültigkeit", Modernismus, Amerikanismus, Liberalismus usw. anprangerten.

[15] Cf. z.B. das beachtenswerte Wiederaufleben von Büchern wie: R. Guénon, The Crisis of the Modern World, translated by M. Pallis und R. Nicholoson. London (Luzac and Co.) 1962; F. Schuon, L'æur du cæur. Paris (Gallimard) 1950; J. Needleman, The Sword of Gnosis. Los Angeles (Metaphysical Press) 1974 in den USA.

[16] Spr. 8, 31.

dies tut. Vielmehr stellt sie ein Gleichgewicht her, in dem die drei Dimensionen in freiem Zusammenspiel jeden Augenblick neu ihre Mitte finden. Ich möchte dies genauer zu erklären versuchen.

Das kosmotheandrische Prinzip kann folgendermaßen formuliert werden: Das Göttliche, das Menschliche und das Irdische – wie immer wir es nennen wollen – sind die drei unverzichtbaren Dimensionen, die die Wirklichkeit ausmachen, das heißt, jede Wirklichkeit, insofern sie wirklich ist. Dieses Prinzip leugnet nicht, daß es dem Abstraktionsvermögen unseres Geistes möglich ist, für bestimmte begrenzte Zwecke Teile der Wirklichkeit unabhängig voneinander zu betrachten. Es leugnet die Komplexität der Realität und deren viele Abstufungen nicht. Aber es erinnert uns daran, daß Teile eben Teile sind, die nicht einfach zufälligerweise nebeneinanderstehen, sondern wesentlich mit dem Ganzen verbunden sind. Anders gesagt: Die Teile sind wirklich Beteiligte und dürfen nicht bloß im Sinne eines räumlichen Modells verstanden werden, wie z. B. Bücher Teile einer Bibliothek oder Vergaser und Differentialgetriebe Teile eines Automobils sind. Vielmehr gehören sie im Sinne einer organischen Einheit zum menschlichen Wesen wie Leib und Seele oder Geist und Wille: Sie sind Teile, weil sie nicht das Ganze sind; aber Teile, die nicht einfach aufge*teilt* und vom Ganzen getrennt werden können, ohne daß sie dadurch zu existieren aufhörten. Eine Seele ohne Leib ist eine bloße Entelechie; ein Leib ohne Seele ist eine Leiche; ein Wille ohne Vernunft ist eine bloße Abstraktion und Vernunft ohne Wille eine künstliche Konstruktion des Verstandes usw. Sie sind konstitutive Dimensionen des Ganzen, das alles durchdringt, was ist, und sich nicht auf seine Bestandteile reduzieren läßt.

Die kosmotheandrische Intuition betont, daß die drei Dimensionen der Wirklichkeit weder drei Seinswesen einer monolithisch ununterschiedenen Wirklichkeit sind, noch drei Elemente eines pluralistischen Systems. Es ist vielmehr eine, allerdings unabdingbar dreifaltige Relation, welche die letztendliche Konstitution der Wirklichkeit manifestiert. Alles, was existiert, jedes wirkliche Wesen repräsentiert diese dreieine Konstitution, die sich in drei Dimensionen ausdrückt. Ich sage nicht *nur*, daß alles direkt oder indirekt mit allem anderen in Beziehung steht: die radikale Relativität oder *pratityasamutpada* der buddhistischen Tradition. Ich betone auch, daß diese Beziehung nicht nur das Ganze konstituiert, sondern daß sie in jedem Funken der Wirklichkeit immer neu und lebendig aufleuchtet. Kein Wort kann als isoliertes verstanden werden.

Alle Wörter stehen in Beziehung. Gott ist bedeutungslos ohne Geschöpfe. Das Wirkliche ist nichts als die andere Seite des Ideals. Das Gute impliziert das Böse. Die Erde braucht Wasser, Sonne oder ein leeres Weltall. Zeit braucht Raum und umgekehrt. Die Zeit legt die Ewigkeit offen, bringt sie an den Tag, schwitzt sie aus. Alle diese Beziehungen wurden meist dialektisch interpretiert, vor allem weil sie als binäre Beziehungen verstanden wurden. Die kosmotheandrische Vision überwindet die Dialektik, weil sie in allem die trinitarische Struktur entdeckt – und diese dritte Dimension, das Göttliche, ist nicht einfach ein „dritter" Gegensatz, sondern gerade das *mysterium coniunctionis*. Wahrheit zum Beispiel ist nicht einfach das Gegenteil von Irrtum – als ob es nur diese beiden Extreme gäbe. Das Kontinuum erstreckt sich vom einen zum anderen. Alle Dinge sind sozusagen androgyn und ambivalent, weil sie in Wirklichkeit trinitarisch sind. Die Beziehungen, die das Universum durchdringen, erfüllen die innersten Räume jedes Wesens. Die kosmotheandrische Intuition ist nicht eine Dreiteilung alles Seienden, sondern die Einsicht in den dreifaltigen Kern von allem, was existiert, insofern es existiert. Ich möchte diese drei Dimensionen im folgenden kurz beschreiben.

a) Zunächst hat alles Seiende eine abgründige Dimension, die sowohl transzendent als auch immanent ist. Jedes Seiende transzendiert alles – einschließlich seiner selbst, vielleicht ganz besonders „sich selbst", da es in Wahrheit keine Grenzen hat. Es ist zudem unendlich immanent, das heißt unausschöpfbar und unauslotbar, und dies nicht, weil die begrenzten Möglichkeiten unseres Intellekts nicht tiefer einzudringen vermöchten, sondern weil diese Tiefendimension zu jedem Seienden als solchem gehört. Dem Sein in seinem Sein Grenzen zu setzen, heißt es zerstören. Ein Seiendes zu isolieren – falls dies überhaupt möglich wäre – hieße, es zu ersticken, zu töten, die Nabelschnur zu durchschneiden, die es mit dem Sein verbindet. In Übereinstimmung mit dem größeren Teil der menschlichen Traditionen nenne ich diese Dimension göttlich, aber das besagt nicht, daß nicht auch ein anderer Name verwendet werden könnte. Die grundlegende Wahrnehmung ist die unendliche Unerschöpflichkeit jedes wirklich Seienden, sein immer offener Charakter, sein Geheimnis – wenn wir das Wort in diesem Zusammenhang gelten lassen wollen – seine Freiheit, würde man in einer anderen Sprache vielleicht eher sagen. Jedes wirklich Seiende durchweht ein Wind von Wirklichkeit, ein *prana* sozusagen, der jede Faser dieses Wesens durchzieht und es wirklich macht, nicht nur, indem er es mit der ganzen Wirklichkeit in Verbindung bringt, sondern auch, indem er es über einem bodenlosen Abgrund, der Wachstum, Leben und Freiheit birgt, in der Schwebe hält. Alles, was ist, existiert, weil es teilhat am Geheimnis des Seins und/oder Nicht-Seins, wie einige es vielleicht eher nennen würden[17].

Diese göttliche Dimension ist weder ein Schirm, der allem Seienden übergestülpt ist, noch ist sie dessen bloß äußere Grundlage. Sie ist das konstitutive Prinzip aller Dinge, vergleichbar mit dem thomistischen Seinsakt, der den Wesen Existenz verleiht, ohne ein Bestandteil des „Seins" zu sein.[18] Dies bedeutet, daß Gott nicht in die *formale* Zusammensetzung eines Wesens eingeht, weil Gott – in dieser Terminologie – nicht ein formales Prinzip (*causa formalis*) ist, aber auch weil wahres Sein sich nicht auf seine Form reduzieren läßt.[19] Alles, was ist, ist *sat*, absolutes Sein.

Nur aufgrund dieser Dimension ist letztlich Veränderung möglich, denn sonst wäre kein „Raum" dafür vorhanden. Wenn es diese Dimension nicht gäbe, würde jede Teilveränderung, die völlige Umformung des sich verändernden Seienden bedeuten, so daß sich im Grunde genommen nichts ändern würde, da es keinerlei Kontinuität gäbe. Einige Denksysteme ziehen es verständlicherweise vor, diese Dimension Nichts, Leere, Vakuum zu nennen, das alles andere möglich macht. Ohne diese Dimension würde jede Veränderung eine völlige Entfremdung zur Folge haben, denn kein Seiendes wäre anpassungsfähig genug, sowohl Variationen als auch Kontinuität zuzulassen.

B) Weiter bewegt sich jedes wirkliche Seiende im Bereich des Bewußtseins; es ist denkbar und gerade deshalb eng mit der menschlichen Bewußtheit verbunden. Auch hier geht es nicht darum, Wortspiele zu betreiben. Wir können über nichts reden, nichts denken oder behaupten – negativ oder positiv –, was nicht mit unserem Bewußtsein verbunden ist. Das Bejahen oder Verneinen an sich stellt eine Verbindung her, falls noch keine bestehen sollte. Wir können über einen hypothetischen astronomischen Körper mit einer unbekannten chemischen Zusammen-

---

[17] Wie ich schon zu Beginn feststellte, vertrete ich nicht eine bestimmte Metaphysik, die „Sein" auf eine einzige Bedeutung einschränkt. Auch Nicht-Sein, *shunyata*, oder jedes andere Symbol könnte auf dieser Ebene des Diskurses verwendet werden.

[18] Cf. D. Thomas: „Creare autem est dare esse." *In I Sent.*, d. 38, q.1,a,1.

[19] Cf. z.B. D. Thomas, *C. Gentes*, I, 26.

setzung reden, der irgendeine unbekannte Sonne umkreist. Diese Aussage hat aber nur Sinn, insofern sie von bekannten Parametern ausgeht, die auf eine gleicherweise erkennbare Hypothese projiziert werden. Mit anderen Worten: Die Wasser des menschlichen Bewußtseins bespülen alle Ufer der Wirklichkeit – auch wenn der Mensch die *terra incognita* des Hinterlandes nicht zu durchdringen vermag –, und genau dadurch tritt das Wesen des Menschen mit dem Ganzen der Wirklichkeit in Verbindung. Das gesamte Feld der Wirklichkeit lebt, vermenschlicht, in ihm. Dieser durchlässige Charakter des Bewußtseins gehört nicht nur zum Menschen, der erkennt, sondern auch zum Objekt, das erkannt wird. Wir können dies als Dimension des Bewußtseins bezeichnen, aber wir können es auch eine menschliche Dimension nennen, denn was immer Bewußtsein ist, es manifestiert sich im Menschen und durch ihn. Auch wenn wir die Möglichkeit eines vollständig vom Menschen unabhängigen Bewußtseins vertreten, würde bereits diese – von irgendeinem Menschen geäußerte – Behauptung einer solchen Unabhängigkeit widersprechen.

Dies bedeutet nicht, daß alles auf Bewußtsein reduziert werden kann oder daß Bewußtsein alles ist. Die kosmotheandrische Einsicht besagt genau dies, nämlich, daß die drei konstitutiven Dimensionen des Wirklichen sich nicht gegenseitig aufeinander reduzieren lassen; daher sind die materielle Welt und der göttliche Aspekt nicht auf das Bewußtsein allein zurückführbar. Dennoch sind beide vom Bewußtsein durchdrungen und umspannen es in gewissem Sinne. Wie es die Kirchenväter in den Kommentaren zum Buch Exodus[20] auszudrücken pflegten: Wir können nur Gottes Rücken sehen, wenn er bereits vorüber ist; wir können Gottes „Fußspuren" entdecken, aber wir können Gott nicht von Angesicht zu Angesicht begegnen. Oder was Philosophen öfter beobachtet haben: Materie ist Materie, weil sie für den Geist undurchlässig ist. So ist auch das individuelle Ding als Individuelles nicht erkennbar; der Kosmos ist Kosmos, weil er nicht Mensch oder Geist ist usw.

Diese menschliche Dimension der Wirklichkeit bedeutet nicht, daß eine bestimmte Wesenheit, deren der Mensch sich nicht oder noch nicht bewußt ist, nicht existiere oder nicht wirklich sei. Es bedeutet zum Beispiel nicht, daß Pluto vor 1930 nicht existierte, sondern daß Pluto in

---

[20] Ex. 33, 22–27; cf. besonders Gregor von Nyssa.

dem Maße wirklich ist und war, als er in Beziehung zum menschlichen Bewußtsein trat. Pluto ist als Planet wirklich seit 1930, er war seit Beginn unseres Jahrhunderts als mutmaßlicher Planet wirklich und seit mindestens zwei Jahrtausenden als möglicher Planet. Er war als möglicher Himmelskörper wirklich, seit der Mensch die Möglichkeit von Himmelskörpern entdeckte, und er war als Körper oder Wesen insofern wirklich, als Körper und Wesen seit je Objekte des Bewußtseins sind. Sogar ein hyothetischer Diskurs über Pluto als Nicht-Seienden verbindet ihn mit dem menschlichen Bewußtsein durch eben diese ontische Undurchlässigkeit.

Die natürliche und unvermeidliche Frage bleibt: War Pluto als Himmelskörper bereits vorhanden, bevor es auf der Erde menschliche Wesen gab? Niemand bestreitet, daß wir denken können, und ich würde sogar hinzufügen, daß wir denken müssen, daß Pluto, wie alle anderen Planeten, längst existierte, bevor es überhaupt menschliches Leben auf der Erde geben konnte. Mit anderen Worten: Pluto ist denkbar als astronomischer Körper, der in seiner Existenz vom menschlichen Bewußtsein unabhängig ist. Aber schon die Denkbarkeit schafft die Verbindung – wenn auch nicht unbedingt eine kausale – mit dem menschlichen Bewußtsein.

Dies bedeutet offensichtlich nicht, daß Pluto – oder jedes andere Seiende überhaupt – von irgendeinem menschlichen Bewußtsein erkannt werden müßte oder an sich denkbar sein müßte. Es bedeutet einfach, daß Denkbarkeit und Erkennbarkeit Merkmale alles dessen sind, was existiert.

Als Ergebnis der Experimente von Piaget und anderen können wir annehmen, daß ein Kind in seiner „präkonzeptionellen" Phase nicht registriert, daß eine unter dem Taschentuch verborgene Uhr auch wirklich vorhanden ist.[21] Ja, es überprüft diese Möglichkeit nicht einmal, indem es das Tuch hochhebt. Bald lernt es aber, daß die Uhr tatsächlich dort ist, und das kommt einer echten Entdeckung gleich. Ich denke, als Erwachsener sind wir noch immer tief beeindruckt von dieser Entdeckung und gehen von genau der gleichen unbewußten Annahme aus, sobald wir mit einer grundlegenden neuen Wahrnehmung, insbesondere

---

[21] Cf. J. Piaget, *Urteil und Denkprozeß des Kindes.* Düsseldorf (Schwann) 1972; außerdem *Psychologie der Intelligenz.* Olten (Walter) 1974.

dem intellektuellen Bewußtsein, konfrontiert werden: Wir gehen davon aus, daß Pluto bereits vorhanden war, bevor wir das Taschentuch undurchdringlicher Distanz mit Hilfe des Teleskops hoben, als sei Bewußtsein genau das gleiche wie sinnliche Wahrnehmung. Ich behaupte nicht, Pluto habe vor seiner „Entdeckung" nicht existiert. Ich sage nur, daß sich das Problem nicht stellt, bevor es eine bestimmte Bedeutung erlangt.

Genauso wie ich bei der ersten Dimension nicht sagte, jedes Wesen sei göttlich, behaupte ich auch hier nicht, jedes Seiende habe Bewußtsein, indem ich dieses bestimmte Wesen zum Subjekt, zur Substanz, zum *hypokeiménon*, zur Hypothese der Göttlichkeit im ersten Fall oder des Bewußtseins im zweiten Fall mache. Alles hängt davon ab, was wir unter einem Seienden verstehen: sein privates Eigentum (das, was einzig dieses Seiende „besitzt", unter Ausschluß alles übrigen) oder das, was es einzigartig macht (seine inklusive Einzigartigkeit): sein Unterschiedensein (von anderen) oder seine Identität (mit sich selbst). Mit anderen Worten: Es hängt alles davon ab, ob wir das Prinzip der Einzigartigkeit oder das Prinzip der Individualität anwenden, um zu bestimmen, was ein Seiendes ist.[22] Ich meine allerdings, daß jedes Seiende eine konstitutive Bewußtseinsdimension hat, auch wenn mein Verständnis dieses Seienden das Bewußtsein nicht in „ihm" hypostasiert, sondern irgendwo sonst – zum Beispiel in „mir", der „es" weiß, oder im Bewußtsein allgemein.[23] Ich sage nicht nur, daß wir ein Seiendes nicht erkennen könnten, wenn es nicht auf irgendeine Weise mit dem Bewußtsein verbunden wäre, sondern auch, daß diese Beziehung genau dieses Seiende ausmacht. Das Bewußtsein durchdringt jedes Seiende. Alles, was ist, ist *cit*, Bewußtsein.

Nur aufgrund dieser Dimension ist die Wirklichkeit erkennbar und die Wahrnehmung nicht eine übergestülpte äußerliche Eigenschaft.

c) Jedes Seiende befindet sich letztlich innerhalb der Welt und teilt deren Weltlichkeit. Es gibt nichts, was ins menschliche Bewußtsein tritt, ohne nicht zugleich auch in Beziehung zur Welt zu treten. Auch hier gilt,

---

[22] Cf. R. Panikkar, „Singularity and Individuality: The Double Principle of Individuation". *Revue Internationale de Philosophie* (Festschrift für Professor Raymond Klibansky). Bruxelles (Centre National de Recherches de Logique) 1975.

[23] Die Idee des *noûs poietikós* oder *intellectus agens* der aristotelisch-augustinischen Scholastik, besonders wie sie von islamischen Denkern verstanden wurde, könnte einiges Licht auf diesen Punkt werfen.

daß diese Beziehung nicht eine rein äußerliche oder zufällige ist: Alles, was existiert, hat ein konstitutives Verhältnis zu Materie / Energie und Raum / Zeit. Sogar wenn wir die Möglichkeit einer außerirdischen Existenz zugestehen und die Wirklichkeit einer außerzeitlichen und außerkosmischen mystischen Erfahrung annehmen, so sind nicht nur diese Sprachbilder weltlicher Art, sondern gerade der Akt des Verneinens jeglicher Beziehung zur Welt schafft eine Beziehung, wenn auch eine negative. In einem Wort: Jede Außer- oder Überweltlichkeit ist bereits weltlich und hat das *saeculum* als Bezugspunkt.

Gehen wir zum Beispiel davon aus, daß Wahrheit und Engel reale Wesenheiten sind, jede in ihrer eigenen Ordnung. Beide haben, so nehme ich einmal an, eine irdische Dimension. Eine erkenntnistheoretische Auffassung der Wahrheit kann ebenso wie eine ontologische Idee der Wahrheit nur innerhalb einer Welt sinnvoll sein, das heißt innerhalb des Bereiches irdischer Erfahrung – auch wenn wir danach diese Erfahrung extrapolieren. Außerdem ist Wahrheit, sofern sie zur Erkenntnistheorie gehört, nicht nur mit dem menschlichen Geist, sondern auch mit seinen materiellen oder imaginären Objekten verbunden, die ebenfalls zu dieser Welt gehören. Eine metaphysische Wahrheit – was immer dies sein mag – ist nur insofern wahr, als sie wirklich *kata*physisch ist. Etwas Ähnliches kann in bezug auf einen Engel gesagt werden. Auch wenn wir das etymologische Faktum beiseite lassen, daß mit „Engel" ein Bote gemeint ist, einer, der eben gerade zum Menschen und zur Erde gesandt ist, ist die Existenz eines Engels (eines *asura*, einer *deva*, einer *apsara*, eines Geistes) mit dem Schicksal von Mensch und Welt verbunden und dadurch auch unmittelbar auf diese Welt bezogen. Selbst wenn wir sagen, ein Engel stehe über der Materie und jenseits von Raum und Zeit, verknüpfen genau diese Hinweise ihn bereits mit unserer Welt.

Eine der wertvollsten Hypothesen, die das ökonomische Moment mit sich bringt, ist die Aufteilung der Wirklichkeit in eine klare, zwingende Domäne geistiger Ideen und eine materielle Ausfaltung dieser intellektuellen Domäne. Plato in Griechenland und Sankara in Indien könnten als Beispiele herangezogen werden – abgesehen von der unterschiedlichen akademischen Beurteilung dieser beiden Denker. Diese Art des Verstehens ist aber letztlich reduktionistisch und hat ihre Grenzen. Sie teilt die Wirklichkeit in zwei Bereiche auf, und die Kluft – auch wenn sie nur erkenntnistheoretisch betrachtet wird – erweist sich sehr schnell als unübersteigbar. Die kosmotheandrische Vision hingegen betrachtet die dritte Dimension als konstitutives Element jedes Seienden. Es gibt nicht zwei Welten. Es mag so viele Unterscheidungen und ontologische Abstufungen geben, wie wir für notwendig erachten, letztlich gibt es nur eine Realität – trotz der Kehrseiten dieses Ausdruckes, der tatsächlich die *res* betont, die kosmische Dimension. Alles, was ist, ist *res* und *ananda*.

Sage ich damit, Gott sei weltlich? Hebe ich damit die Unterscheidung zwischen Natur und Kultur auf, die dem zivilisierten Menschen so teuer ist? Oder die zwischen Welt und Person? Nein. Ich hebe diese Unterscheidungen nicht auf, lasse mich nicht einmal auf eine Diskussion über sie ein. Ich behaupte nur, daß ein Gott ohne Welt kein wirklicher Gott ist und auch nicht existiert. Ich behaupte, daß diese kosmische Dimension nicht ein überflüssiges Anhängsel der beiden anderen Dimensionen ist, sondern gleicherweise grundlegend für das Ganze wie für jeden *wirklichen* Teil des Ganzen.

Wir sprachen weiter oben von der Entsprechung zwischen *microcosmos* und *macanthropos*[24], die auch eine der Säulen der upanishadischen Erfahrung bildet. Jedem Teil des menschlichen Körpers entspricht ein Teil des materiellen Universums.[25] Diese Übereinstimmung ist im *tantra* wesentlich, aber auch im Westen bekannt.[26] Der Mensch kann zu allem werden, nicht nur, weil er alles erfassen kann, sondern auch, weil er sich in vollkommener Übereinstimmung mit der materiellen Welt befindet. Die Beziehung könnte nicht enger sein; es handelt sich um eine wechselseitige Verbindung; „Wenn der Mensch ein Mikrokosmos ist, dann ist die Welt ein Makanthropos."[27] Aus diesem Grunde, stellen manche Interpreten der Bibel fest, habe Gott nicht unmittelbar nach der Erschaffung des Menschen gesagt „und es war gut", wie an den anderen Schöpfungstagen[28], da der Mensch als einer verstanden wurde, der das Schicksal des Universums teilt.[29]

---

[24] Cf. oben S. 41–42

[25] Cf. R. Panikkar, The Vedic Experience, Berkeley (Los Angeles (University of Californiea Press) und London (Darton, Longman & Todd) 1977, z. B. pp. 75–77, Purusha Sukta (RV C, 90) und pp. 730–732, Purusha (Bu II, 3, 1–6).

[26] Cf. R. Panikkar, Blessed Simplicity. New York (Seabury) 1982, p. 75q.; deutsch: Den Mönch in sich entdecken. München (Kösel) 1989.

[27] Cf. den aus De Lubac Pic de la Mirandole, op. cit. zitierten Text, wo Pico della Mirandola von dieser Übereinstimmung resp. Entsprechung redet.

[28] Cf. Gen. 1, 26–27

[29] Cf. De Lubac, op. cit., pp. 163–167.

Eine von einem Zenmeister verwendete machtvolle Metapher kann uns einen weiteren Einblick in diese Intuition der polaren Einheit zwischen Mensch und Natur geben. Um die Auswirkung der Disziplin einer Vereinfachung des Lebens zu schildern, sagt er: „Hier zeigt sich unverhüllt die wundervollste Landschaft deines Geburtsortes."[30] Vielleicht hat nur der eigene Geburtsort diese Kraft, diese Aura der Lebendigkeit, die uns ihn nicht als abgetrenntes, bloß wundervolles Stück Land oder als etwas „außerhalb" von uns erscheinen läßt, sondern als wesentlichen Bestandteil unserer selbst, als Erweiterung oder vielmehr Verlängerung unseres wahren Wesens. Eine solche Landschaft ist mehr als Geographie und sogar mehr als Geschichte: Sie ist das eigene Selbst, sie ist der eigentliche Körper oder die Verkörperung der eigenen Gefühle, unserer persönlichsten Entdeckung der Welt, der Umgebung, die nicht nur unser Leben „formt", sondern tatsächlich unser eigener Daseinsbereich *ist*. Hier liegen die Wurzeln, die uns mit der Welt verbinden, hier sind wir in Berührung mit der Nabelschnur, die uns noch immer Leben schenkt und uns zu Menschen macht. Es ist vielleicht einer der wenigen Orte, wo wir nicht mittelmäßig oder unaufrichtig sein können und wo uns eine schwache Hoffnung darauf bleibt, eine neue Unschuld zu erreichen. Dieser Ort ist ein Teil von mir; genauso wie ich Teil dieses Ortes bin. Es ist nichts exklusiv Poetisches oder Ästhetisches an dieser Erfahrung. Zwar sind Dichter, Maler und Künstler jeder Art vielleicht noch sensibler für diese Empfindung – sie sind unsere Antennen –, aber auch der gewöhnlichste Mensch ist offen für diese Kraft.

Ich behaupte, ein rein immaterielles Wesen sei gleichermaßen eine Abstraktion wie ein nur materielles und eine monistische Spiritualität ebenso einseitig wie ein monistischer Materialismus. Ich sage, daß es keine unverkörperten Seelen oder nichtinkarnierten Götter gibt, genauso wie es keine Materie, keine Energie, keine raum-zeitliche Welt ohne Dimension des Göttlichen oder des Bewußtseins gibt. Dies bedeutet nicht, daß Gott einen Leib hat *wie* unser eigener. Auch oberflächlich gesehen sind keine zwei Körper gleich; analog gesehen ist Gottes Leib anders als unser eigener. Andererseits bedeutet es, daß Gott nicht ohne

---

[30] Zitiert bei D.T. Suzuki, Introduction to Zen Buddhism. London, 1960, p. 46. berichtet in Thomas Merton, Mystics and Zen Masters. New York (Farrar, Straus & Giroux) 1967, p. 233

Materie, Raum, Zeit, Körper existiert und daß jedes materielle Ding, das existiert, Gott ist, oder genauer Gottes Ding, Gottes eigene Welt.

Gäbe es diese raum-zeitliche Dimension nicht, so würde die Wirklichkeit einfach nicht existieren. Alles wäre der Traum eines nicht existierenden Träumers, der nur vom Traum geträumt hat, ohne je wirklich geträumt zu haben. Gäbe es nicht Materie und Energie oder Raum und Zeit, so wäre nicht nur das menschliche Reden und Denken unmöglich, sondern auch Gott und Bewußtsein würden ins bloße Nichts und in die Bedeutungslosigkeit entschwinden. Die letzte Grundlage für den Glauben, daß etwas existiert, ist das Vorhandensein der Welt; die letzte Grundlage für die Hoffnung des Menschen ist die Existenz der Welt. Welche Antwort auch immer man auf das letzte Warum von Leibniz und Heidegger gibt, die Frage beruht auf der Welt, die sie trägt und das Fragen erst möglich macht. Weshalb irgend etwas existiert, kann nur zur Frage werden, wenn dieses Warum existiert, wenn es bereits aus dem Nichts „herausragt".[31]

Einwände

All dies ruft wahrscheinlich zwei Haupteinwände auf den Plan. Der erste würde lauten, daß, wenn alles mit allem anderen innerlich verbunden ist, wir die Dinge ihrer Individualität berauben und alles ununterschieden in einen Topf werfen. Der zweite Einwand würde geltend machen, es sei ganz einfach falsch, davon auszugehen, daß ein Seiendes nicht ohne ein anderes existieren kann.

Wenn wir allerdings in der Analyse weitergehen, werden wir sehen, daß beide Einwände auf einer unvollständigen Erkenntnistheorie beruhen. Der erste sagt A *ist-nicht* B, wenn er eigentlich sagen möchte und nur sagen müßte A *ist nicht-B*. Der zweite Einwand behauptet, er bewege sich im logischen Bereich des Denkens von einem *könne-nicht* oder *kann-nicht* zu einem *ist nicht* im ontologischen Bereich des Daseins. Ich will das näher erklären.

---

[31] Cf. die Beschreibung von Richard von St. Viktor in seinem *de Trinitate* IV, 12 (P.L. 196, 937); „Quid est enim existere, nisi ex aliquo sistere?" „Was bedeutet es denn zu existieren, als aus irgendetwas herauszuragen?"

Wenn wir denken, folgen wir einem von zwei Verstehensmustern, die vorwiegend von den Prinzipien der Nicht-Widersprüchlichkeit und der Identität bestimmt sind. Andernorts habe ich dargelegt, daß der Großteil des modernen abendländischen Denkens durch das Prinzip der Nicht-Widersprüchlichkeit bestimmt ist, und etwas Ähnliches kann in Bezug auf die indische Kultur und das Prinzip der Identität gesagt werden.[32] Wenn wir das Prinzip der Nicht-Widersprüchlichkeit anwenden, neigen wir dazu, die „Dinge" zu isolieren und so durch eine künstliche Trennung von dem, was sie wirklich sind, von ihrer ganzen Wirklichkeit abzutrennen.[33] Die Grenze jedes Seienden ist das Sein selbst – um eine bestimmte Begrifflichkeit zu verwenden – und, wenn wir bereits haltmachen, bevor wir an diese Grenze (das Sein) gelangen, verkrüppeln wir die Wirklichkeit des konkreten Seienden. Gemäß dem Prinzip der Nicht-Widersprüchlichkeit ist A umso mehr A, als es von Nicht-A unterschieden und isoliert werden kann. Wir gewinnen unser Wissen in diesem Falle durch Unterscheidung, Wissenschaft, Abspaltung.[34]

Wenn wir das Prinzip der Identität anwenden, werden wir blind für Unterschiede, würfeln ganz verschiedene Dimensionen des Wirklichen bunt zusammen und verwechseln Identität mit der Verneinung von Unterschieden. Gemäß dem Prinzip der Identität ist A umso mehr A, als es mit sich selbst identisch ist. Wir erwerben unser Wissen in diesem Falle durch Identifikation, Teilnahme, Einheit. Es ist nicht nötig, hier weiter zu betonen, daß Identität und Unterscheidung sich gegenseitig

---

[32] Cf. R. Panikkar; Le fondement du pluralisme herméneutique dans l'hindouisme", *Demitizzazione e imagine,* hrsg. von E. Castelli, Padova. (Cedam) 1962, pp. 243–269; durchges. und neu abgedruckt in *Die vielen Götter und der eine Herr, op. cit.* p. 833 ff.

[33] Cf. das interessante, autobiographische Bekenntnis von Edgar Morin im Vorwort zu seinem *Le paradigme perdu, op. cit.*, als Reaktion auf die vorherrschende Theorie vom Menschen, die nicht nur auf Trennung, sondern auch auf einem Gegensatz zwischen Mensch und Tier, Kultur und Natur beruht – indem er sagt, daß er während der zwanzig Jahre seiner akademischen „Bildung" seinen Wunsch, „das Ghetto der Humanwissenschaften" zu überwinden, unterdrücken mußte, um eine „Anthropo-Kosmologie" zu formulieren. Cf. die Bibliographie im Anhang zum erwähnten Buch.

[34] Cf. das interessante Zeugnis eines Nichtphilosophen, der den Weg existentiell gegangen ist: „Wir (Abendländer) andererseits sind ‚umgewendet' worden, und wir sind uns immer bewußt, selbst Zuschauer zu sein. Dieses Zuschauersein ist eine Wunde in unserer Natur, eine Art Erbsünde … Sobald wir aufhören, uns ‚gegen' die Welt zu stellen, meinen wir, wir hörten auf zu existieren." T. Merton, op. cit., p. 245.

ergänzen.[35] Das eine beinhaltet automatisch das andere, so sehr sie sich gegenseitig ausschließen. Ich kann nur zwei Dinge identifizieren, wenn ich sie von allem anderen unterscheiden kann: Ich kann nur Dinge voneinander unterscheiden, wenn ich zeigen kann, daß sie einander nicht gleich sind.

Meines Erachtens ist es an der Zeit, diese zwei Prinzipien zu integrieren. Jeder Erkenntnisvorgang ist ein Akt des Unterscheidens, hat aber zugleich eine synthetische Funktion. Um zu wissen, was einzelne Seiende sind, sollten wir das wahre Sein, das sie sind, nicht verstümmeln. Andererseits müssen wir auch Raum für die Unterschiede lassen. Nur die Kombination beider Prinzipien kann eine befriedigende Antwort liefern, eine Antwort, in der Identität nicht durch Unterscheidung aufgehoben oder die Unterscheidung von der Identität verschluckt wird.

Ein Elefant ist nicht ein Mensch, aber beide *sind,* wenn auch in verschiedener Art und Weise. Der Elefant *ist,* und der Mensch *ist,* aber der eine ist nicht der andere. Der Elefant ist Nicht-Mensch, und der Mensch ist Nicht-Elefant, aber es wäre unrichtig zu sagen (oder zu denken), der Elefant *ist-nicht* Mensch oder Mensch *ist-nicht* Elefant. Gerade weil wir das *ist* weder vom Elefanten noch vom Menschen abtrennen können, können wir die Dinge nicht in dieser Weise manipulieren. Der Mensch manipuliert dieses *der Mensch-ist.* So können wir sagen, *der Mensch-ist*

---

[35] Cf. T. R. V. Murti, der von „der Struktur der Madhyamika Dialektik" spricht und sagt: „Beziehung muß zwei gegenseitig einander zuwiderlaufende Funktionen übernehmen: als *Verbindung* der zwei Begriffe, indem sie sie für einander relevant macht, muß sie sie *identifizieren*; aber als Verbindung der *zwei,* muß sie sie *auseinanderhalten.* „The Central Philosophy of Buddhisms, London (Allen & Unwin Ltd.) 1960, p. 138. In einer Anmerkung zitiert er F. H. Bradleys Appearance and Reality, Oxford (Clarendon Press), 2nd rev. ed., 1930; „Beziehung setzt Qualität voraus und Qualität Beziehung. Jedes von beiden kann weder gemeinsam mit dem anderen noch getrennt von ihm etwas sein; und der Teufelskreis, in dem sie sich drehen, ist nicht die Wahrheit über die Wirklichkeit." Murti, *ibid.,* p. 21. Cf. auch Dionysius, *de Div. nom.,* XI, 2: „Man muß zunächst in der Tat auch behaupten, daß der Schöpfer des Friedens an sich, des gesamten Friedens sowie jedes einzelnen Friedens ist und daß er alles in jener unvermischten Einung miteinander verbindet, gemäß welcher alles ungeteilt und zusammenhängend geeint ist und dennoch zugleich in der für einen jeden charakteristischen Beschaffenheit unversehrt besteht, weil es nicht durch Mischung mit dem Entgegengesetzten entstellt wird, aber auch nicht etwas von seiner einenden Klarheit und Reinheit verliert ... die Natur der friedlichen Einung als eine einzige und einfache Natur anzusehen, die alles mit ihr, mit sich und untereinander eint und alles rein und doch verbunden in unvermischtem Zusammenhalt von allem erhält." Pseudo-Dionysius Areopagita, *Die Namen Gottes,* übersetzt von Beate Regina Suchla. Stuttgart (Hiersemann) 1988, p. 94. Cf. auch Gita IX, 4–5.

kann nicht mit *der Elefant-ist* gleichgesetzt werden. Aber dem Elefanten das Mensch-Sein abzusprechen (der Elefant ist nicht-Mensch), schließt überhaupt nicht ein, dem Elefanten sein Sein abzusprechen (es gibt ihn noch immer). In diesem Sinne können wir nicht sagen „der Elefant ist-nicht Mensch."[36]

Das *ist* unterscheidet sie ebenso, wie es sie verbindet.[37]

Die meisten theistischen Systeme, um ein anderes Beispiel anzuführen, betonen den Unterschied zwischen Gott und seinen Geschöpfen, indem sie seine Transzendenz hervorheben. Sie betonen aber Gottes Identität *sui generis* mit der Schöpfung, indem sie eine Immanenz unterstreichen. Gott ist allen Geschöpfen immanenter – so werden die meisten Systeme sagen – als ihre eigene Identität. Wenn wir also Gott von seinen Geschöpfen abziehen, fällt dieses in pures Nichts zusammen.[38]

Was ich sagen will, ist, daß die Verbindungen, die alle Dinge mit allen anderen in Zusammenhang bringen, eben diese Dinge konstituieren. Wenn ich zum Beispiel sage, ein Stück Brot sei kosmotheandrisch, insofern es wirklich ist, sage ich nicht, daß es ein Stück Brot *plus* vieles andere ist, etwa ein Teil Gottes und ein Stück des Menschen, wodurch ich alle Unterschiede verwischen würde. Ich sage, das *Stück* Brot sei ein Stück Brot, was einmal impliziert, daß es ein Stück und nicht das ganze Brot ist. Ich sage im weiteren, das Brot sei auch ein Teil all jener Dinge, die als Brot oder Nahrungsmittel dienen. Das Stück Brot als wirkliches

---

[36] Cf. meine Interpretation des berühmten catuskoti des Buddhismus in meinem Buch El Silencio del Dios, op. cit. deutsch: *Gottes Schweigen.* München (Kösel) 1992, pp. 109–120.

[37] Das klassische *tò dè légetai mèn pollaxos; ens autem multis quidem dictur modis;* „Sein wird auf viele Arten gesagt"; pollaxos, die vielen Wege oder die Vielfalt bezieht sich auf *légatai,* und auf *logos,* das Sagen des Seins, weil (wie die Fortsetzung des Textes nahelegt: *allà pros hen; sed ad unum*) das Sein selbst, bevor es gesagt wird, *ekam eva advitiyam,* „eines nur ohne ein zweites" ist (*Chandogya Upanishad* IV, 2, 1; Aristoteles, Metaphysik VI, 2 (297) 1003 a 33).

[38] Cf. den oft zitierten (und nicht immer genügend verstandenen) Satz von Augustinus: „interior intimo meo et superior summo meo." „...innerlicher als das Innerste, das ich besaß, und erhabener als das Höchste, das ich auszudenken vermochte." deutsch von Georg von Hertling; *Bekenntnisse.* Einsiedeln (Johannesverlag) 1948, p. 78; cf. auch D. Thomas, *Sum. theol.,* I, q. 8, a. 1; I, q. 105, a. 5; Calvin, *Institutiones christianae religionis,* III, 7: „Nostri non sumus: ergo quoad licet obliviscamur nosmetipsos ac nostra omnia. Rursum Dei sumus; illi ergo vivamus et moriamur." *Opera Calvini,* ed. Brunsvigae, 1864, Vol. 2, col. 505–506.

Brot ist mehr als eine einzelne Monade, und seine „Brotheit" (wenn wir darunter alles verstehen, was es vom Nicht-Brot unterscheidet) schöpft noch nicht alles aus, was Brot *ist.* Das *Stück* Brot ist das *Brot* des Stücks, und dieses Brot ist das ist des Brotes. Das „ist" des Stückes Brot ist unabdingbar mit allem anderen verbunden, was ist. Um es nochmals klar zu machen: Das Stück Brot ist ein Stück Sein und muß als solches behandelt werden. Aber das Stück zu individualisieren kann und muß nicht heißen, es von der Gemeinschaft des Seienden auszuschließen und von seiner Teilnahme *sui generis* am Sein.

Analytisches Denken, so wichtig es ist, kann nicht die Tatsache überspielen, daß es nur innerhalb eines gegebenen synthetischen Rahmens Sinn vermitteln kann, ob bewußt oder nicht.

Ich möchte einen Augenblick bei diesem Beispiel verweilen, denn die Bedeutung des Brotes ist nicht so sehr die Umwandlung des Brotes in Christus, als vielmehr die Umwandlung Christi ins Brot. Das konsekrierte Brot hört nicht auf, Brot zu sein. Im Gegenteil, es wird zum umfassenden Brot, zu einem Brot, das die ganze Wirklichkeit enthält; ein Brot, das zur selben Zeit göttlich und materiell und menschlich ist. Es ist die Offenbarung der kosmotheandrischen Natur der Wirklichkeit. Wenn wir im täglichen Leben das Brot brechen, neigen wir dazu, diese Tatsache zu vergessen, und wir entfremden uns von dieser umfassenden Erfahrung. Die Eucharistie erinnert uns an das Ganze und macht es wirklich für uns: „Dies ist der Leib Christi." Es ist bekannt, daß mit diesem Ausdruck zuerst die Kirche gemeint war, das heißt der Leib der Gläubigen, der Gemeinschaft aller Menschen. Der mystische Leib meint nicht nur eine kleine Gruppe von Menschen. Er dehnt sich auf die „Weise" des ganzen Universums in seinem wirklichen Zustand aus. Daß dieser wahre Zustand erst am Ende der Zeit erreicht wird, läuft auf eine Interpretation hinaus, abgeleitet von jener bestimmten Kosmologie, die das *eschaton* in geschichtlichen Begriffen und das „Ende" als Fülle der Zeit versteht. Vielleicht gelingt es uns, eine „tempiternale" Auffassung von Fülle zu erlangen, die es der *Präsenz* des Ganzen erlauben würde, unser Leben zu füllen – gerade in der Gegenwart. Die Antwort auf den zweiten Einwand hat mit der Natur des Geistes zu tun, der ohne äußeres empirisches Kriterium in und aus sich selbst nicht zwischen der „Wirklichkeit" und der „Möglichkeit" irgendeines Seienden unterscheiden kann. Auch wenn ich noch so viel über mögliche 100 Rupien nachdenke, kann ich nicht wissen, ob das

90

Geld tatsächlich in meiner Tasche ist oder nicht.[39] Andererseits neigen wir oft dazu, ohne wirkliche Grundlage Schlüsse zu ziehen, das heißt auf die Sphäre des Seins zu übertragen, was einzig dem Bereich des Ideellen oder des intellektuell Denkbaren zugehört. Hier scheint eine *metabasis eis allo genos zu* bestehen, eine Verschiebung von Gattungen, die Mißverständnisse mit sich bringt. All dies wird vorgebracht, so möchte ich in Erinnerung rufen, um dem Einwand zu begegnen, daß, obwohl gewisse Dinge nicht ohne andere sein können, es manche Dinge gibt, die unabhängig von der Existenz anderer sind. Sicherlich kann ein lebendiger menschlicher Leib nicht ohne Herz existieren, aber ein lebendes Herz kann ohne Eichen existieren. Und obwohl eine Eiche einen passenden Boden braucht, erfordert ihre Existenz nicht unbedingt, daß es menschliche Gerechtigkeit gibt. Ich streite nicht ab, daß ein Ding ohne ein anderes *sein-könnte* oder *sogar sein kann*. Ich bestreite nicht, daß Vögel ohne Meer *sein-könnten*, obwohl sie nicht ohne Luft auskommen könnten. Ich muß aber darauf bestehen, daß wir uns hier nicht mit bloßen Möglichkeiten befassen, sondern mit Wirklichkeiten, so daß, wenn die Wesen A und B existieren, es in Wirklichkeit kein A ohne B oder kein B ohne A gibt, auch wenn das eine oder beide ohne das andere *sein-könnten*. Wir sollten die Tatsache ernst nehmen, daß das Wissen von dem, was ist, nicht mit der Voraussage über das, was sein könnte, zusammenfällt. Sehen wir uns einen konkreten Fall an: Ein theistisches System wird vielleicht behaupten, daß es zwar keine Welt ohne einen Schöpfer, aber einen Gott ohne jegliche Schöpfung *geben kann*. Ein Theist kann sich sicherlich einen Gott *denken,* der, um wirklich zu sein, nicht von der Existenz irgendeines Geschöpfes abhängig ist, aber dieser „Gott" existiert nicht, weil der wirkliche Gott, der Gott, der tatsächlich existiert, Gott mit Geschöpfen *ist.* Daß Gott (ohne Geschöpfe) „sein kann", ist eine phänomenologische Eigenschaft Gottes, nicht eine ontologische Aussage über „ihn".

Eine weitere phänomenologische Bemerkung mag hier passend sein. Eine rigorose *epoche* wirkt in zwei Richtungen: Sie klammert die eidetische Intuition von der Last des Daseins aus und befreit so die Wesen-

---

[39] Für eine Diskussion der ontologischen Argumente genügt es, Charles Hartshorne, *Anselm's Discovery,* Lasalle, Ill. (Open Court) 1965, und John H. Hick und Arthur C. McGill, *The Many-faced Argument.* Neu York (New) 1967 zu erwähnen; beide enthalten eine nützliche Bibliographie.

heiten aus den Qualen der existentiellen Geburt, löst die Existenzen aber auch von Verantwortlichkeiten, die ihre Befähigung übersteigen. In einer theistischen Vorstellung mag Gott phänomenologisch sehr wohl als *id quo maius cogitari nequit* definiert werden, als „das, von dem nichts Größeres gedacht werden kann".[40] Außerdem kann Gott als jenes „notwendige Seiende" beschrieben werden, das aus sich selbst, *a se*, existieren kann (das auf kein anderes Wesen angewiesen ist, um existieren zu können), während das Geschöpf oder „kontingente Seiende" als eines definiert werden kann, das nur *ab alio* existieren kann, das heißt, nur wenn es in einem anderen oder etwas anderem begründet ist. Wir müßten dann feststellen, daß, wenn wir „Gott" oder „Geschöpf" denken, eine phänomenologische Analyse unseres Bewußtseins im ersten Fall Selbstgenügsamkeit und Nicht-Selbstgenügsamkeit im zweiten Fall hervorbringt. Ein notwendiges Seiendes ohne Geschöpfe ist denkbar, ein kontingentes Seiendes ohne Existenzgrund ist undenkbar. Wir könnten außerdem beifügen, daß ein notwendiges Seiendes ohne Geschöpfe existieren *kann;* ein kontingentes Seiendes hingegen *kann-nicht* ohne Grund existieren. Dies kann vielleicht unser Konzept phänomenologisch klären helfen; vielleicht kann es sogar die Gültigkeit eines qualifizierten ontologischen Argumentes erkennen helfen, rechtfertigt aber nicht dessen Extrapolation in das existierende Universum oder in das Universum des Existierenden. Mit anderen Worten, die Aussagen „Gott kann ohne Welt sein" und „Die Welt kann nicht ohne Gott sein" können phänomenologische Beobachtungen sein, aber keine ontologischen Aussagen über Gott oder die Welt.

In ähnlicher Weise gilt: Obwohl ich eine Welt ohne Menschen denken *kann*, beweist dies keineswegs, daß es eine Welt ohne Menschen *gibt*. Es beweist nur, daß ich eine solche Welt *denken* kann, aber es beweist nicht deren Existenz. Tatsächlich existiert eine solche Welt (ohne Menschen) nicht. Jemand könnte erwidern, daß dies sicherlich jetzt zutreffe, aber vor Millionen von Jahren *gab* es ein astronomisches Universum ohne Menschen. Ohne hier eine Polemik vom Zaum zu brechen, indem ich erkläre, die Vorstellung von Zeit, die hier vorausgesetzt ist, sei weder überzeugend noch gültig, und ohne die Relativitätstheorie auf den Plan zu rufen, um eine solche absolute Diachronie zu verneinen, kann man folgendes antworten: Erstens operiert die Aussage innerhalb eines mensch-

---

[40] Anselm, *Proslogion*, II.

lichen Bewußtseins, in dem Welt und Mensch gemeinsam existieren. Zweitens müssen wir, sobald wir die Vergangenheit einführen, auch die Zukunft einführen, was den Einwand entkräftet. Wenn wir sagen: „Es gab eine Zeit (t_1), in der es ein Universum ohne Menschen gab", müssen wir diese Aussage ergänzen, indem wir aus der Perspektive der Zeit t_1 sagen: „Es wird eine Zeit geben (t_2), in der das Universum Menschen enthalten wird." Worum es uns geht, ist, daß die Zeit, deren wir uns bewußt sind, in der einen oder anderen Weise bedeutet: $t = t_1 + t_2$, denn t_1 und t_2 sind nur Teil-Zeiten. So können wir noch immer sagen: „Es gibt keine Zeit (t), in der das Universum ohne Menschen ist." Zeit ist nicht nur vergangene Zeit.[41]

Aber der *purvapakshin* könnte darauf wiederum erwidern, daß er einfach nur sagen wollte: „Es *gab* eine Zeit ohne Menschen." und nicht „Es *gibt* ein solche Zeit." Diesem Einwand kann mit dem Hinweis begegnet werden, daß dieses *gab* nur Vergangenheit aus der Sicht der *Gegenwart* ist, in der es keine Welt ohne Menschen gab, aber eine Welt. Das stimmt, aber nur als ein *es gab* und nicht als ein *es gibt*. Deshalb sagen wir instinktiv: „Es *kann* eine Zeit *geben*, in der es eine Erde, aber keine Menschen gibt, aber was uns angeht, so gibt es in Wahrheit keine Welt ohne Menschen."[42]

---

[41] Martin Heideggers Aussage steht mir nahe: „Aber streng genommen können wir nicht sagen: es gab eine Zeit, da der Mensch nicht *war*. Zu jeder *Zeit* war und ist und wird der Mensch sein, weil Zeit sich nur zeitigt, sofern der Mensch ist. Es gibt keine Zeit, da der Mensch nicht war, nicht weil der Mensch von Ewigkeit her ist und in alle Ewigkeit hin ist, sondern weil Zeit nicht Ewigkeit ist und Zeit sich nur je zu einer Zeit als menschlich-geschichtliches Dasein zeitigt." *Einführung in die Metaphysik* (1953). Tübingen (Niemeyer) 1966, p. 64. Aber ich gehe nicht unbedingt von einer solchen Annahme aus, um zum selben Schluß zu kommen.

[42] Es ist bekannt, daß die Frage „Hat die Natur vor dem Menschen existiert?" in den Kämpfen (wenn man die Texte liest, kann man nur diesen Ausdruck verwenden) zwischen den „dialektischen Materialisten" und der „Philosophie von Mach und Avenarius" heiß diskutiert wurde. Cf. den Teil mit diesem Titel in V.I. Lenin, Materilism and Empirico-critism. New York (International Publisher) 1927 (Orig.-Ausgabe von 1908), pp. 52–62. Die „irreführende und reaktionäre Theorie [Avenarius], da sie dadurch feiger wird" (p. 53) ging von einer „potentiellen" Beziehung zwischen der Welt (vor dem Menschen) und dem Menschen aus und machte Lenin ebenso wütend wie jede „idealistische" Theorie, die sich auf Fichte und Kant stützte. Ich brauche hier nur festzuhalten, daß die These dieses Essays so weit von den „Idealisten" entfernt ist wie von den „Materialisten". Ich stelle weder fest, daß es ein Objekt ohne Subjekt gibt oder nicht gibt, noch daß es „ein Ding an sich" gibt oder nicht gibt. Die Argumentation beruht vielmehr auf einer konstitutiven „Zuordnung" von allem (d. h. einer Beziehung zwischen allem), ohne eine metaphysische Annahme, daß letztlich alles Materie oder alles Geist sei, zu akzeptieren.

Ich möchte aber, wie gesagt, das kosmotheandrische Prinzip mit einem Minimum an philosophischen Annahmen vorstellen. Und dieses Minimum ist, daß die Wirklichkeit die dreifache Dimension eines empirischen (oder physischen) Elementes, eines noetischen (oder psychischen) Faktors und eines metaphysischen (oder geistigen) Bestandteils aufweist. Unter dem ersteren verstehe ich den Materie-Energie-Komplex; unter dem zweiten das Nachdenken *sui generis* über das Erste und sich selbst; und unter dem dritten die inhärente Unerschöpflichkeit aller Dinge: das Kosmische, das Menschliche und das Göttliche.

Beschreibung

Ich habe von drei verschiedenen Dimensionen der einen und gleichen Wirklichkeit gesprochen. Die Metapher „Dimension" soll helfen, die monistische Versuchung zu vermeiden, ein zu einfaches, modalistisches Universum zu konstruieren, ein Universum, in dem alle Dinge nur Varianten und Seinsweisen der einen Substanz sind. Gleichzeitig stellt sie den Versuch dar, die pluralistische Verlockung zu überwinden, zwei oder mehr unüberbrückbare Elemente, Substanzen oder Gruppen von Wirklichkeiten nebeneinanderzustellen, die nur äußerlich, kausal oder letztlich zufällig miteinander verbunden sind. Ohne Unterschiede in Abrede zu stellen und in Anerkennung einer hierarchischen Ordnung innerhalb dieser drei Dimensionen, betont das kosmotheandrische Prinzip die wahre Beziehung zwischen den drei Dimensionen, so daß dieser dreifaltige Strom den ganzen Bereich des Seienden durchzieht.

Diese Intuition hat ihren Ursprung letztlich in einer mystischen Erfahrung und ist als solche unbeschreibbar. Es handelt sich nicht um eine analytische Schlußfolgerung. Vielmehr ist es eine synthetische Vision, eine Zusammenschau, die die verschiedenen Elementen des Erkennens mit dem Erkennenden in Einklang bringt und dann beide transzendiert.[43] Auf lange Sicht aber handelt es sich um die Frucht einer einfachen und unmittelbaren Einsicht, die dem Bewußtsein dämmert,

---

[43] Cf. die verschiedenen Hinweise auf die christliche und hinduistische Tradition in meinem Artikel „Die existentielle Phänomenologie der Wahrheit", *Philosophisches Jahrbuch der Görres-Gesellschaft, LXIV* (1956), pp. 27–54, überarbeitet. Neudruck als Teil meines Buches *Misterio y Revelación.* Madrid (Marova) 1971, besonders p. 220.

sobald der Mensch einen Blick auf den innersten Punkt geworfen hat, an dem Erkennender, Erkanntes und Erkennen zusammenfallen. Ich werde die Beschreibung auf einige Ausschnitte dieser Einsicht beschränken müssen und den Rest für eine andere Gelegenheit aufsparen.[44]

a) In dieser Vision ist die Welt nicht Lebensraum oder äußerer Teil des Ganzen oder gar meiner selbst. Die Welt ist einfach dieser größere Leib, den ich nur unvollkommen wahrnehme, weil ich im allgemeinen zu sehr mit meinen eigenen Angelegenheiten beschäftigt bin.[45] Meine Beziehung zur Welt unterscheidet sich letztlich nicht von der Beziehung zu mir selbst: Die Welt und ich unterscheiden sich, sind aber nicht zwei getrennte Wirklichkeiten, denn wir teilen in einzigartiger Weise jeder des anderen Leben, Existenz, Sein, Geschichte und Schicksal.[46] Meine Hand ist nicht mein Herz; ich kann ohne Hände leben, aber nicht ohne Herz. Meine Welt verschmilzt nicht mit deiner; ich kann leben, ohne einen großen Teil meiner Beziehungen zu dieser Welt je verwirklicht zu haben, nicht aber, wenn mir alle fehlen. In unserer je einzigartigen und eigentümlichen Art teilen wir den ganzen Kosmos miteinander. Wir sind einzigartige Symbole der gesamten Wirklichkeit.[47] Dies bedeutet, „das Bild des Schöpfers, ähnlich wie er" zu sein.[48] Und dies ist der Grund, weshalb alles von „ihm" *spricht*[49] – weil er alles ausspricht.[50] Es *gibt* sicherlich keine Welt ohne Mensch oder keinen Menschen ohne Welt.

---

[44] „Gelegenheit" (occasion) ist hier im Zusammenhang seiner etymologischen Konnotation verstanden: *occasus (ob-cidere* von). Es handelt sich nicht um ein „akademisches" Unterfangen, sondern um etwas, das einen „befällt" – buchstäblich auf einen fällt – und mit der Sonne (dem Leben) untergeht.

[45] Cf. die Universalisierung des *gayatri* im klassischen indischen Prozeß hin zur Erlangung des richtigen Bewußtseins: *ya vai sa prithivi-iyam vava sa yad idam asmin puruse shariram;* „Was die Erde ist, das ist der Körper des Menschen in Wirklichkeit auch." *Chandogya Upanishad* III, 12.3.

[46] Cf. die Worte von Thomas Traherne: „Du wirst dich nie wirklich an der Welt erfreuen, bis das Meer in deinen Venen fließt, bis du mit den Himmeln bekleidet und mit den Sternen gekrönt bist, und nimm dich selbst als der einzige Erbe der ganzen Welt wahr, ja mehr noch, da Menschen in ihr leben, von denen jeder ebenfalls Erbe ist wie du." *Centuries* (zitiert in T. Merton, *Mystics and Zen Masters. op.cit.* p. 133).

[47] Cf. die Symbolik vom Spiegel („speculum"), der nicht mehr das eigene Gesicht spiegelt, in J. Cocteaus *Orphée*. Dieser Spiegel ist sicherlich der Tod.

[48] Cf. *Gen.*1, 26–27.

[49] Cf. *Röm.* 1, 20 und die unzähligen Kommentare dazu in der ganzen christlichen Tradition. Die Welt ist die erste Offenbarung Gottes. Für eine Vorstellung vom traditionellen Naturverständnis, cf. D. Chenu, *La théologie au douzième siècle.* Paris (Vrin) 1966, die vielen Bände von Etienne Geildon und die vier Bände von H. de Lubac, *Exégèse médiévale.* Paris (Aubier) 1959.

Die Ablehnung der Welt und die Reduktion der Wirklichkeit auf Gott und die Seele ist eine typisch „spiritualistische" oder gnostische Versuchung. Die Gnosis kann das Heil durch Wissen und Erkennen nur predigen, weil sie sich damit begnügt, die Seele zu retten, den geistig-spirituellen Teil des Menschen und des Kosmos.[51] Damit dies möglich ist, muß sie die Materie verurteilen und die Welt völlig ausschließen: Es gibt keinen „neuen Himmel und keine neue Erde."[52]

Die Welt ist nicht nur Gottes Ruhm, sie ist auch die Welt des Menschen. Beide gehören zusammen. Die Materie ist ebenso dauerhaft wie der Geist, obwohl vielleicht beide durch die Reinigung des Todes gehen müssen, um wieder aufzustehen. Die Wiederentdeckung unserer Verbindungen mit der Welt ist nicht eine Frage des Habens, sondern des Seins.[53] Die Erde wird nicht den Mächtigen gehören oder jenen, die Zugang zu den Ressourcen haben, oder jenen, die sie beherrschen, sondern den Sanftmütigen, den sanften Kindern der Erde.[54]

Etwas Ähnliches könnte in bezug auf Gott und die Welt gesagt werden. Der Kosmos ist nicht nur Materie und konvertierbare Energie. Der Kosmos hat Leben, er ist in Bewegung und hat, wie der Mensch, eine Dimension des *plus*, ein „Mehr", das in ihm selbst ist und nicht von einem eingeschränkten abstrakten „Selbst" kommt. Der Kosmos ist nicht ein isolierter großer Brocken Materie und Energie. Er ist die dritte Dimension der ganzen Wirklichkeit.[55] Ein Kosmos ohne Mensch und Bewußtsein wäre nicht und ist sicherlich nicht der Kosmos, den wir

---

[50] Cf. D. Thomas: „Deus enim cognoscendo se, cognoscit omnem creaturam. [...] Sed quia Deus uno actu et se et omnia intelligit, unicum Verbum eius est espressivum solum Patris, sed etiam creaturam." *Sum. theol.* I, q. 34, a. 3, c. (cf. auch Ps. 39,3 ff).

[51] „Das Wesentliche [des gnostischen Systems] ist das Unterfangen, den Geist im Menschen aus seinem Zustand der Entfremdung im Kosmos zum göttlichen Geist des Jenseitigen durch ein Tun, das sich auf Wissen gründet, zurückzuführen." E. Voegelin, *op. cit.*, p. 20

[52] Cf. *Apk.*, XXI, 1 sq.

[53] Cf. Ortega y Gassets berühmtes Axiom: „Yo soy yo y mi circunstancia", was nicht nur als unmittelbare *Umwelt* verstanden wird, sondern als die gesamte Umwelt des Menschen, die zu seinem wahren Sein gehört – und umgekehrt.

[54] Cf. *Matth.* 5,4, was die Bedeutung von *praús* (sanft, bescheiden, liebenswürdig, rücksichtsvoll) und von *amharetz* betrifft.

[55] „Omnia mundi creatura quasi liber et pictura nobis est et speculum" (Jedes Geschöpf der Welt ist wie ein Buch, ein Bild und wie ein Spiegel für uns), sagt der immer wieder erstaunliche Alanus ab Insulis (P.L. 210, 599a) und drückt damit eine viele Jahrhunderte lang allgemeingültige Ansicht aus.

bewohnen. Ein Kosmos ohne diesen göttlichen Drang, diese Dynamik, die dem innersten Kern eingepflanzt ist, ist sicherlich nicht der Kosmos, den wir erfahren, das passende Kleid für jede wirkliche Erscheinung des Göttlichen. Und ich wiederhole für jene, die gegen bestimmte Worte allergisch sind, daß diese Vision nicht auf eine spezifisch philosophische oder religiöse Vorstellung von der Wirklichkeit beschränkt ist.

b) Gott ist nicht der absolut Andere (abgesehen von den philosophischen Schwierigkeiten, die diese Formulierung beinhaltet: Absolute Transzendenz wird allein schon durch diesen Gedanken widerlegt). Gott ist aber auch nicht der Gleiche wie wir. Ich würde sagen, Gott ist das höchste und einzigartigste „Ich",[56] wir sind Gottes „Du", und unsere Beziehung ist persönlich, trinitarisch und nicht-dualistisch. Die kosmotheandrische Vision braucht aber nicht in solche Begriffe gekleidet zu werden. Es genügt zu sagen, der Mensch erfahre die Tiefe seines eigenen Seins, seine unerschöpflichen Möglichkeiten der Beziehung und für Beziehung, seinen nicht begrenzten (d.h. unbegrenzten) Charakter – denn er ist nicht ein abgeschlossenes Wesen und kann seinem eigenen Wachstum und seiner Evolution keine Grenzen setzen. Der Mensch entdeckt und ahnt in seinem eigenen Sein ein ihm eingepflanztes *Mehr*, das seinem eigenen privaten Sein angehört und es gleichzeitig übersteigt. Er entdeckt eine andere Dimension, die er nicht manipulieren kann. Es gibt immer mehr, als auf der Hand liegt, als einem in den Sinn fällt oder das Herz berührt. Dieses *immer mehr* – sogar mehr als Wahrnehmen, Verstehen und Fühlen – bedeutet die göttliche Dimension.

Traditionell wurde dieses *Mehr* auch als das Bessere und oft auch als das *Andere* erfahren, als Mysterium des Anfangs und das Jenseitige, als das Ewige und Unendliche (oder Über-Zeit und Über-Raum). Es ist hier nicht der Ort, um ein Modell für das Göttliche zu konstruieren. Der kosmotheandrische Mythos – wie man versucht ist, ihn zu nennen – schließt ganz klar einen rigiden Monismus oder einen unqualifizierten Atomismus aus, ebenso wie er Deismus und Anthropomorphismus ausschließt; aber er schließt nicht die ganze Bandbreite von Systemen aus, die mehr oder weniger erfolgreich versuchen, die reiche Vielfalt des Vorhandenen

---

[56] Cf. F. Nietzsches Wort: „Wenn es einen Gott gibt, würde ich nicht daran leiden, nicht Gott zu sein." und Simone Weils Aussage „Wer ich sagt, lügt" oder die upanishadische Erfahrung *aham-brahman*.

zu umfassen, ohne diese Vielfalt einer Einheit zu opfern oder das Einssein der Vielheit.

Gott ist nicht nur der Gott des Menschen, sondern auch der Gott der Welt. Ein Gott ohne kosmologische und damit ohne kosmogonische Funktion wäre überhaupt kein Gott, sondern bloß ein Phantom. Gott ist diese Dimension des „Mehr" und des „Besseren" genauso für die Welt wie für den Menschen. Nicht nur der Mensch, auch der Kosmos ist noch nicht am Ziel angelangt, noch unvollendet, un-endlich. Der Kosmos dehnt sich nicht mechanisch aus oder entfaltet sich automatisch; er ent-wickelt sich, wächst, bewegt sich auf immer neue Universen zu. Nicht nur Theologie und Meta-physik – die alles umfassenden Disziplinen – sind notwendig, sondern heute beansprucht mehr denn je auch die Theo-physik ihren Platz.[57]

c) Der Mensch ist letztlich mehr als ein Individuum. Der Mensch ist eine Person, ein Knoten im Beziehungsnetz, das nicht nur zwischen dem geistigen „Du" ausgespannt ist, sondern bis an die entgegengesetzten Enden des Wirklichen reicht. Ein isoliertes Individuum ist unverständ-lich und nicht lebensfähig. Der Mensch ist nur Mensch, wenn er den Himmel über sich, die Erde unter sich und die Mitmenschen neben sich hat. Aber genauso wie das „Individualisieren" des Menschen dem Durchschneiden der Nabelschnur gleichkommt, die ihm Leben spendet, so erwürgt ihn die Abkapselung von Gott und von der Welt. Es kann kei-nen Menschen geben ohne Gott und ohne Welt.[58]

Vielleicht verrennen wir uns hier in ein semantisches Problem. Viel-leicht sollten diese drei Namen oder Namensgruppen ausschließlich für

---

[57] Cf. den Epilog zu meiner *Ontonomia de la ciencia, op. cit.*, p. 355–359, und meinen Artikel „Sugerencias para una teofisica", in *Civiltá delle macchine*, No. 5 (Sept.–Okt. 1963).

[58] Cf. die erstaunliche kosmotheandrische Aussage von Tsze-sze: „He who can totally sweep clean the chalice of himself can carry the inborn nature of others to its fulfill-ment; getting to the bottom of the natures of men, one can thence understand the nature of material things, and this understandig of the nature of things can aid the transforming and nutritive powers of earth and heaven [ameliorate the qualitiy of the grain, for exam-ple] and raise man up to be a sort of third partner with heaven and earth." *Chung Yung* XXII. (Übersetzung von E. Pound). „Wer den Kelch vollständig von sich selbst reinfe-gen kann, kann die angeborene Natur anderer zur Erfüllung führen; wenn man der Natur der Menschen auf den Grund geht, kann man die Natur der materiellen Dinge verstehen, und dieses Verständnis der Natur der Dinge kann den verwandelnden und nährenden Kräften der Erde und des Himmels helfen [z. B. die Qualität des Korns verbessern] und den Menschen zu einer Art Dritten im Bund von Himmel und Erde erheben."

die Eigenschaften der jeweiligen Dimension verwendet werden. Wenn dem so ist, dann würde das Göttliche für das stehen, was weder menschlich noch kosmisch ist; das Menschliche für das, was weder göttlich noch kosmisch ist, und das Kosmische für das, was weder menschlich noch göttlich ist. Wie aber verknüpfen wir dann die drei miteinander? Wie erklären wir dann die außer- oder übermenschlichen Bedürfnisse des Menschen? Oder die kreativen Kräfte des Kosmos? Oder den Hang des Göttlichen zur Vermenschlichung? Sicher, es ist nur eine Art zu reden; aber ebenso klar ist, daß die Redeweisen des modernen Menschen einer umfassenden Revision unterzogen werden müssen, daß eigentlich eine neue Sprache erforderlich ist. Der Mensch wird nicht weniger menschlich, wenn er seine göttliche Berufung entdeckt, noch verlieren die Götter ihre Göttlichkeit, wenn sie vermenschlicht werden; auch wird die Welt nicht weniger weltlich, wenn sie ins Leben und ins Bewußtseins einbricht. Vielleicht sagen wir, der Mensch befinde sich an Kreuzungen, weil die Wirklichkeit genau die Kreuzungen dieser drei Dimensionen ist. Jede reale Existenz ist ein einzigartiger Knoten in diesem dreifaltigen Netz. Die kosmotheandrische Vision steht für die ganzheitliche und umfassende Einsicht in das Wesen alles dessen, was ist.

Ein altes Mandala kann vielleicht als Symbol für die kosmotheandrische Intuition dienen: der Kreis. Kein Kreis ohne Mittelpunkt und Umfang. Die drei sind nicht dasselbe; sie sind aber auch nicht voneinander zu trennen. Der Umfang ist nicht der Mittelpunkt, aber ohne den Mittelpunkt gäbe es keinen Umfang. Der Kreis, selbst unsichtbar, ist weder der Umfang, noch der Mittelpunkt, und dennoch wird er vom einen umschrieben und ist um den anderen herum eingezeichnet. Der Mittelpunkt ist nicht von den anderen abhängig, da er ohne Ausdehnung ist; dennoch wäre er ohne die beiden anderen nicht der Mittelpunkt – noch überhaupt etwas. Der nur vom Umfang her sichtbare Mittelpunkt ist Materie, Energie, Welt. Und dies nur, weil der Umfang, der Mensch, das Bewußtsein ihn umschließt. Umfang und Mittelpunkt sind, was sie sind, weil es Gott gibt, ein Zentrum, das aus sich selbst – das heißt *qua* Gott, wie die Alten es ausdrückten – eine Sphäre ist, deren Mittelpunkt überall und deren Umfang nirgendwo ist.[59]

---

[59] Dieser Satz erscheint offensichtlich zum ersten Mal im pseudo-hermetischen *Liber XXIV Philosophorum* (prop. 2) aus dem 12. Jahrhundert: „Deus est sphaera infinita, cuius centrum est ubique, circumferentia nusquam." Dies ist die Quelle von Eckehart

Wie sollen wir das vollständige Mandala nennen? Wir sollten zwischen dem Göttlichen, dem Menschlichen und dem Kosmischen unterscheiden; der Mittelpunkt sollte nicht mit dem Umfang verwechselt, der Umfang nicht mit dem Kreis vermischt werden, aber wir können keine Abspaltung zulassen. Denn schließlich ist der Umfang der „erwachsen gewordene" Mittelpunkt; der Kreis ist der „aufgefüllte" Umfang, und der Mittelpunkt dient den beiden anderen als „Keim". Es findet ein gegenseitiges Sichdurchdringen, eine *perichoresis* der drei statt.[60]

Im ökumenischen Zeitalter diente hauptsächlich der Kosmos als Zentrum. Weil damals die Haltung ekstatisch war, konnte sie kosmozentrisch sein, denn der Mensch war sich seiner selbst und seiner besonderen Stellung im Universum nicht voll bewußt. Denken war vor allem eine passive Aktivität – eben weil der Mensch dachte, sie sei passiv. Wenn uns aber bewußt wird, daß die Welt nicht der Mittelpunkt ist, beginnen wir auch nach dem wahren Zentrum und der wahren Peripherie zu suchen. Dies kennzeichnet die Phase des Übergangs von der theozentrischen Auffassung, bis zu dem Punkt, an dem es dem Menschen schließlich klar wird, daß er selbst es ist, der Gott auf den Thron gesetzt und zum Mittelpunkt gemacht hat.

In der ökonomischen Phase wird mehr und mehr der Mensch zum Mittelpunkt. Da dieses Moment enstatisch war, mußte es notwendigerweise anthropozentrisch werden, denn der Mensch war sich bewußt, das

und nach ihm Nikolaus von Cusanus. Cf. die interessante „Variante", die Alain de Lille (*Regulae theologicae)* formuliert: „Deus est sphaera intelligiblis, cuius centrum ubique, circumferentia nusquam." Für weitere Überlegungen zur Metapher selbst, die später bei Pascal u.a. auf das Universum angewandt wurde, cf. K. Harries, „The Infinite Sphere: Comments on the History of a Metaphor", *Journal of the History of Philosophy,* XIII/1 (January 1975), pp. 5-15.

[60] Cf. Joh. 10, 30; 10, 38; 14,9 ff.; 17,21; 1. Kor. 1,19 ff.; aber auch die Worte von Augustinus: „Ita et singula sunt in singulis et omnia in singulis et singula in omnibus et omnia in omnibus et unum omnia." „So ist jede in jeder, sind alle in jeder, ist jede in allen, sind alle in allen, und alle sind eins." (*De Trinitate* VI, 10, 12 [P.,O. 42, 932], deutsch: Fünfzehn Bücher über die Dreieinigkeit, übersetzt Michael Schmaus. München (Kösel/Pustet) 1935, Bd. 1, p. 230), oder: At in illis tribus cum se novit mens et amat se, manet trinitas, mens, amor notitia; et nulla commixtione confunditur quamvis et singula sint in se ipsis et invicem tota in totis, sive singula in binis sive bina in singulis, itaque omnia in omnibus." „In diesen Dreien aber, da der Geist sich kennt und sich liebt, bleibt die Dreiheit Geist, Liebe, Kenntnis und wird durch keine Vermischung vermengt, wenngleich jedes einzelne in seinem eigenen Selbst ist und in bezug auf die anderen ganz in jedem anderen als Ganzem, sei es, daß jedes einzelne in je zweien ist oder je zwei in jedem einzelnen sind, und so alles in allen." (*De Trinitate* IX, 5 [P.L. 42, 965; Hervorhebungen im Original] deutsch: op.cit., Bd. 2, p. 52).

Maß aller Dinge zu sein, und so war er sich auch seiner zentralen Stellung im Kosmos bewußt. Denken wurde aktiv – eben weil der Mensch sich seiner Geistestätigkeit bewußt wurde. Aber sobald wir die verschiedenen Krümmungen der Peripherie wahrnehmen, entdecken wir, daß es sich nicht um eine gerade Linie handelt, und beginnen nach einem möglichen Zentrum – oder möglichen Zentren – Ausschau zu halten. Kein Wunder, daß im Verlauf der Zeit auf verschiedene Weise nach dieser problematischen Mitte gesucht wurde und diese nicht leicht zu finden war, da jeder Ausschnitt des Kreisumfangs einen anderen Mittelpunkt ergibt als den, der von irgendeinem anderen Ausschnitt des Kreisumfangs her errechnet wird. Offensichtlich befinden wir uns nicht alle auf derselben Kreislinie, bis wir uns weit genug entfernen ... und denselben mythischen Horizont teilen.

Die kosmotheandrische Vision kreist nicht um einen einzigen Punkt, weder um Gott, noch um den Menschen, noch um die Welt; und in diesem Sinn *hat sie kein Zentrum.* Die drei Dimensionen existieren nebeneinander, sind miteinander verbunden und können hierarchisch geordnet oder einander gleichgestellt sein – in der Art, wie ontologische Prioritäten sein müssen –, aber sie können nicht voneinander isoliert werden, denn dies würde sie aufheben.

Die kosmotheandrische Intuition, die ich, wenn auch in einer eher philosophischen Ausdrucksweise, zu beschreiben versucht habe, steht meines Erachtens für das sich entwickelnde religiöse Bewußtsein unserer Zeit. Der moderne Mensch hat einen isolierten einsiedlerischen Gott abgeschafft, die Erde tötet den erbarmungslosen, habgierigen Menschen, und die Götter scheinen sowohl die Menschen als auch den Kosmos verlassen zu haben. Aber, am Boden angelangt, nehmen wir Zeichen der Auferstehung wahr. An der Wurzel der ökologischen Sensibilität gibt es eine mystische Spannung; auf dem Grund des menschlichen Selbstverständnisses zeigt sich ein Bedürfnis nach dem Unendlichen und Nicht-Verstehbaren, und im innersten Herzen des Göttlichen drängt etwas zu Zeit, Raum und Mensch hin.

Spiritus Domini replevit orbem terrarum: et hoc quod continet omnia scientiam habet vocis. Alleluia.[61]

---

[61] Cf. *Weish.* 1, 7: *hóti pneuma Kyrioû pepleroke ten oikouméne, kaì tò suméchou tà pánta gnosin échei phones;* „Der Geist des Herrn erfüllt den Erdkreis, und er, der alles zusammenhält, kennt jeden Laut." (Jerusalemer Bibel)

Epilog

Aspekte einer kosmotheandrischen Spiritualität
Anima Mundi – Vita Hominis – Spiritus Dei

Spiritus Domini replevit orbem terrarum.
Sap. 1,7[62]

Die Erde ist lebendig. Sie ist die Mutter. Die Vereinigung von Himmel und Erde bringt alle Geschöpfe zur Welt: Sie gibt ihnen das Leben und erhält sie am Leben. Unzählige Geister und Kräfte bewohnen die Welt. Diese Welt ist übervoll von Göttern. Das ganze Universum ist die Schöpfung, die Nachkommenschaft eines göttlichen Lebens, das seine Lebenskraft auf den ganzen Kosmos ausdehnt. Das Leben ist nicht allein dem Menschen vorbehalten, sondern der Mensch hat teil am Leben des Universums. Der Mensch ist, eben weil er lebendig ist, Mikrokosmos genannt worden. Das Modell ist der Makrokosmos, nicht umgekehrt, und dieser Makrokosmos ist ein Lebewesen. Er trägt ein Prinzip der Einheit, ein lebendiges Prinzip, eine Seele in sich. Die natura naturans, *die erzeugende Natur, ist das eigentliche Leben der* natura naturata, *der erzeugten Natur. Alle drei Welten – Himmel, Erde, Mensch – nehmen am gleichen Abenteuer teil. Was auf der subatomaren Ebene beginnt, die Aneignung eines Dinges durch das andere zum Zweck des Überlebens, findet seinen Höhepunkt im Trinken des Soma und im Essen der Eucharistie. Alles unterliegt jener ursprünglichen Dynamik, die wir Opfer nennen: unser Teilnehmen am allgemeinen Stoffwechsel, der das Leben lebendig sein resp. werden läßt und durch den die ganze Wirklichkeit Bestand hat.*

Anima Mundi

Diese und ähnliche Vorstellungen begleiten die Menschheit seit dem Erwachen des menschlichen Bewußtseins überall und zu allen Zeiten und sind auch heute nicht ganz von der Bühne verschwunden. Beinahe

---

[62] „Der Geist des Herrn erfüllt den Erdkreis." Die Septuaginta spricht vom *pneuma* des Herrn, der die *oikumene*, die Welt und all ihre Bewohner erfüllt.

zwei Drittel der Weltbevölkerung leben noch immer mit ihnen, und sogar im sogenannten „entwickelten" Drittel sehen wir rund um uns viele Beispiele und ein Wiederaufleben solch traditioneller Einsicht. „Tiefenökologie", psychologische Erneuerung, die „Gai-Hypothese", das Wiederaufleben des Interesses an schamanistischen Praktiken, die Göttinnen-Spiritualität, die neue Wertschätzung des sogenannten Polytheismus, die Geburt „neuer" Religionen, der späte Respekt vor den Wegen der Urvölker, aber auch viel Versuche, die Unzulänglichkeiten des Szientismus dadurch zu überwinden, daß den Naturwissenschaften neue kosmologische Einsichten aufgepfropft werden – all dies ist in letzter Zeit zutage getreten. Der gemeinsame Schwerpunkt dieser Bewegungen liegt, trotz der verschiedensten Formen und Verdienste, in einer beträchtlichen Unzufriedenheit mit der technokratischen Atmosphäre, die seit dem Schwanengesang der Romantik in den abendländischen Wissenschaften vorherrscht. Es bleibt allerdings die Gefahr aller populären Bewegungen bestehen, nämlich daß sie nur allzu bereitwillig oberflächliche Clichés, extreme Haltungen und einseitige Reaktionen aufkommen lassen.

Aus der Sicht der Religionsgeschichte scheint das Leben auf der Erde zwischen zwei Polen des symbolischen Verständnisses hin und her zu pendeln: Der erste Pol ist die Festigkeit und damit die zentrale Stellung der Erde; der zweite ist die Empfänglichkeit und, dem entsprechend, das Ausdehnungsvermögen der Erde. Zwei der vielen Wörter für *Erde* in der indischen Tradition können vielleicht dazu dienen, diese Zweidimensionalität auszudrücken. Die Welt ist *bhumi*, das, was vor uns existiert, was die ganze Natur, alle Dinge dieser Welt „zur Welt bringt" (engl. „natures all of nature"). Die Erde ist aber auch *prithvi*, das, was sich in einem ständig wachsenden Horizont vor uns ausbreitet, was alle Schritte, die wir unternehmen, und alles Wachstum, das in uns geschehen kann, empfängt.

Die Erde ist der Boden; sie ist fest, *terra firma*, fester Grund. Sie ist das, was festgelegt, in Gang gebracht, uns gegeben ist, die Grundlage, von der alles andere ausgeht. Die Erde steht, gerade weil sie stabil und fest ist, als ursprüngliches Symbol für die Mitte, die unerschütterliche Achse, das Herz der symbolischen Matrix für Orientierung und Zentriertheit, das M. Eliade so lebhaft geschildert hat. Der heilige Baum, der geweihte Fels, die Säule, die Nabe, der Berg in der Mitte usw. – all dies sind kosmologische Symbole, die den Menschen auf das Höchste, die göttliche Ganzheit, das Eine konzentrieren und ausrichten. Die meisten Zweige der Philosophie akzeptieren den Kosmos als etwas Vorgegebenes. Sie gehen auch davon aus, daß die Phänomene, die die Welt ausmachen, der Ausgangspunkt für das Denken sind, so sehr sich ihre Interpretationen dieser Phänomene oder der Tatsache des Vorgegebenseins auch voneinander unterscheiden: Die Welt kann einfach eine große Illusion sein, oder sie kann tatsächlich alles sein, was es gibt; aber in jedem Fall muß die Welt zuerst als das akzeptiert werden, was sie „ist". Die christlichen Scholastiker betrachteten die Welt als wichtigste Quelle des Wissen (*quod in intellectu est, primo in sensu erat*. „Was im Verstand ist, war zuerst in den Sinnen."). Die zentrale Stellung des Kosmischen in den realistischen und empiristischen Philosophien ist bemerkenswert. Bis heute war die treibende Kraft der deutschen Philosophie die Suche nach dem *Grund* oder gar nach dem *Urgrund*, der Essenz aller Dinge. Die Transzendentalphilosophie muß das, was transzendiert werden soll, zuerst erkennen. Bevor wir von der *lokottara* reden können, muß die *laukika*, das Weltliche, erst aus sich selbst heraus verstanden werden. Die Offenbarung als Quelle des Wissens, die auf den ersten Blick die kosmologischen „Gesetze" zu umgehen scheint, bezieht die kosmische Dimension meist als Sakrament, Symbol oder Erscheinung des Heiligen ein.

Die Erde begründet aber die Wirklichkeit nicht nur, sie bringt Wirklichkeit hervor. Sie ist fruchtbar; sie ist der Schoß der Lebewesen. Sie empfängt den Samen des Göttlichen und verwandelt ihn in reiches Leben. Die Erde ist der Ort, wo, und die Art, wie das Göttliche seine Güte und seine Macht dem Menschen gegenüber manifestiert. Die Erde sammelt die mannigfaltige Welt in ihrer Hürde; ihr obliegt es, alle Wesen zu umfangen und für alle Raum zu finden. Durch Veränderung wachsen und leben wir. Die Erde als Ursprung der Veränderung wird zum Reich des Vertrauens. Nur im Vertrauen kann der Bauer seinen Samen säen, der Fischer seine Netze auswerfen. Nur aus der Hoffnung heraus kann der Bergmann schürfen, nur im Vertrauen verlassen wir uns darauf, daß die Sonne tagtäglich aufgeht und daß Elemente des Kosmos auch morgen die gleichen Eigenschaften aufweisen werden wie gestern, die Luft weiterhin Radiowellen überträgt, das Kupfer wie bisher Elektrizität leitet und so weiter.

Wenn wir dieser doppelten Symbolik der Erde gegenüber nicht sensibel sind, wenn wir nicht mehr wahrnehmen, daß beides miteinander ver-

woben ist, kann es leicht geschehen, daß die Festigkeit der Erde fälsch-
licherweise mit Substanz, Undurchlässigkeit oder Undurchdringbarkeit
verwechselt wird. Dann wird sie zur Mauer, die beide Welten voneinander abschottet, und ihre Empfänglichkeit verkommt schnell zur Manipu-
lierbarkeit, Wahrscheinlichkeit und bloßen Verfügbarkeit.

Daß die Erde eine Seele hat, bedeutet, daß sie lebendig ist, daß sie die
unmittelbare Ursache ihrer eigenen Bewegungen in sich trägt. Dies ist
ein guter Anfang und ein klassischer Zugang – vorausgesetzt, daß wir die
Ursache nicht von der Wirkung trennen. Nicht durch kausales Denken
wird uns das Leben bewußt. Die Seele ist nicht die „Ursache" für die
Lebendigkeit der Erde. Der Ausdruck „eine Seele haben" ist irreführend,
gerade weil er die Zweiteilung aufrechterhält, die wir zu überwinden
suchen. Die Erde ist nicht ein toter Körper, der durch eine Seele belebt
wird.

Der Mythos von der *anima mundi* will einfach sagen, daß die Erde ein
lebendiger Organismus ist, daß sie über eine Spontaneität verfügt, die
nicht bloß mechanisch einem Muster oder verschiedenen Mustern folgt,
die ein für allemal festgelegt sind. Der Mythos verweist auf eine gewisse Freiheit, die nicht eine bloße Laune oder ungezügelte Schrulligkeit,
sondern auch ein Maß an Vorhersehbarkeit sowie, sozusagen von
„außen" gesehen, einen Zwischenraum von Unbestimmtheit umfaßt. Der
Ausdruck *anima mundi* besagt gerade nicht, daß die Erde eine anima
(Seele) hat, sondern daß sie ein *animal* (Lebewesen), also *animiert* ist,
im ursprünglichen Sinne von beseelt. Der Bedeutungswandel im Wort
„animal" (zu Tier) verrät den siegreichen Einfluß der cartesianischen
Auffassung. Diese beraubt die Tiere systematisch ihres *animus* und
damit ihres wahren Seins als belebte Dinge.[63]

Leben als Zeit des Seins

Dank eines faszinierenden Paradoxons ist die heutige säkulare Mentalität wieder vermehrt auf eine Dimension der *anima mundi* aufmerksam geworden, die während der letzten Jahrhunderte der abendländischen Kultur vernachlässigt wurde. Das Paradox liegt darin, daß die

---

[63] *Anima* heißt auch „Luft", „Atem" und „Geist". Cf. das griechische *anemos*, „Wind" und
Sanskrit *aniti*, „er atmet", aber auch atman und *prana*.

Neuzeit auf eines der traditionellsten Merkmale des Lebens reagiert, nämlich auf die *Zeit*.

Der tiefgreifendste Aspekt des Säkularen besteht, abgesehen von soziologischen und historischen Möglichkeiten und, über diese hinaus, in der positiven und entscheidenden Bedeutung, die es der Zeit beimißt.[64] Das *saeculum*, das heißt die zeitliche Welt, ist das wirkliche Universum. Die wirkliche Welt ist zeitlich, und Zeitlichkeit ist ihr wahres Charakteristikum.

Beginnend mit Aristoteles[65], in etwas veränderter Weise im Mittelalter[66] und schließlich akzeptiert in der Renaissance[67], war das besondere Charakteristikum des Lebens die Eigenbewegung. Nur Lebewesen waren „auto-mobil". Bewegung wurde aber vorwiegend in räumlichen und weniger in zeitlichen Begriffen verstanden. Unsere heutige säkulare Denkweise ist bereit, Zeit und Leben wieder miteinander zu verbinden.

Daß die Welt zeitlich ist, heißt folgerichtig, daß sie nicht eine tote Struktur, ein bloßes, vom Verfließen der Zeit nicht berührtes Skelett ist. Wie wir aus dem Lexikon des Hesychisos bei Alexandra ersehen können, definierten bereits die alten Griechen Leben (*zoe*) als *chronos tou einai*, als Zeit des Seins. Gerade die Zeitlichkeit des Universums zeigt uns, daß es lebendig ist; es kennt Jugend, Reife und Alter, Gebrechlichkeit und sogar den Tod. *Zoe* wurde im klassischen griechischen Denken dem *thanatos*, dem Tod, gegenübergestellt.

Wir können hier einen Augenblick innehalten, um einen wichtigen Zusammenhang wiederherzustellen, der oft übersehen wird. Das Sein wurde nur zu oft als der allem zugrunde liegende und damit unbewegliche Grund alles Existierenden verstanden. Das Sein ist angeblich unwandelbar, immerwährend, unveränderlich, ewig und letztlich göttlich. Die Dinge verändern sich, weil sie noch nicht sind, was sie sein „wollen". Sie wollen einerseits das Sein, das ihnen andererseits im gleichen Maße fehlt. Sie wollen es, gerade weil es ihnen fehlt. [Im Englischen ein

---

[64] Cf. R. Panikkar, *Worship and Secular Man*. New York (Orbis) 1973, besonders pp. 9–13.

[65] Cf. R. Panikkar, *El concepto de naturaleza*. Madrid (CSIC) 2nd Ed. 1971, p. 200 ff. für eine detailliertere Untersuchung der Natur der Selbst-Bewegung.

[66] Cf. *inter alia*, D. Thomas, *Sum. theol.* I, q. 18, a. 1.

[67] In diesem Kontext ist es interessant, die revolutionären Folgen von Galileis Theorien zu sehen, die davon ausgingen, daß die lebendigen Himmelskörper notwendigerweise den gleichen Gesetzen folgen wie irdische Dinge.

Wortspiel, das im Deutschen keine Entsprechung hat: *They want (desire) Being, precisely because they want (lack) Being*, Anm. d. Ü.]. Die Zeit ist möglicherweise der „Fluß" des Seienden, aber Seiendes kann nur entweder ins Sein oder ins Nichts fließen. Wenn es ins Nichts fließt, verschwindet mit ihm auch die Zeit. Wenn es ins Sein fließt, „wird" die Zeit, falls das Seiende nicht vom Sein verschluckt wird (wobei die räumliche Metapher irreführend sein kann), zum Fluß des Seins selbst. Dies ist es, was die Griechen *zoe*, Leben, nannten. Dieses Leben ist das eigentliche Leben des Seins.

Das heutige Bewußtsein hat die tiefe innere Beziehung zwischen Sein und Zeit betont. Zeit ist nicht etwas, was dem Sein zufällt, sondern das Sein ist an sich zeitlich. Die Dinge fahren nicht auf etwas dahin, das wir Zeit nennen, als glitten sie einen Schneehang hinunter. Zeitlichkeit gehört zum Wesen der Dinge, und man kann ein Seiendes nicht von seiner konkreten „Zeit" trennen, ohne es zu zerstören. Ein Shoka des 20. Jahrhunderts oder ein mittelalterliches Flugzeug sind *non sequiturs*, Widersprüche in sich selbst. Es gibt diese Dinge nicht, mehr noch, es kann sie gar nicht geben, denn in einer Zeit, die nicht die ihre ist, wäre ein Ashoka kein Ashoka und ein Flugzeug kein Flugzeug.

Die menschliche Zeiterfahrung bietet uns ein gutes Beispiel dafür, daß die Evolution unseres Bewußtseins spiralförmig verläuft: Wir kommen darauf zurück, daß Zeit Leben ist. Das Wort *Zeit* beinhaltet ursprünglich eine vorwiegend qualitative Intuition, in dem Sinne, daß jedes Seiende seine eigene Zeit hatte. Zeit war die besondere Art und Weise, in der jedes Ding dauert. Als man entdeckte, daß deren Dauer ein quantitatives Muster zugrunde liegt, begann man, die Zeit mit ihrem quantitativen Parameter zu identifizieren. Dabei ging man davon aus, daß zwischen der „gemessenen Zeit" und der umfassenderen Wirklichkeit der Zeit eine Übereinstimmung besteht. Die „physikalische Zeit" wurde zu einem bloßen Feld (einem Ort) abgewertet, auf dem materielle Phänomene auf völlig mechanistische und deterministische Weise ihre Möglichkeit entfalten – zur vierten Raumdimension. Das heutige abendländische Bewußtsein (einschließlich der heutigen Wissenschaft) gewinnt die Einsicht zurück, daß Zeit ein Teil der Wirklichkeit selbst ist. Zeitlichkeit ist eine besondere Art des menschlichen Daseins und als solche nicht einfach eine Schnellstraße, auf der sich der Mensch fortbewegt, sondern Teil seiner eigenen Konstitution. Die Vergangenheit wird nicht zurückgelassen, sondern in der Gegenwartszeit angesammelt; die Zukunft ist nicht einfach das, was auf uns zukommt, sondern wirkt in gewissem Maße (als Hoffnung) auch in der Gegenwart – und so weiter.

Was unser heutiges Bewußtsein wieder zu entdecken beginnt, ist die innige Verbindung zwischen Leben und Sein auf der tiefsten Ebene. Leben ist die wahre Dynamik des Seins. Lebende Dinge bewegen sich, und ihre Bewegung ist zeitlich. Sobald etwas stirbt, steht die Zeit für dieses Ding still, hört auf zu sein. Dinge sind, „insofern sie sich bewegen" – ungenau ausgedrückt, das heißt, insofern sie lebendig sind.[68] Leben ist die wahre, den Dingen innewohnende Zeit, wie bereits die Griechen wußten.

Dieses allgemeine, universale Leben, *zoe*, sollte klar von *bios* unterschieden werden, mit dem das individuelle Leben gemeint ist – genau umgekehrt, wie die moderne Wissenschaft den Ausdruck verwendet, aber in Übereinstimmung mit der Verwendung im Wort „Biographie". In *zoe* klingt das „Leben der Geschöpfe" an, wie Kerényi es in seiner grundlegenden Unterscheidung formuliert hat.[69] Genau dieses Leben ist Zeit, Zeit des Seins, wie die alten Griechen sagen, oder „Seelenzeit", wie Plotin es auffaßte.[70] Auch Gott ist in diesem Sinne, wenn er ein Lebewesen ist, ein zeitliches Wesen. Ewiges Leben bedeutet nicht unzeitliches bios, sondern genaugenommen unbegrenztes, immerwährendes Leben, säkulares Leben.[71] Während Griechenland Leben als Seinszeit

---

[68] Dies sollte nicht als Versuch verstanden werden, den Unterschied zwischen sogenannten unbelebten Körpern und sogenannten Lebewesen zu verwischen. Cf. meine Unterscheidung zwischen immanenter und wesentlicher Bewegung in R. Panikkar, *Ontonomía de la Ciencia.* Madrid (Gredos) 1961. p. 121 ff., und *El concepto de naturaleza, op. cit.,* p. 166.

[69] K. Kerény, *Dionysos.* Princeton, N.J. (Princeton University Press) 1976, p. XXXII. Kerényi zitiert auch Hesychios (*sic*) und Plotinos (*sic*).

[70] Cf. *Enneaden*, III, 7, 11, 41–47: „Time, then, ist contained in differentiation of life; the ceaseless forward movement of life brings with it unending Time; and life, as it achieves its stages, constitutes past Time. It would be sound, then, to define Time as the life of the Soul in movement as it passes from one stage of experience to another. For Eternity is life in repose, unchanging, self-identical, always endless complete; and if there is to be an image of Eternity – Time", S. Mackennas Übersetzung, durchgesehen von G.H. Turnbull in *The Essence of Plotinus.* New York (Oxford University Press) 1934, p. 107. Der griechische Text kann nachgelesen werden in der Ausgabe von P.M. Henry und H.R. Schweizer, *Plotini Opera*, Vol. 1. Oxford (Clarendon) 1964, p. 356.

[71] Diese Formulierung kommt allein in den Evangelien 16mal vor und 26mal in den übrigen Büchern der christlichen Schrift.

begreift, nimmt das klassische Indien Zeit als Lebensatem der Wirklichkeit wahr. Es ist die Zeit, die die „Dinge zur Reife bringt und alle Dinge umfängt". Die Zeit ist „der Herr, der in den Dingen Veränderung bewirkt". „Die Zeit erschuf die Erde." „In der Zeit liegt Bewußtsein." Und, in expliziter Weise: „In der Zeit ist Leben" (*prana*).[72]

Um der Idee von Leben Ausdruck zu verleihen, verwendet die Sanskrit-Tradition meistens die Wörter mit *pran*: einatmen, leben, und *jiv*, am Leben sein, lebendig sein usw. *Prana* umfaßt die Bedeutungen von Atem, Geist, Lebenskraft und leitet sich von der Wurzel *pra*, füllen, ab.[73] Manchmal wird Leben mit dem Plural ausgedrückt, im Sinne einer Zusammenfassung von allem, was atmet, von allem Lebensatem. Leben ist das, was alles füllt und erfüllt, was ist. *Jivanam* ist das Substantiv, das von der Wurzel *jiv* abgeleitet ist.[74] Andere Wörter sind *asu*, das vitale Stärke, aber auch Atem bedeutet, und ähnlich *ayus*, Lebenskraft, aber auch Lebensspanne, Lebenszeit.[75]

Persönliche Beziehungen

Der Mensch hat die Bedeutung beinahe aller Wörter, die Lebensfunktionen bezeichnen, für sich allein in Anspruch genommen. Wir sollten aber die einzigartigen Eigenschaften des menschlichen Lebens nicht mit dem eigentlichen Sitz des Lebens gleichsetzen. Wir sollten auch nicht Unterschiede verwischen, um die Ähnlichkeiten hervorzuheben. Wir können nicht sagen, die Erde verfüge über Intelligenz, wenn wir darunter das wichtigste Unterscheidungsmerkmal des Menschen verstehen. Aus demselben Grund können wir auch nicht behaupten, die Erde habe

---

[72] Zu diesen und anderen indischen Texten cf. R. Panikkar, „Time and History in the Tradition of India; Kala and Karman." in UNESCO, *Cultures and Time.* Paris (UNESCO Press) 1976, pp. 63–88.

[73] Cf. griechisch *pleres,* lateinisch *plenum,* Sanskrit *purna,* „füllen" und *priparti,* „er nährt".

[74] Cf. im alten Sanskrit *jya-ji* und lateinish *vivus, vita,* „leben".

[75] Verwandt mit dem griechischen *aiôn* und dem lateinischen *aevus.* Das eigentliche Wort *aiôn* – von dem *saeculum* herkommt, die zeitliche Welt und die Ewigkeit – bedeutet ursprünglich „la force qui anime l'être et le fait vivre." Von dorther bedeutet es die Welt als ein Lebewesen, voller Lebenskraft, *aiôn.* Vgl. E. Benveniste, „Expression indoeuropéenne de l'éternité" in *Bulletin de la Société linguistique de Paris,* No. 38 (137) 11.

einen Willen. Aber wir werden dem zustimmen müssen, daß die Erde ein Bewußtsein *sui generis* und eine einzigartige Form von Verlangen oder Triebkraft hat. Es ist entscheidend, hier sowohl die Verschiedenheit von jenen Phänomenen als auch die Kontinuität mit ihnen, die wir von innen her erfahren und der wir eine anthropomorphe Bedeutung geben, zu betonen.

Das Leben der Erde zu entdecken, bedeutet zugleich, sich auf eine persönliche Beziehung mit ihr einzulassen. Offensichtlich kann die Beziehung zur Erde, wie jede persönliche Beziehung, nicht mit wissenschaftlichen Kriterien gemessen werden. Wir können ein Ich-Es-Wissen über die Erde haben, so wie wir uns über jeden Menschen ein objektives Wissen aneignen können. Wir werden aber nie das Leben hinter irgendeiner Art von Objektivierung entdecken. Objektives Denken beschränkt sich auf eine Reihe äußerer Kriterien, um das Leben vom Tod unterscheiden zu können. Wir können ausschließlich das Empfindungsvermögen der Tiere als Kriterium für Leben bezeichnen und in der Folge die meisten Pflanzen als nicht lebend betrachten. Wir können die Grenzen auch anderswo ziehen. Aber auch dann werden wir durch bloßes Messen von Bewegungen das Leben nicht erfahren – ebensowenig wie die Zeit. Die persönliche Beziehung zur Erde ist, wie gesagt, eine Beziehung *sui generis*. Sie ist anders als der Umgang mit Menschen oder der Austausch mit Tieren oder als die besondere Verbindung mit Pflanzen. Dennoch handelt es sich um eine ganz andere Beziehung als jene, die durch Abstraktion oder bloße Objektivierung hergestellt wird. Eine Rose ist nicht wie ein Stein, aber ein Stein ist auch nicht wie die Zahl fünf.

Erstens gibt es besondere Arten von Beziehungen zu Dingen, die auf einer tieferen Stufe stehen als die Pflanzen, wie Steine, Berge, Kristalle und Edelsteine. Es braucht keine hochentwickelten psychischen Fähigkeiten, um solche Beziehungen einzugehen. Man muß auch nicht an Amulette, Reliquien, Bilder oder Ikonen glauben. Dies sind spezielle und ambivalente Arten von Beziehungen, und sie können uns besser verstehen lassen, worum es hier geht. Die Art von Beziehung, die wir zu beschreiben versuchen, ist aber einfacher und viel allgemeingültiger. Ich nehme auf genau jene grundlegende menschliche Haltung Bezug, die diese Beispiele überhaupt möglich macht. Die Liebe zu materiellen Dingen ist eine universelle Erscheinung und eine, die sich nicht mit „Nützlichkeit" oder rein ästhetischen „Gründen" erklären läßt. Unsere

Beziehung zur Welt der materiellen Dinge ist tiefer, als wir verstandes-mäßig erklären können. Es geht nicht darum, daß ich gerne einen alten Anzug oder ein Paar alte Schuhe trage, einfach weil sie bequemer sind. Es geht auch nicht nur darum, daß meine Gestalt und mein Geruch so auf diese Kleidungsstücke übertragen worden sind, daß der alte Isaak sich täuschen lassen könnte. Die Analyse unserer Empfindungen kann nicht auf Psychologie und Chemie reduziert werden, obwohl diese beiden Wissenschaften uns ein Grundmuster anbieten, das uns helfen kann, mit dem „Wie" dieses Vorgangs besser zurechtzukommen.

Unsere Freundschaft und Nähe zu Dingen ist eine allgemeingültige Erscheinung. Dinge haben für uns ein Gesicht; sie haben ihre besondere, ganz eigene Sprache; sie bewirken, daß wir uns wohl oder unbehaglich fühlen.[76] Welche Erklärungen auch immer wir uns zurechtlegen, sie ändern nichts an der ursprünglichen Tatsache, daß wir nicht nur auf Menschen, sondern auch auf Dinge in einer ganz persönlichen Art rea-gieren. Physikalisch-chemische Reaktionen ziehen vielleicht Bienen zu Blumen hin und Männer zu Frauen, und möglicherweise senden Menschen oder Orte besondere Schwingungen aus – Tatsache bleibt, daß die Anziehung als solche nicht auf angebliche Wirkursachen beschränkt ist.[77] Weshalb sollte eine Farbe, ein Ton oder ein Geruch überhaupt jemand anziehen oder abstoßen – einmal abgesehen von allen psycholo-gischen Erklärungen?

---

[76] Wenn ich hier eine persönliche Erinnerung einfügen darf: Aus Gründen, die mit meinem gleichzeitigen Studium der Philosophie zu tun hatten, begann ich während eines Jahres aus rein theoretischem Interesse Chemie zu studieren. Ich *wußte* alles (und bestand auch tatsächlich fünf sehr knifflige Prüfungen mit Auszeichnung), aber eigentlich *verstand* ich nichts. Die Materie schien noch geheimnisvoller als das Sein. Im Jahr darauf lernte ich wahrscheinlich nur wenig Neues, verbrachte aber die meiste Zeit im Labor. Dort war es, daß mir die Materie Einblick in ihre Geheimnisse gewährte; wir schlossen Freund-schaft. Danach konnte ich die schwierigsten chemischen Analysen fast allein schon durch das Erraten der jeweiligen Reaktionen ausführen. Mein theoretisches Wissen war wohl nicht überflüssig, aber mir scheint, ich machte damals ohnehin nicht groß Ge-brauch davon. Was ich äußerlich gewußt hatte, erfuhr ich jetzt innerlich. Der heilige Thomas spricht von *cognitio per connaturalitatem*.

[77] Vedische und tantrische Rituale haben eine besondere Methode, um Götter und Betende „anzuziehen", indem sie die symbolische Kraft der kosmischen Elemente und künstli-che Objekte verwenden.

Leben und Wort

Auf dem Hintergrund einer traditionellen Kultur, sei es im Abendland, in Indien, China oder Afrika könnten wir einfach sagen, der Beweis oder der Ausdruck für diese persönliche Beziehung zu Dingen besteht darin, ihnen einen eigenen Namen zu geben. In diesem Kontext wird der Name nicht einfach als Zeichen verstanden, sondern als das eigentliche Bindeglied zwischen den Dingen (dem Benannten) und dem Benennenden. Der richtige Name berührt die Seele des Dings.

Wir können die Behauptung aufstellen, „Leben" bedeute ausschließlich menschliches Leben; wir können den Grundsatz vertreten, „Zeit" sei ausschließlich der Maßstab für materielle Bewegung im Raum. *Begriffe* können wir manipulieren, weil wir sie für den heuristischen Gebrauch selbst geschaffen haben, mit Wörtern hingegen können wir dies nicht tun, denn sie haben eine eigene Geschichte, die überliefert worden ist. Wörter sind außerdem mit Konnotationen verbunden, die sich unserer Macht entziehen; wir könnten ihnen nicht diktieren, was sie unserer Meinung nach bedeuten sollen. Begriffe sind der Erkenntnis dienende Zeichen, die wir benutzen, um Objekte zu bezeichnen. Wörter hingegen sind Symbole, denen wir im Austausch zwischen Menschen und Dingen begegnen.

Die Dinge, die wir benennen, sind – im Unterschied zu den Objekten, denen wir ein Etikett, also Begriffe umhängen, um sie zu identifizieren – Wesenheiten, die bereits durch etwas in unser Leben getreten sind, was mehr ist als bloße Empfindung, Wahrnehmung oder abstraktes Wissen. Sie stehen in einer lebendigen Beziehung zu uns – gerade dies macht ihre Einzigartigkeit und ihre Unverwechselbarkeit, ihre Unübertragbarkeit aus. Wir wissen aus Erfahrung, daß nicht irgendein Name genügt – nicht, wenn wir jene Dinge authentisch benennen wollen, die Kette und Schuß in unserem Lebensgewebe geworden sind.

Das Zerbröckeln kultureller, religiöser, politischer und anderer Mauern in unserer Zeit läßt auf der ganzen Welt einen pluralistischen Wind wehen, dessen Wirkungen auch hier erkennbar sind. Leben gilt nicht mehr als menschliches Vorrecht, ja es kann nicht einmal mehr ausschließlich Tieren und Pflanzen vorbehalten werden. Die alte „panzoische" Einsicht – die globale Durchdringung des Lebens – gewinnt wieder an Stoßkraft, allerdings auf einer neuen Ebene der Spirale. Vier Wissenschaften vom Leben können unterschieden werden: *Zoologie* oder die Wissenschaft vom universalen Leben, *Biologie* oder die Wissenschaft vom Leben der Pflanzen und Tiere, *Psychologie* oder die Wissenschaft vom Leben des Menschen und *Theologie* oder die Wissenschaft vom reinen Leben.

Einem möglichen Einwand soll hier begegnet werden. Dies hilft zugleich, unseren eigenen Standpunkt zu klären. Man kann sagen, daß wir, die Menschen, es sind, die wir unsere Gefühle und Haltungen auf jene Dinge projizieren, mit denen wir uns auseinandersetzen. Wir personifizieren, wir vermenschlichen die Welt, während in Wahrheit die Dinge einfach da sind, empfindungslos und passiv. Wenn wir diese Einstellung ernst nehmen, müssen wir hinzufügen, daß dann nicht nur Gott, sondern auch alle „anderen" Menschen Projektionen unseres Egos sind. Dies würde letztlich zu einem durchgängigen idealistischen Solipsismus führen.[78] Nur das Ego existiert, alles andere ist eine Projektion dieses Ichs, eine Schöpfung des Verstandes oder des universalen Geistes. Dies ist sicherlich der radikalste Einwand, denn er steuert geradewegs auf die letzten Konsequenzen zu. Wir entdecken darin den zugrunde liegenden monistischen Einwand.

Die Antwort kann auf verschiedenen Ebenen gegeben werden, je nachdem, auf welcher Ebene der Einwand sich bewegt. Wir wollen uns nur mit der Ebene der materiellen Dinge auseinandersetzen, die enger mit unserem Thema verknüpft ist. Wir können die Möglichkeit nicht ausschließen, daß es sich um unsere eigenen Projektionen handelt. Dies gilt außerdem nicht nur für „unbelebte" Dinge, sondern auch für „lebendige" Menschen. Vieles von dem, was wir in anderen sehen, haben wir in sie hineingelegt. Dies gilt auch für die natürlichsten und gegenseitigen menschlichen Beziehungen wie die zwischen Liebenden und jene zwischen Eltern und Kindern: Der/die *Andere* ist zu einem großen Teil unsere Schöpfung. Wir projizieren Geschöpfe.

Zum großen Teil hängt alles von unserer Initiative ab. Diese Tatsache entkräftet aber das dementsprechende Faktum nicht, daß wir unsererseits projizierte Wesen sind. Wir sind uns eines doppelten Faktors bewußt: a)

---

[78] Der idealistischen Linie *Descartes – Hegel – Husserl* sollten wir die Linie *Jacobi – Feuerbach – Ebner* entgegenstellen. Es war vermutlich F.H. Jacobi, der als erster dem cartesischen Prinzip des Ich sein eigenes Prinzip der „Quelle aller Gewißheit" entgegensetzte: „Du bist, und Ich bin." *Sämtliche Werke*, Vol. VI, 1968, p. 292. Andere Namen, die hier mitgenannt werden können, sind J.G. Hamann, W. von Humboldt, M. Buber, F. Rosenzweig, E. Rosenzweig-Huessy usw.

des eigenartigen Widerstandes des anderen und b) der Initiative des anderen. Diese zwei Faktoren müssen auseinandergehalten werden, denn es ist unsere gewöhnliche Erfahrung, daß wir manchmal dazu neigen, viel von uns selbst auf andere zu projizieren, trotz des Widerstandes oder der „schlechten Schwingungen" des anderen. Wie kommt es, daß ich in bestimmten Fällen mehr und besser „projiziere" als in anderen? Weshalb werde ich von einigen meiner Projektionen angezogen und klammere mich an sie, während ich von anderen abgestoßen werde oder davor zurückschrecke?

Eine rein quantitative Antwort ist nie endgültig. Wenn wir zum Beispiel sagen, ein Kreis von acht Elektronen sei der stabilste und Körper tendierten deshalb zu einem Zustand größter Stabilität, läßt dies die Frage offen, weshalb Plancks Konstante die und die Größe hat und nicht eine andere oder weshalb das Universum diese besondere entropische Tendenz aufweist usw. Die letzte Frage ist nicht die nach dem *Wie*, sondern die nach dem *Warum* des *rebus sic stantibus*. Weshalb gibt es das Sein, und weshalb „ist" es, wie es ist?

Wir können diese Leibnitzsche Frage in einer etwas intellektuelleren Art formulieren, um dem möglichen Einwand zu begegnen, die Frage habe keinen Sinn, denn wenn es kein Sein gäbe, gäbe es auch mich nicht, der diese Frage stellt. Wir müssen das Problem nur anders formulieren: Wie kommt es, daß wir – obwohl wir wissen, daß niemand da sein würde, um die Frage nach dem Nichtsein anstelle des Seins zu stellen – diese Frage dennoch stellen und wissen, daß wir fragen? Wir essen die verbotene Frage! Weshalb gibt es ein Lebewesen, das nach dem Nichtsein fragen kann, im vollen Bewußtsein, daß es diese Frage bestimmt nicht stellen könnte, wenn eine der beiden Seiten des impliziten Dilemmas zuträfe? Die Welt des Menschen scheint jenseits von Sein und Nichtsein zu liegen. Aber dies nur in Klammern.

Eine persönliche Beziehung ist, wie wir gesehen haben, nicht einseitig. Sie verlangt nach einer Antwort und registriert auch eine konkrete Initiative der anderen Seite. Nochmals: Es geht mir nicht um paranormale Phänomene irgendwelcher Art, so interessant diese auch wären und soviel Licht sie auch auf unsere Frage werfen könnten. Die Sache ist einfacher und viel gewöhnlicher. Die Dinge verhalten sich uns gegenüber nicht gleichgültig, obwohl wir im allgemeinen ihre „persönliche" Reaktion nicht messen können. Es ist aber eine alltägliche Erfahrung, daß es Dinge gibt, die uns ansprechen, und andere, die uns abweisen. Es gibt

Dinge, die wir mögen, weil wir davon überzeugt sind, daß sie uns mögen, obwohl wir vielleicht nicht über die geeignete Grammatik verfügen, um dies auszudrücken. Kurz gesagt, die Welt auf den Horizont des Meßbaren oder auf den rein subjektiven Bereich unserer Projektionen zu reduzieren käme einer Verarmung unserer *Lebenswelt*, unserer Umgebung gleich. Ortega y Gassets berühmte Definition des Menschen – *Yo soy yo y mi circumstancia,* „Ich bin ich selbst und meine Umwelt" – sollte als anthropologische Aussage im engeren Sinn verstanden werden. Die Umwelt gehört zu mir, sie beeinflußt mich nicht nur, sondern ist Teil meiner selbst, wenn nicht mehr als das.

Nicht nur Zeit und Raum im allgemeinen, sondern konkrete zeitliche und räumliche Dinge bestimmen mein Leben und mein Sein; sie sind Teil meines Lebens und Seins. Nicht nur meine Freunde und die Menschen, mit denen ich lebe und rede, enthüllen mein Wesen und formen mich, auch die Welt um mich herum bestimmt mich und ist ich. Ich bin ebenso sehr ein passives Element wie ein aktiver Faktor. Unser Sein besteht nicht nur in dem, was wir unsere Individualität zu nennen pflegen.

Die Menschen des Altertums verfügten über eine ganze Sprache für die lebendige Welt; aber wir, als moderne Menschen, haben diese Sprache als primitiven Unsinn interpretiert oder, im besten Fall, als dichterische Freiheit für den Ausdruck sentimentaler Gefühle. Sie haben von Göttern, Geistern, Tugenden und Kräften gesprochen. Sie verfügten über eine hochentwickelte Sprache, um Qualität auszudrücken, genauso wie die heutige Wissenschaft über eine ganze Bandbreite ausgeklügelter Begriffe für Quantität verfügt. Für den Ungebildeten besteht der Unterschied zwischen Wasser und mit Sauerstoff angereichertem Wasser (Wasserstoffsuperoxid) darin, daß das erste reinigt und das zweite desinfiziert. Für den Gebildeten ist der Unterschied der zwischen den Formeln H_2O und H_2O_2; ein zusätzliches Sauerstoffatom ist mit im Spiel.

Ich rede nicht einer Rückkehr zur mittelalterlichen Physik das Wort. Dieser Epilog lenkt unsere Aufmerksamkeit auf die *Dinge* und versucht, die Möglichkeit einer persönlichen Beziehung zu ihnen herauszuschälen. Ich behaupte nicht, daß Besitz, Bindung und übermäßige Liebe zu den Dingen die Haltungen seien, die wir uns aneignen sollten. Es ist im Gegenteil eine gewisse Askese, die uns immer sensibler werden läßt für die persönlichen Facetten jedes Dinges. Wenn ich eine Rose nicht schätze, weil sie mein ganzer Garten sein kann, wird auch mein Garten mich höchstwahrscheinlich nie ansprechen oder eine wirkliche Quelle der

Freude und des Trostes sein. Wenn ich im Überfluß versinke und die Dinge achtlos behandle, weil ich zuviel davon habe, werde ich nie ihren Wert oder ihre Einzigartigkeit entdecken und ihr wahres, persönliches Gesicht kennenlernen. Ein einziges Taschenmesser für den Entdecker, ein einziger Edelstein für die Liebenden, eine Reliquie für den Gläubigen, ein Regen zur richtigen Zeit für den Bauern, ein ruhiges Meer für die Fischersleute oder die letzte Pesete für den Bauern – das sind mehr als bloß „natürliche" Phänomene. Sie tragen Eigennamen, und sie sind mit dem ganzen Universum verbunden.

Schauen wir uns ein Beispiel an, das überall in der Welt vorkommt. Wenn Dürre herrscht im Land, nimmt man seine Götter, Heiligen und Madonnen ins Gebet. Man fleht sie an, man bedrängt sie mit Bitten, man macht Prozessionen und Bittlitaneien. Wenn die Anthropologen dies als Magie, die Psychoanalytiker als psychologisches Ventil und die Theologen als Aberglauben bezeichnen, verfehlen sie den Kern der Sache und begehen den methodischen „katachronen" Fehler, solche Phänomene mit fremden Kategorien zu beurteilen. Es kann sehr wohl sein, daß jene „Eingeborenen", die mit Gelehrten und Akademikern in Kontakt gekommen sind, nicht mehr vollständig der Welt dieser Phänomene angehören. Sie repräsentieren die Übergangsstufe ihrer Mythen. Sie sind ein Beispiel für das, was in größerem Maßstab mit der „Modernität" geschieht – ob wir es wollen oder nicht: Sie beurteilt ganzheitliche, überzeitliche und qualitative Ereignisse aufgrund kausaler, historischer und quantitativer Deutungsmuster – und geht so entweder von einer falschen Voraussetzung aus oder überhaupt am Kern der Sache vorbei.

Es geht mir nicht darum zu beurteilen, ob jene recht haben, die innerhalb einer Kultur leben, oder jene, die sie von außen beobachten. Ich will nur sagen, daß die Insider das Organisieren von Prozessionen, das Singen von Liedern, das Sprechen von Gebeten nicht als kausale Faktoren verstehen, die auf meteorologische Kräfte einwirken, um Regen zu machen. Sie wissen sehr genau, daß Regen aus den Wolken kommt und daß Wolken eine besondere Form von kondensiertem Wasser sind. Aber sie glauben, daß es zwischen dem Regen, dem eigenen Verhalten und der ganzen Situation des Kosmos eine metakosmische und übermenschliche Verbindung gibt. Sie glauben, daß das Gleichgewicht des Kosmos äußerst zerbrechlich ist und daß sie selbst in diesem Zusammenspiel eine wichtige Rolle spielen. Sie stehen in einer persönlichen Beziehung zu den Dingen und zum Kosmos insgesamt.

Wir wollen diese verblüffende Feststellung, daß auch die Dinge eine Beziehung zu uns haben – und daß diese Beziehung eine gegenseitige und somit eine persönliche ist –, etwas genauer analysieren.

Es fällt uns leicht einzugestehen, daß wir zu unserem Haus oder zu unserem Ocksenkarren ein persönliches Verhältnis haben. Etwas schwieriger scheint es, zu akzeptieren, daß es sich dabei um eine gegenseitige Beziehung handeln könnte. Aber dies ist genau das, was ich meine. Das Wort, das ich hier verwenden möchte, Spuren, war im christlichen Mittelalter voll von theologischen Konnotationen: erst in letzter Zeit bekam es vor allem die Bedeutung von „Fingerzeigen" für Detektive. Wir hinterlassen unsere Spuren auf den Dingen, und die Dinge hinterlassen Spuren in uns. Dinge sind „spürbar" und haben ein „Gespür"; sie können die Eindrücke unserer Beziehung zu ihnen bewahren, da wir sie wie Schätze in unserem Gedächtnis (in unseren Erinnerungen) bewahren können. Dinge reagieren verletzlich, empfindsam, offen und empfänglich auf die Art und Weise, wie wir sie behandeln. Genauso wie wir einen nagelneuen Wagen von einem gebrauchten unterscheiden können, handelt es sich bei diesen Spuren nicht nur um physische Narben. Die Dinge können Spuren des vorigen Besitzers tragen; die Volksweisheit nennt diese Dinge „second hand", und tatsächlich ist die Be-handlung durch dieses wichtige menschliche Organ häufig an den Dingen sichtbar.

Die Beispiele vom Haus und vom Ochsenkarren sind einleuchtend. Wir treten in jemandes Haus ein oder fahren auf seinem Ochsenkarren und empfinden unmittelbar, ob diese Dinge eine Verlängerung für den Körper ihres Besitzers sind – und uns sein Wesen enthüllen – oder bloß ein unpersönlicher Gegenstand zur Nutzung und Ausbeutung. Ich rede hier nicht von Gespenstern in irdischen Häusern, sondern von dem, was solche Vorstellungen möglich macht. Ich plädiere nicht unbedingt für das Verehren von Reliquien, aber ich meine, das Küssen von Ikonen im liturgischen Rahmen oder das Beweihräuchern des murti sind mehr als bloß psychologische Handlungen.

Die Lehre vom *vestigium trinitatis* und von der *imago dei (eikona toû Theoû)* sind mehr als bloße Theologumena für das Wissen um Gott; sie enthüllen uns auch unsere eigene Natur und unser unabdingbar auf Beziehungen ausgerichtetes Wesen. Das Buch Deuteronomium nennt, wie die Veden, im gleichen Atemzug die Ehefrau, den Ochsen, das Feld und den Sklaven. Wir können dies so verstehen, daß der Sklave auf die Stufe des Feldes degradiert wird oder daß der Ochse auf die Ebene der

Frau gehoben wird: Alles ist eine Hierogamie, eine Heilige Hochzeit! –
das Patriarchat nicht ausgenommen.

Das grundlegende Merkmal jeder Ich-Du-Beziehung ist, daß wir uns
selbst nicht mehr in einer ausschließlich aktiven Haltung sehen, sondern
lernen, auch passiv zu sein; daß wir nicht nur damit beschäftigt sind zu
produzieren, sondern auch damit, den Regen zu erwarten und zu empfangen, von dem wir in unserem Beispiel gesprochen haben. Wir müssen
mehr bereit sein zuzuhören. Ein anderes Beispiel, das heute oft noch
dringender ist, als Regen zu machen: Jedermann ist heute daran interes-
siert, Frieden zu schaffen und zu vermitteln. Wieviele aber sind bereit,
Frieden anzunehmen und zu empfangen?

In diesem Zusammenhang mag eine interkulturelle Reflexion am
Platz sein. Einer der grundlegenden Züge des hellenistischen Denkens,
der von der ganzen abendländischen Welt übernommen und erweitert
wurde, ist der Vorrang, der dem „Sehen" mit dem ganzen Bedeutungsfeld dieses Wortes und seinen sinnverwandten Wörtern (Vision, Intuition, Aspekt, Erleuchtung, Klarheit, Einsicht usw.) eingeräumt wird, um
die Funktion des Intellekts zu bezeichnen, der verstehen will, Sehen aber
bedeutet immer eine aktive Haltung der Sinne und des Verstandes.
Offenbarung hat nur bei einem sehenden Wesen einen Sinn. Man muß
den Vorhang zur Seite schieben, damit die Wahrheit gesehen, ent-deckt
werden kann. Einer der grundlegenden Züge im indischen Denken ist
andererseits, daß dem „Hören" mit seinem ganzen Bedeutungsfeld der
Vorrang eingeräumt wird, um jene Überzeugung zu vermitteln, die die
Fähigkeit zum Verstehen weckt. Die Metapher des Hörens für das
Verstehen geht davon aus, daß wir zuhören, empfangen, einfach bereit
sind, den Ton in uns eindringen zu lassen, so daß sich uns seine
Bedeutung erschließt.

Sicherlich sollten wir diese Tendenzen nicht als ausschließliches
Merkmal der jeweiligen Kultur auffassen. Auch die abendländische
Tradition weiß um die Bedeutung des Hörens für den Glauben, welche
Rolle das Hören auf das Wort Gottes und auf die innere Stimme spielt.
Genausowenig streitet die indische Kultur die Bedeutung der Vision
(*darsana*) ab, sowohl im Sinne des Anwesendseins vor dem Heiligen als
auch im Sinne des Begreifens der Wahrheit. Dennoch ist der jeweils entgegengesetzte der dominierende soziokulturelle Faktor. Für Griechenland ist das Auge durchdringender als das Ohr, für Indien ist das Hören
subtiler als das Sehen.

Um einen Stein oder eine Pflanze, eine Maschine oder ein Argument „sehen" zu können, muß ich auf meinem Weg zum Verstehen ein aktiv Handelnder sein, der seine Augen auf den Gegenstand richtet. Will ich andererseits dasselbe Ding „hören", muß ich, wenn dies der Weg zum Verständnis ist, ein passiv Handelnder sein, der die Töne empfängt, die vom „subjektiven Gegenstand" ausgesandt werden. Die erste Richtung führt zum Experiment (wir sehen uns die Dinge an); die zweite zur Erfahrung (die Dinge sprechen zu uns); die erste eher zu aktivem Eingreifen, die zweite eher zu passivem Teilhaben. Es braucht zwar Licht, damit der Stein gesehen werden kann, aber das Sehen ist meine Handlung. Es braucht Luft, damit der Stein gehört werden kann, aber ich muß ganz still sein, wenn ich hören will. Verstehen (*under-standing*) bedeutet hier, sich dem Ton (dem Sprechen ...) all dessen zu „unter"stellen, das verstanden werden soll.

Eine neue Kosmologie

Bisher haben wir die Betonung auf die Beziehung zu individuellen Dingen gelegt. Dies ist aber nicht alles. Es bleibt uns immer noch die Aufgabe, eine umfassende Beziehung zur Erde zu schaffen, zum Planeten Erde als Ganzem, und zur ganzen astrophysischen und subatomaren Wirklichkeit als einem Universum.

Sehr erstaunlich ist die Tatsache, daß uns einerseits eine neue Kosmologie fehlt, wir sie andererseits aber dringend brauchen. Wir wissen, daß wir ohne Kosmologie nicht auskommen; wir wissen aber auch, daß uns heute keine einzige überzeugende Anwärterin zur Verfügung steht. Die heutige Wissenschaft im allgemeinen und die Physik im besonderen lehnen es – zu Recht – ab, uns ein vollständiges Weltbild vorzulegen, uns eine ausdrückliche Kosmologie anzubieten. Aber trotz der nüchternen Forderungen der besten Wissenschaftler beliefert uns die Alltagsphantasie und die populärwissenschaftliche Literatur dauernd mit einem Sammelsurium „interessanter" Mosaiksteinchen zu einem wissenschaftlichen Weltbild – ein weiterer Beweis *ad hominem*, daß der Mensch nicht nur ein logisches Wesen ist, sondern ebenso ein mythopoetisches Wesen.

Die Entdeckung, daß die gleichen „natürlichen" Gesetze sowohl in der astrophysischen als auch in der subatomaren Welt gelten, bestärkt uns in der Vorstellung von einem einheitlichen Kosmos, der mathematische Unterbau aber, der sich als eigentliche Einheit anbietet, erscheint als leblose formlose Uniformität. Und der Rückgriff auf vorwissenschaftliche Vorstellungen, wie die von der Erde als großem Tier, von Städten mit ihren eigenen Schutzengeln oder Pflanzen mit besonderen Geistern, befriedigen den modernen Menschen nicht. Die Idee von der Welt als Ganzheit kann auch eine glänzende Abstraktion sein und nicht mehr, eine Art theoretischer Punkt Omega, kaum mehr als eine verstandesmäßige Hypothese, um unser Denken zu koordinieren. Aber nochmals: Es genügt auch nicht, sich von einfachen ökologischen Überlegungen leiten zu lassen, so viel Achtung solchen Motiven im Hinblick auf die verheerenden materiellen und wirtschaftlichen Auswirkungen unserer Technologie auf die physische Umwelt auch entgegengebracht werden muß.

Überdies fürchte ich, daß eine zu starke Betonung des pragmatischen Aspektes nur zu noch raffinierteren, noch subtileren Formen einer Ausbeutung der Erde führt. Am Anfang geschah sie brutal und ohne große Bedenken, jetzt mit Vorsichtsmaßnahmen, Wiederverwertung und gutem Zureden – aber noch immer beuten wir die Erde aus, als ob wir weiterhin ihre Herren und Meister wären.

Die abendländische Welt der Neuzeit hat die Bedeutung des Wortes *Gott* gründlich von allen Anthropomorphismen gereinigt. Sie hat auch versucht, Gott aus dem ontologischen Zusammenhang zu lösen. Im selben Prozeß hat der Mensch der Erde ihre Lebendigkeit entzogen. Genauso ist die Erde für tot, der Himmel als verlassen erklärt worden. Der moderne Mensch scheint vergessen zu haben, was die Veden, die Bibel und die chinesischen Klassiker bestätigt haben: Daß Himmel und Erde ein gemeinsames Schicksal haben. Wenn der Himmel verschwindet, wird die Erde vom Lebewesen zu bloßer Materie und Energie; dann sind die Naturkräfte nicht mehr lebendige Geister und Qualitäten, sondern bloße „Attribute" der Natur.

So wichtig diese Bereinigung der Vorstellungen über Himmel und Erde auch gewesen sein mag, sie hatte einen unerwarteten Nebeneffekt; der Mensch ist zu einem isolierten Wesen ohne Partner, höhere oder niedrigere, geworden. Der Himmel wurde zum menschlichen Projekt, zu einer mehr oder weniger heuristischen Vorstellung; und der Kosmos wurde zu wenig mehr als einer Voraussetzung der menschlichen Existenz. Aber weder dem Himmel noch dem Kosmos wird eine eigene Wirklichkeit zugestanden. Dies ist der radikale Humanismus unserer

Zeit. Er hat den Menschen zu einem isolierten *Dasein* gemacht – das weder ein *Da* hat, auf dem es ruhen kann, noch ein *Sein*, ein Seiender, um zu sein.

In gewissem Sinne führt ein solcher Prozeß zu einer sehr positiven Errungenschaft. Vielleicht mußte der moderne abendländische Mensch tief in diese Erfahrung qualvoller Isolierung und Einsamkeit eintauchen, um auf einer neuen Ebene der Spirale, auf einer höheren Stufe des Bewußtseins zu entdecken, daß alle drei Dimensionen – das Göttliche, das Kosmische und das Menschliche – zur Wirklichkeit gehören und sich gegenseitig durchdringen, so daß alles anthropomorphe Merkmale, aber auch göttliche und materielle Dimensionen hat. Ein gänzlich von Anthropo-morphismen befreiter Gott wäre nicht wirklich, genausowenig wie es ein gänzlich entmenschlichtes Universum geben kann. Sowohl das Kosmische als auch das Göttliche sind unverzichtbare Dimensionen der Wirklichkeit, die nicht vom Menschen bestimmt werden können, obwohl sie sich im Menschen begegnen, genauso wie der Mensch sich in ihnen wiederfindet.

Eine kosmotheandrische Spiritualität

Vielleicht kann ich hier einige Meilensteine auf dem Weg zu diesem neuen Bewußtsein einer Spiritualität des Irdischen skizzieren. Aus heuristischen Gründen werde ich in Abschnitte aufteilen, was einfach ist und einer einzigen einfachen Vision entspricht. Um mich kurz zu halten, werde ich nicht alle Verästelungen dieser Vision ausführlich darlegen.

Erstens: Diese kosmotheandrische Einsicht muß spontan auftauchen. Eine neue Unschuld ist hier gefordert. Weder gesetzliche Vorschriften noch moralischer Zwang genügen, so wichtig diese menschlichen Disziplinen in ihren eigenen Bereichen auch sein mögen. Spiritualität läßt sich letztlich nicht mit Hilfe von Gesetzen oder Befehlen durchsetzen. Sie muß in den Tiefen unseres Seins frei aufkeimen. Der richtige Boden dafür ist der Mythos.

Zweitens: Eine solche Spontaneität bringt es mit sich, daß diese Spiritualität so weit als möglich unabhängig bleiben muß von philosophischen und wissenschaftlichen Hypothesen. Die Authentizität eines Mythos erweist sich an seinem metaphilosophischen und metawissenschaftlichen Charakter. Ein Mythos ist polyvalent und polysemantisch.

Für viele Menschen sind Gott und Wissenschaft heute nicht mehr Mythen, sondern Ideologien. Die Spiritualität, um die es uns hier geht, bleibt von solchen Ideologien unberührt; sie wirkt, ob wir nun der einen Ideologie folgen oder einer anderen.

Drittens: Die Erde steht weder niedriger noch höher als der Mensch. Der Mensch ist weder der Herr dieser Welt noch einfach ein Geschöpf, Produkt eines kosmischen Schoßes. Die Erde ist aber auch dem Menschen nicht „gleich". Gleichheit geht davon aus, daß es eine höhere Gattung gibt, von der beide Arten genau gleiche Exemplare sind. Mensch und Kosmos sind aber im Gegensatz dazu Endresultate und damit weder auf einander noch auf eine höhere Einheit zurückführbar. Die Beziehung ist nichtdualistisch. Beide sind unterschieden, aber untrennbar. Mein Kopf unterscheidet sich von mir, aber er kann nicht von mir getrennt werden. Er würde aufhören zu sein, was er ist – und für mich gilt dasselbe. Der Kopf ist im wesentlichen der Kopf eines Leibes, ihm zugehörig. Die Metapher vom Körper kann immer noch wirkungsvoll sein: Wir behandeln unseren Körper nicht als etwas anderes, auch wenn wir sein Anderssein entdecken: *aliud non alius*.

Viertens: Unsere Beziehung zur Erde ist Teil unseres Selbstverständnisses. Es handelt sich um eine konstitutive Beziehung. Zu sein heißt sowohl *in* als auch *bei* der Welt zu sein. Ich behandle meinen Magen nicht unabhängig von meinem Körper oder von mir selbst. Ich bin überzeugt, daß das, was für den Magen das Beste ist, auch für mich das Beste ist – obwohl ich manchmal zu sehr das Maximum statt des Optimums im Blick habe und mich überesse oder zuviel trinke. Mit unserer Beziehung zur Erde ist es ähnlich, sobald das volle Bewußtsein erwacht ist. Wir brauchen weniger eine pragmatische Wiederverwertung als vielmehr eine lebendige Symbiose, eine gegenseitige Verjüngung, eine Spiralbewegung. Wenn es im Universum entropische Phänomene gibt, dann gibt es auch syntropische – die vitalen.

Auf dem Höhepunkt des europäischen Individualismus bestand die größte Sorge darin, die eigene Seele zu retten. Eine reifere Spiritualität entdeckte, daß die Aufgabe, unsere eigene Seele zu retten, weder eine Aufgabe noch wirklich Rettung ist, da eine solch individualistische Seele gar nicht existiert: Wir sind alle miteinander verbunden, und ich kann das Heil nur dadurch erreichen, daß ich das ganze Universum in dieses Unternehmen *einbeziehe. Auctis augendis* würde ich sagen, daß die kosmotheandrische Spiritualität uns bewußt macht, daß wir nicht uns selbst retten können, ohne die Erde in dieses Unternehmen *einzubeziehen* – und, *minutis minuendis*, auch Gott.

Fünftens: Mit dieser Art von Spiritualität ist die „panmonetäre" Ideologie überwunden. Man lebt nicht bloß, um zu essen, sondern wenn wir richtig essen, leben wir und lassen andere leben, und das Leben fließt. Wir arbeiten nicht, um Geld zu verdienen oder uns Bequemlichkeiten zu leisten, sondern weil das menschliche Tätigsein ein Teil des menschlichen und kosmischen Lebens ist und den ganzen Organismus am Leben erhält. Das Anhäufen (von Geld) setzt ein eigenartiges Verhältnis zur Zeit voraus. Geld verleiht Macht, aber vor allem Macht über die ungewisse Zukunft. Die kosmotheandrische Spiritualität sieht Erfüllung nicht so sehr irgendwo in der Zukunft, sondern in einem größeren Raum, der alle „drei Zeiten" umfaßt.

Sechstens: Diese Spiritualität überwindet die Aufspaltung in eine sogenannte Naturmystik als niedrigere Form einer Vereinigung mit der Welt und in eine theistische Mystik als angeblich höhere Form einer Vereinigung mit Gott. Natur ist nichts, wenn sie nicht *naturata* (gezeugte Natur) ist, gleichermaßen bleibt Gott eine Abstraktion, wenn er nicht *naturans* (der Erzeuger) ist. Wenn ich auf den höchsten Berg steige, werde ich Gott dort finden, aber ebenso werde ich, wenn ich in die Tiefen einer unaussprechlichen (apopathischen) Gottheit vordringe, dort die Welt finden. Und in beiden Fällen werde ich das Herz des Menschen nicht verlassen haben. Die „Erschaffung" der Welt bedeutet nicht unbedingt, daß der „Schöpfer" verschwunden ist. Die „Inkarnation" Gottes andererseits bedeutet nicht ausschließlich „Vermenschlichung" in einem einzigen Individuum. Die ganze Wirklichkeit hat sich auf das gleiche einzigartige Abenteuer eingelassen.

Schließlich wird diese Spiritualität eine weitere offene Wunde des modernen Menschen heilen: die Kluft zwischen dem Materiellen und dem Spirituellen, und, damit verbunden, die Kluft zwischen dem Säkularen und dem Heiligen, zwischen Innen und Außen, zwischen dem Zeitlichen und dem Ewigen.[79] Es geht nicht um das Verwischen von Unterschieden, sondern darum, sich der gegenseitigen Abhängigkeiten

---

[79] Vgl. die Worte Jesu, wie sie das (koptische) *Thomasevangelium* (22) berichtet: „Wenn ihr die zwei zu eins macht, und wenn ihr das Innere wie das Äußere macht, und das Äußere wie das Innere, und das Obere wie das Untere, und wenn ihr das Männliche und das Weibliche zu einem einzigen macht, damit das Männliche nicht (mehr) männlich

und Ergänzungen bewußt zu werden. Der Mensch hat nicht ein doppeltes Bürgerrecht – eines hier unten und eines dort oben oder für später. Er oder sie ist hier und jetzt Bewohner oder Bewohnerin einer authentischen Wirklichkeit, die viele Wohnungen hat und viele Dimensionen aufweist, die aber das menschliche Leben nicht in Abteilungen aufgliedert, nicht in der Zeit oder im Raum, für das Individuum oder die Gesellschaft. Dienst an der Erde ist Gottesdienst, genauso wie Gottesliebe auch Menschenliebe ist.

Alles, was uns zu tun bleibt, ist, dies in unserem eigenen Leben durchzubuchstabieren.

Kapitel 3 ist entnommen aus:
Raimon Panikkar: „Der Dreiklang der Wirklichkeit",
Pustet Salzburg, 1995; Seiten 73–102 und 169–188.

und das Weibliche nicht (mehr) weiblich sei, und wenn ihr Augen an Stelle eines Auges macht, eine Hand an Stelle einer Hand, und einen Fuß an Stelle eines Fußes, und ein Bild an Stelle eines Bildes, dann werdet ihr in das [Königreich] eingehen." Deutsch: Robert M. Grant & David Noel Freedman, *Geheime Worte Jesu. Das Thomas-Evangelium.* Frankfurt a. M. (Scheffler) 1960, p. 211.

4. Kapitel

Ökosophie – die Weisheit der Erde

Mit dem Wort *„Ökosophie"* meine ich nicht eine verbesserte oder verfeinerte Ökologie. Die industrielle Revolution hatte durchaus eine Idee (logos) von der Welt, vom menschlichen Wohnort (oikos), und wollte die Erde zum Besten nutzbar machen, nämlich um dem Menschen, „dem König der Schöpfung und Herrn der Erde", zu dienen. Im großen und ganzen hat die moderne Ökologie diese Idee nicht aufgegeben. Sie hat sie nur qualifiziert, der bitteren Entdeckung entsprechend, daß wir, wenn wir die Erde weiter ausnutzen wollen, sie besser und freundlicher behandeln müssen, so daß sie ihre Früchte für eine längere Zeitdauer hervorbringen kann. Wir sollen daher, wo nötig, zum Recycling zurückkehren – die Grundhaltung indes bleibt die gleiche.

„Ökosophie" ist ein neues Wort für eine sehr alte Weisheit. Es drückt das ganz traditionelle Bewußtsein aus, daß die Erde ein lebendiges Wesen ist, sowohl in all ihren Teilen wie als ein Ganzes. Zur Frage steht nicht nur, ob wir zum Beispiel Tiere martern sollen, weil sie für menschliches Leben „nützlich" sind. Zur Debatte steht der gesamte Zugang zur Materie und zur physisch-sinnlichen Welt, deren Namen (physis, natura, bhûmih) schon offenbaren, daß sie etwas Zeugendes, Lebendiges ist. „Ökosophie" meint die „Weisheit der Erde". Die Erde ist nicht der Lieferant von Roh-Materialien für den Menschen; sie ist mehr als seine Bühne und Wohnstätte. Sie ist sein äußerer Leib und Lebensraum, sein Zuhause. Mehr noch: Sie ist ein konstitutives Element der vollständigen (*kosmotheandrischen*) Wirklichkeit, deren anderes Element der Mensch und deren drittes das göttliche Wesen ist.

„Ökosophie" steht für die Weisheit des Hinhörens auf die Erde und des demgemäßen Handelns. Hat der homo technologicus nicht seine Rhythmen verloren? Hat die Technokratie nicht auf Leib, Geist und Gesellschaft eine Ordnung auferlegt, die bestenfalls eine künstliche Ordnung darstellt, die nichts mit den natürlichen Rhythmen zu tun hat: mit rta, dharma, taxis, ordo der alten Traditionen? Wir sollten die Rhythmen des Lebens und letztlich des Seins wiederentdecken.

Ich will versuchen, *neun Thesen aus einer interkulturellen Perspektive* zu formulieren und zu entfalten.[1] Kultur ist der umfassende Mythos[2], der uns den Horizont bietet, in und aus dem wir die Wirklichkeit erfahren. Alle Kulturen sind aber partikulär. Eine Rede über die Erde (die Natur) muß daher interkulturell sein.

1. Krise

Weder begründen sie ein menschliches Leben, noch halten sie die Menschheit zusammen. Es handelt sich keineswegs bloß um eine Krise der philosophischen Prinzipien oder der Rationalität. Vielmehr besteht die Krise darin, daß die drei traditionellen „Haltungen", die der Mensch seit zumindest sechstausend Jahren hatte, nicht mehr die Welt oder die Menschheit zusammenhalten. Welches sind diese drei Haltungen? Alle Kulturen lebten bis jetzt in einer dreifachen Welt:

a) In der Welt der Götter: Man mußte wissen, wie man mit ihnen umgehen muß, ob sie gefährlich sind oder nicht; man mußte sie anbeten oder meiden (Opfer, Gehorsam, Anbetung).

b) In der Welt der Menschen: Mit den Menschen, gerade mit mächtigen, umzugehen war immer eine Kunst. Ein großer Teil menschlicher Erziehung bestand darin, mit den Menschen umgehen zu lernen (Grammatik, Rhetorik, Logik usw.).

---

[1] Anm. des Hrsg.: Panikkar geht es um einen umfassenden interkulturell-hermeneutischen Rahmen, der ein angemessenes Selbst- und Naturverhältnis erlaubt. Bedrohung kommt heute weder vom Göttlichen noch von der Natur, sondern von einer menschengemachten Welt, die außer Kontrolle gerät und die Natur aus den Balancen bringt. Mehr denn je brauchen sich die Kulturen gegenseitig. Keine einzige Kultur – und Religion, Philosophien und moderne Naturwissenschaften sind kulturgebunden – darf sich anmaßen, eine befriedigende Antwort auf die Lebensprobleme zu geben. Es gibt keine kulturellen Universalia, aber es gibt menschliche Grundkonstanten und homöomorphe Grundeinsichten bezüglich der Wirklichkeit. Die Wirklichkeit in ihrer integralen Ganzheit stellt sich in drei nicht weiter reduzierbaren, einander voraussetzenden Dimensionen dar, signalisiert durch die Worte *Kosmos* (Materie/Energie, Mitwelt), *Mensch* (Bewußtsein, Ich/Selbst), *Gott* (unerschöpfliche Tiefe, Dynamik, bleibendes Geheimnis). Was bedeutet es für den Umgang mit Natur, die Wirklichkeit im Ganzen wie in allen ihren Teilen von dieser *„kosmotheandrischen"* Intuition her wahrzunehmen, die die Weisen aller Zeiten und Kulturen beseelte? Auf diese Frage gehen die folgenden neun Thesen ein.
[2] Anm. des Hrsg.: Panikkar gebraucht das Wort Mythos hier wie öfter in dem weiten, transzendentalen Sinn von Erfahrungshorizont, Paradigma.

c) In der Welt der Natur: In ihr leben, sie kennen, sie benützen (Arithmetik, Geometrie, Astronomie, Musik usw.).

Diese drei Welten sind kaum mehr Welten. Sie sind höchstens Teilsysteme. Deshalb sind die Grundhaltungen in eine Krise geraten. Jetzt haben wir eine vierte Welt begründet, die uns nicht hält und nicht gründet. Eine mehr und mehr künstliche Welt. Wir leben in einer vierten Welt der Megamaschinen, die wir selbst gemacht haben. Und jetzt fangen wir vielleicht an zu merken, daß diese unsere Kreatur sich von uns unabhängig gemacht hat und uns ihre Regeln aufzwingt. Das ist ein Druck, größer als der der Götter, des Königs und sogar der Natur.

Folgendes möchte ich behaupten: Die ökologische Krise stellt eine *Offenbarung* dar. Wenn man sie nicht als Offenbarung sieht, sieht man sie nicht genügend tief und ernst. Es ist gewiß keine Theophanie; was offenbar wird, ist kein neuer Gott. Auch keine Anthropophanie wie die der Aufklärung, die uns ein neues Menschenbild gegeben hat. Sondern eine *Kosmophanie*: Der bis jetzt stumme Kosmos schreit auf und spricht. Es handelt sich darum, dieses Geschrei zu hören, diese Sprache zu verstehen, diese Kosmophanie wahrzunehmen. Diese Kosmophanie ist die heutige Offenbarung, und sie ist die Offenbarung der Kontingenz. Es geht nicht darum, aus der Ökologie eine Religion zu machen, sondern die Religion wird ökologisch. Dieser Unterschied ist wichtig.

Transformation

Aus der Sackgasse hilft uns nicht eine kleine Umänderung unserer heutigen Parameter, nicht Reformation; das hieße nur Verlängerung der Agonie eines Systems, das zum Tod verurteilt ist. Auch keine Revolution; die Deformation, die Gewalttätigkeit, bringt nur eine gegenteilige Reaktion hervor. Sondern eine Metamorphose, eine Transformation. Es handelt sich darum, das Selbst und die Natur auf eine transformierte Weise zu erfahren und nicht nur die Natur neu zu interpretieren. Das Problem ist nicht ökologisch, ökonomisch, politisch. Es ist dies auch. Aber es ist viel tiefer, als daß allein eine neue Technologie mit neuen Maßnahmen – so wichtig sie sein mögen – die Krise bewältigen könnte.

Es handelt sich um eine letztmenschliche Angelegenheit, um Leben und Tod. Und das ist religiös, metaphysisch. Um das aber einzusehen, brauchen wir Ruhe (d.h. Gelassenheit), Einfühlung (d.h. Einsatz),

Distanz (d. h. Interkulturalität), Kontemplation (d. h. Synthese von Praxis und Theorie). Nur eine *Metamorphose* kann uns retten.

Kosmotheandrische Erfahrung

Sie besagt, daß die Wirklichkeit trinitarisch ist. Zum einen göttlich: Das Wort „göttlich" gebrauche ich synonym mit „frei", „unendlich" oder „Mysterium", deshalb nicht manipulierbar und nicht durchdringbar durch den Intellekt. Zum anderen *menschlich*: Als Merkmal des Menschen betrachte ich die Intelligenz in ihrer ganzen Weite und Weisheit, umfassend. Und schließlich kosmisch, d.h. materiell.

Die Wirklichkeit ist weder nur göttlich noch nur menschlich, noch nur materiell. Deshalb ist sie weder theozentrisch, noch anthropozentrisch, noch kosmozentrisch. Deshalb sind weder Monotheismus, noch Humanismus, noch Materialismus befriedigende Antworten auf die heutige Krise. Wir haben in den letzten 6000 Jahren genügend Erfahrungen mit allen diesen Möglichkeiten gesammelt. Es bedarf einer neuen, umfassenden Sicht der Wirklichkeit, die keine Teilwirklichkeit unberücksichtigt läßt. Es gilt, eine neue Ein-falt zu erringen, die sowohl die unzertrennte Einheit als auch die unterschiedene Vielfalt alles Seienden erfaßt. Aus der kosmo-the-andrischen Intuition heraus läßt sich die Wirklichkeit als ein Text lesen, in dem die drei Dimensionen des Kosmischen, des Göttlichen und des Menschlichen ineinander verwoben sind. Diese Intuition vereinigt alle Kräfte des Universums – von den elektromagnetischen über die menschlich-personalen bis zu den göttlichen. Die kosmotheandrische Vision ruft auf zur inneren Entdeckung eines Lebensstils, der sich nicht mehr primär oder gar ausschließlich an der Zukunft ausrichtet, sondern sich der mystischen Erfahrung öffnet, die ganz in der Gegenwart lebt.[3]

---

[3] Vgl. R. Panikkar, „Der Dreiklang der Wirklichkeit". „Die kosmotheandrische Offenbarung", Salzburg/München 1995.

Die wirkliche Natur ist kein Objekt

Sie ist nicht Gegenstand für den Menschen. Der Gegenstand des Denkens, wenn es sich auf die Natur richtet, kann nur eine Abstraktion sein, ein Konstrukt, aber nicht die wirkliche Natur. Das Subjekt-Objekt-Denken ist sicher notwendig und in sich gerechtfertigt, für die Erkenntnis der Natur aber ist es prinzipiell methodisch unangebracht. Bedeutet Wissen objektives Wissen, dann kann es keine Naturwissenschaft, sondern nur Verhaltenswissenschaft von beobachtbaren Vorgängen geben. Es kann aber wohl echte Naturerkenntnis geben.

Unsere dominante Denkweise heute ist von der Naturwissenschaft geprägt. Was vielleicht den Genius, die Großartigkeit der westlichen Zivilisation seit den Griechen ausmacht, ist die Klassifikation. Wenn Sie irgendein naturwissenschaftliches oder soziologisches Buch nehmen, finden sie nur Einteilungen und Verteilungen: Ohne Klassifikation bliebe nur Chaos. Aber zwei Dinge können prinzipiell nicht in die Klassifikation eingehen: *Erstens* das Kriterium der Klassifikation. Das Kriterium aber ist pragmatisch und gefährlich. Tibet und die Schweiz würden ineinanderfallen, wenn das Kriterium einfach die Gebirge wären; nicht aber, wenn es Geld ist. Auch ein *zweites* kann nicht in die Klassifikation eingehen – und das ist mein eigentliches Anliegen: der Klassifikator. Ich, der Mensch, der klassifiziert, kann nicht in die Klassifikation eingehen. Und wenn der Mensch doch in die Klassifikation eingeht, ist seine Menschlichkeit und seine Würde und, was er *eigentlich* ist, verloren. Wenn ich mich in einer Klassifikation gefangennehmen lasse, wo liegen dann noch meine Würde, mein Selbstbewußtsein, meine Freiheit? Jeder von uns ist unklassifizierbar! Alles von uns kann klassifiziert werden: DNA und Blut und alles, mit Ausnahme von diesem Kern, der ich selbst bin. Der wirkliche Mensch verschwindet in der Klassifikation. Der Gegenstand des Denkens ist nur eine Abstraktion, der Gegenstand des Willens nur eine Projektion.

Wollen die Ökologen nun die Natur mit dem Denken zähmen, wie die Technokraten sie auszunützen versuchen? Das ist eine Haltung, die ich polemisch die Jägerepistemologie nenne: Du mußt ein Subjekt werden und alles andere zum Objekt machen. Du mußt deine Untersuchungen ganz genau machen, auf die Jagd nach einem konkreten Ziel gehen. Und wenn du das gefunden hast, dann kannst du die Flinte anlegen, abschießen und ins Schwarze treffen. Dann kannst du daraus

Schlüsse ziehen. – Und dann klagen wir darüber, daß wir alle gewalttätig sind.

Wir sind im allgemeinen so erzogen, daß wir unsere Vernunft als eine Waffe benutzen: damit ich recht habe, damit ich dich überzeuge, damit ich Macht über dich habe. *Der Gebrauch der Vernunft als einer Waffe* steht wahrscheinlich hinter allem anderen, was uns schädlich ist und uns plagt. Die wahre Natur der Vernunft besteht aber nicht darin, Siegerin zu sein. Es ist wichtig, sich der zerfressenden Macht des abstrakten Denkens bewußt zu werden. Wenn Sie eine Sache denken, durchdenken und ausdenken, verschwindet sie. Die Subjekt-Objekt-Denkweise ist für die Frage nach dem Umgang mit der Natur unzulässig.

Unzulänglichkeit naturwissenschaftlicher Kategorien

Sie sind nützlich für vieles – ich bin beileibe nicht gegen die Naturwissenschaften. Sie haben Platz. Aber nicht hier, denn naturwissenschaftliche Kategorien sind unzulänglich, um die Natur zu erkennen. Erkennen heißt mehr als Wissen um Verhaltensweisen.

Die neuzeitliche Naturwissenschaft muß notwendigerweise die Objektivierbarkeit und Meßbarkeit der Natur voraussetzen. Und letzten Endes setzt sie ein mechanistisches Weltbild voraus. Sie ist monokulturell und kann sich nur universalisieren, wenn sie alle anderen Kulturen vertreibt. Vielleicht ist dies das Schicksal des Planeten. Aber diese Naturwissenschaft ist weder allgemeingültig noch universal. Sie gehört wesensmäßig zu einer bestimmten Kultur, die zweifelsohne eine gewisse Wahrheit in sich enthält. Wenn wir die anderen Kulturen nur aus romantischen Gründen zulassen, dann wird es höchste Zeit, daß wir ein Museum für sie machen und sie verschwinden lassen. Kultur ist nicht Folklore. Jede Kultur hat ihre unverwechselbare Eigenart und ist ein Ganzes, in dem Politik, Religion und Wirtschaft ihren Platz haben.

Naturwissenschaft kann Verhaltensweisen der Natur nur voraussagen, weil sie gemessen und daraus Verhaltensgesetze abgeleitet hat. Um den Unterschied mit anderen Kulturen zu beleuchten, seien, ohne jetzt auf ihren Wahrheitsgehalt einzugehen, drei Grundmetaphern zitiert, die in verschiedenen Kulturen als Grundmetaphern der Realität vorgestellt worden sind.

(1) Am Anfang war der „Big Bang", eine Energieexplosion; das macht Sinn nur in einem mechanischen Weltbild.

(2) Am Anfang war das kosmische Ei (Hiranyagarbha, Anaximander usw.); das ist nur plausibel innerhalb eines lebendigen Weltbildes, wo das Universum lebendig ist (vgl. die anima mundi-Theorie).

(3) Am Anfang war das Wort (dies sagen bereits die Veden acht Jahrhunderte vor dem Johannesevangelium); das ist nur plausibel innerhalb eines Universums, das intelligent und lebendig ist; sonst hat das keinen Sinn. Die drei Grundmetaphern sind nur plausibel innerhalb des jeweiligen verschiedenen Weltbildes. Ist die Natur etwas mehr als eine große Maschine, so ist die Naturwissenschaft für eine solche Erkenntnis der Natur unbefugt.

Erkennen der Natur

Wirkliches Erkennen erfordert eine Verwandlung in das Erkannte. Wahres Erkennen ist unmöglich ohne Liebe. Die menschliche Natur ist Kultur; und Erkennen ist die menschliche Art, Natur zu sein und nicht die Natur zu kontrollieren, vielmehr uns in sie zu verwandeln: „connaissance = naître ensemble" (Erkennen, „con-naître", also „zusammen geboren werden").

In der heutigen Frankfurter Allgemeinen Zeitung steht in einer Anzeige: „Wir brauchen die Kernkraft nicht zu lieben". Das ist das Problem? Es wird uns zugemutet, wir müßten mit etwas leben, das wir nicht lieben. Das ist das Verhängnis der heutigen Zeit: Daß wir mit vielen Sachen leben müssen, die wir nicht zu lieben brauchen. Das Feuer ist gefährlich, aber wir lieben es. Es ist liebenswürdig.

Es geht nicht darum, die Natur romantisch zu betrachten, sicher nicht. Es geht auch nicht darum, daß wir in ununterschiedener Weise uns als nur natürlich betrachten. Denn die menschliche Natur ist Kultur, und das heißt Kultivierung. Kultivieren heißt pflegen, schöner machen, zur Vollkommenheit bringen, aber nicht durch Herrschaft und Kontrolle, sondern dadurch, daß wir die Schöpfung Gottes pflegend gestalten und gestaltend bewahren. Das sind andere Grundhaltungen.

Ökosophie: die Kunst des Umgangs mit der Natur

Nicht unser Know-how über die Erde oder Materie, sondern Ökosophie im Sinn eines Genitivus subjectivus: die Weisheit der Erde selbst, die wir anzuerkennen und zu erkennen haben. Das ist die Symbiose mit der Natur, wobei jeder seine eigene Rolle übernimmt.

Aber wir leben im Kriegszustand mit der Natur, gegen die Natur, und wir glaubten, wir seien die Sieger: „maîtres et possesseurs de la nature" (Descartes), „dissecare la natura" (Galilei). Mittlerweile fangen wir an zu erkennen, daß wir die Besiegten sind. Vor ein paar Jahren fand ein Symposium in Assisi statt unter dem Motto: „La terra non può aspettare" (die Erde kann nicht mehr warten). Mein Beitrag hieß: „La terra può; gli homini non possono" (die Erde kann warten, die Menschen können es nicht).[4] Ökologie im gewöhnlichen Sinn ist nur Waffenstillstand: die Natur ein bißchen besser behandeln, damit sie uns noch ein bißchen länger dient und nützt. Aber das reicht nicht.

Die Weisheit der Natur zu erkennen ist natürliches Menschenwerk. Der Mensch ist es, der die Weisheit der Natur sein soll. Also kein romantisches Weltbild. Wir sind – wenn wir das sind, was wir wirklich sind – die Weisen der Natur, wenn wir die Natur nicht vergewaltigen und nicht nur verobjektivieren wollen. Wir sind aus der Natur, in der Natur, mit der Natur und auch über der Natur, weil wir nicht nur Natur sind. Wir sind die Weisen der Natur, die wissen können, wie in der Natur alles ist, und mit ihr eine Symbiose etablieren können, die uns allen das Leben ermöglicht.

Die Natur: unser dritter Leib

Mein erster Leib ist der Leib, den ich sehe, der zweite Leib ist die Menschheit (corpus Christi, dharmakâya, buddhakâya, der Leib der Menschheit). Dies ist eine große Intuition von fast allen Völkern, daß die Menschheit eine Familie ist und einen Leib bildet und der Leib lebendig ist. Unser dritter Leib ist die Erde, die Natur. Wir sind Erde und wohnen nicht nur auf ihr und genießen oder gebrauchen sie nur.

---

[4] Vgl. *R. Panikkar*, „Ecosofia: la nuova saggezza. Per una spiritualità della terra", Assisi 1993.

Wir müssen mit der Natur umgehen wie mit unserem ersten Leib: weder sie beherrschen noch von ihr beherrscht werden. Freundlichkeit, gegenseitiges Vertrauen, Gleichgewicht. Dafür dieses Zitat aus den Upanishaden (BU III, 3,7): „Wer auf der Erde wohnt, von der Erde unterschieden, was die Erde nicht kennt, dessen Leib ist die Erde, der die Erde von innen bewegt, das ist dein Atman, der innere Aktor (Lenker), der Unsterbliche." Diese Einsicht ist dreieinhalbtausend Jahre alt. Ich könnte viele andere Traditionen dieser Art zitieren. Sie zielen auf eine Transformation. Wir sind Erde (*prithinî*), sie ist unser Leib (*sharîra*), und doch sind wir mehr: ihre Seele.

Die Emanzipation von der Technokratie

Die Aufgabe ist politisch und spirituell: eine Befreiung von der Technozentrik, damit wir wirklich frei werden. Die kosmotheandrische Schau bietet diese neue Grundhaltung für das Leben in Frieden in und mit dieser Welt. Dazu noch einige Ansatzpunkte:

(1) Die Befreiung des Menschen von der Zwangsjacke der Technokratie geschieht durch die Kunst, und nicht durch die Maschine. Im großen und ganzen sind unsere Befreiungsmittel heute die Maschinen. Aber die Befreiung des Menschen kommt durch den Menschen, nicht durch die Maschine. Ich betone ausdrücklich: Ich bin nicht gegen Werkzeuge (Technik ersten Grades). Sie sind sozusagen eine Verlängerung des Menschlichen. Wo sind, in diesem Sinn, unsere heutigen Ingenieure, die Techniken erfinden, welche eine Verlängerung des Menschen und des Menschlichen, nicht dessen Verdrängung sind?

(2) Die Unterscheidung zwischen Werk bzw. Tätigkeit und Arbeit, *labour* und *work*, ist wichtig. Arbeit heißt: Vermietung unserer Kräfte und Talente für etwas, was uns nicht unmittelbar angeht, und dafür kriegen wir Geld, d. h. etwas, für das man alle anderen Dinge bekommt. Bei einer Gesellschaft, die auf diese Weise die menschlichen schöpferischen Kräfte entfalten will, ist es kein Wunder, daß sie 30.000.000 Soldaten braucht. Der Mensch muß wirken, schaffen, tätig sein, aber das muß eine schöpferische Tätigkeit sein, nicht ein Dienst an der Megamaschine.

(3) Es geht wieder um den Primat der Kunst, im Sinn der aristotelischen Poiesis, was nicht nur Praxis ist: Wir sollen das machen, was uns Freude, Befriedigung und Verwirklichung schenkt. Eine kleine Ge-

schichte: Auf dem Zócalo, dem zentralen Tempel-Platz von México-Distrito Federal. Vor zwanzig Jahren. Diesmal kein Nordamerikaner, sondern ein Spanier. Er sieht einen Mann, der Stühle macht und bemalt, auf mexikanische Weise. Da er sein Haus einrichten will, fragt er: „Wieviel kostet ein solcher Stuhl?" „10 Pesos", lautet die Antwort. „Ich will sechs Stühle, sechs Stühle genau wie diesen. Ich gebe dir 50 Pesos." „Nein", sagt der Mann, „75 Pesos!" – „Was für ein ungebildeter Mensch! Du hast nie im Leben 50 Pesos zusammen gesehen und weißt nicht, wie viel das sind. Ich bezahle dir 50 Pesos für die sechs Stühle, und nicht 75." „Nein", sagt der Mann, „nur für 75 Pesos." „Also ich zahle dir 60, oder gar nichts." „Nein", erwiderte er, „75 Pesos." „Aber kannst du mir wenigstens erklären, wie du auf 75 kommst, wo doch 6 mal 10 nur 60 sind?" „Warum? Wer bezahlt mich für die Langeweile, alle Stühle gleich zu machen!" Wir Menschen handeln schon wie die Maschinen. Unser Menschsein ist schon mechanisiert. Für Maschinen gilt: 6 mal 10 ist 60, aber nicht für uns Menschen.

Ökosophie, die Weisheit der Erde! Und freier Raum für provisorische Alternativen! Das setzt Vertrauen voraus. Es gibt keine Alternative, aber es gibt die Möglichkeit freien Raums für provisorische und mehrere Alternativen. Preußen und Bayern, Afrikaner und was immer: freier Raum für dezentralisierte Alternativen.

In einem Wort: *metánoia*. Aber *metánoia* bedeutet drei Dinge, von denen zwei genügend unterstrichen worden sind. Das erste ist Buße und Reue, das zweite Bekehrung, also eine Änderung der Mentalität. Aber zum dritten bedeutet *metánoia* nicht nur Änderung des Denkens; es meint auch die spirituelle und geistige Entdeckung, daß wir nicht Denkmaschinen oder auch nur denkende Lebewesen sind, sondern mehr, nicht weniger! Diese Art Umdenken heißt, uns selbst und die Natur zusammenzudenken. Wir haben dasselbe Schicksal.

Anm. des Hrsg.: Der Text gibt die thesenartige Kurzfassung eines Vortrages wieder, den Raimon Panikkar am 2.6.1993 im Rahmen einer von P.V. Dias und H.Kessler konzipierten Vorlesungsreihe „Natur neu denken" in der Johann-Wolfgang-Goethe-Universität in Frankfurt am Main gehalten und über den er tags darauf mit Mitgliedern des Forschungsprojekts „Ökologisches Weltethos im Dialog der Kulturen und Religionen" ein Kolloquium führte.
Aus: *Ökologisches Weltethos im Dialog der Kulturen und Religionen,* Hrsg: Hans Kessler, Wissensch. Buchgesellschaft Darmstadt 1996.

5. Kapitel

Die Macht des Schweigens

Mit der folgenden grundlegenden Besinnung über die Natur des Schweigens und die Macht des Schweigens möchte ich keine Gedanken, sondern nur Leben vermitteln, indem ich es wage, mich mit Worten dem Schweigen zu nähern. Worte sollten, wenn sie echt sind, eine Offenbarung des Schweigens sein.

Aus christlicher Sicht ist es vielleicht angebracht, uns an jene Mahnung aus dem Matthäusevangelium zu erinnern, die sagt: „Ich sage euch aber, über jedes müßige, unnütze, unwirksame Wort, das die Menschen sagen – sie müssen Rechenschaft ablegen. Aus deinen Worten wirst du gerechtfertigt und aus deinen Worten wird du verdammt." (Mt 12,36 f).

Das Schweigen sagt nichts

Das Schweigen sagt nichts. Und es sagt nichts, weil es nichts zu sagen hat. Ansonsten würde es etwas sagen.

Nichts zu sagen, um dem anderen etwas vorzuenthalten, ist ein künstliches Schweigen, ein Verschweigen, nicht aber ein Schweigen.

Die Vögel sprechen nicht unsere menschliche Sprache, weil sie nichts zu sagen haben. Alles, was sie zu „sagen" haben, das singen sie, und sie machen sich auf ihre Weise verständlich.

Das Schweigen sagt nichts. Vielleicht, weil es das Nichts ist, welches das Schweigen „sagt". D.h. das Nichts schweigt. Und das Nichts kann nur schweigend wahrgenommen werden. Und in unserer Zeit, in der wir mit Worten und Wörtern bombardiert werden, ist es vielleicht angebracht, über das Schweigen zu schweigen, um das Schweigen zu vernehmen und um dann auch der Macht des Schweigens bewußt zu werden.

Das Schweigen sagt nichts. Es sagt nichts, was wir im Sprechen, in der Sprache selbst aussagen könnten. Wenn das Schweigen etwas zu sagen hätte, das mein Sprechen oder irgendein anderes Sprechen aussagen könnte, wäre die Rede vom Schweigen ein Widerspruch, denn das Schweigen würde aufhören, Schweigen zu sein.

Das Schweigen sagt nichts. Das Schweigen ist unsagbar. Und dennoch, wir wissen, daß es das Unsagbare gibt, denn das Unsagbare kann wahrgenommen werden. Das Schweigen offenbart sich.

Das Geheimnis des Unsagbaren

Indem ich sage, daß es das Unsagbare gibt, scheint das Unsagbare aber auch aussagbar zu sein. Jedoch – was habe ich damit gesagt? Ich habe nur äußerlich gesagt, daß es das Unsagbare gibt. Über das Unsagbare selbst habe ich damit nichts gesagt, denn ich bin in das Geheimnis des Unsagbaren nicht eingebrochen. Meine Worte waren nur Zeichen, die einen äußerlichen Eindruck nachzeichnen. Meine Worte hatten keine Tiefe. Worte aber, wenn sie echt sind, zeichnen nicht nur nach, sie wurzeln in der Tiefe des Lebens und öffnen uns für die Offenbarung des Unsagbaren. Echte Worte sind Vermittler, sind Mittler zwischen Schweigen und Sinn.

Ein Wort, welches diese Vermittlung zwischen Schweigen und Sinn nicht erwirkt und schafft, ist eine Lüge, und es ist dann jenes Wort, durch das wir verdammt sind. Ein solch unnützes Wort ist nichtssagend und bewirkt nichts, denn es zeugt nicht von diesem Wirk(lichkeits)bereich zwischen Schweigen und Sinn, welcher das Schweigen vermittelt und den Menschen zentriert.

Dort, wo dieses vermittelnde Wort fehlt, finden wir keinen Sinn. Und umgekehrt, wo kein Sinn ist, dort finden wir auch kein wirkliches Wort.

In unwirklichen Worten ist das Unsagbare nicht anwesend. Da, wo es aber anwesend ist, offenbart es sich als höchste Kostbarkeit der Sprache, und wir sind uns des Unsagbaren bewußt.

Das Unsagbare, dessen wir uns bewußt sind, ist das in der Sprache selbst nicht Gesagte, sondern nur Angedeutete und vielleicht Verborgene. Das Unsagbare schwingt im Gesprochenen nur mit und wird vom Hörenden wahrgenommen. Aber nicht jeder Hörende nimmt es wahr, nur der aufmerksame Hörende und der liebende Hörende wird das Schweigen des Wortes wahrnehmen und im Wort selbst etwas mehr wahrnehmen und verstehen, als einfach nur den Inhalt des Wortes. Er wird auch den Klang des Wortes vernehmen.

Wenn wir den Klang des Wortes nicht wahrnehmen, dann nehmen wir nur einen Teil des Wortes wahr. Ein Wort ohne Klang, ein Wort, das nur sagt, was irgendeine Maschine aufzeichnen kann, ist kein Wort. Das Wort ist mehr als Schall, und das Wort ist mehr als Sinn. Im Klang des Wortes finden wir hin zur Mitte des Lebens, und wir nehmen wahr, daß es das Unsagbare gibt, obgleich es unsagbar ist. Plotin sagt, der Logos – das Wort – der Seele ist ein schweigender Logos. Das Wort des Geistes, das Wort des Menschen ist ein schweigendes Wort. Und gerade das Hören auf das, was das Wort verströmt, ist Teil der Anteilnahme am Wort.

Die Stimme der Stille wahrnehmen

Das Unsagbare können wir wahrnehmen, weil unserer Wahrnehmung nicht beschränkt ist auf das Vernehmen der Sinne und das Verstehen durch die Vernunft. Die Wahrnehmung beginnt aber mit dem Vernehmen der Sinne. Ich sehe, ich höre, ich taste, ich rieche, ich schmecke, und doch verstehe ich nicht ganz, was ich da vernehme, obwohl meine Vernunft all dies zu verstehen versucht. Und obwohl unsere Vernunft vieles versteht, sind selbst die Tätigkeiten und Fähigkeiten unserer Sinne Geheimnisse, die der Vernunft und ihrem Verstehen verschlossen sind. Ich weiß nicht, warum ich sehe oder höre, taste, rieche oder schmecke. Ich weiß aber, daß ich etwas vernehme und wahrnehme. Und ich kann erfahren, daß meine Wahrnehmungsfähigkeit über diese beiden Felder der Wahrnehmung hinausreicht, daß es über das Vernehmen der Sinne und das Verstehen durch die Vernunft hinaus auch das gibt, was die Alten von Ost und West das Dritte Auge oder das Dritte Ohr genannt haben. Es ist ein Wahrnehmen, welches gerade das, was nicht vernommen und nicht verstanden werden kann, auf irgendeine Weise wahrnimmt. Es ist die Wahrnehmung des Ungesagten und des Geschwiegenen, welches neben dem Gesagten und dem Inhalt des Wortes auch noch mitschwingt und mitklingt. Und wir nehmen es wahr, wenn wir Hörende sind, wenn wir Liebende sind, denn es gibt keine richtige Wahrnehmung ohne Liebe.

Die achtsam liebende Wahrnehmung kann man auch das Mystische nennen. Das Mystische im Sinne des unmittelbaren Gewahrseins der Wirklichkeit.

Das unmittelbare Gewahrsein ist die unmittelbare Erfahrung des Ganzen, des Alls im Konkreten – in einem geliebten Menschen, in einer Blume oder im Ton einer Glocke. Der Wirklichkeit werde ich nicht gewahr durch Gedanken oder Begriffe wie All, Gott oder Ganzheit. Die Erfahrung des Lebens, die Erfahrung der ganzen Wirklichkeit bricht auf in der unmittelbaren Begegnung mit dem Konkreten. Und mehr noch: Wer in einem Baum nicht den ganzen Wald sieht, der wird weder Baum noch Wald sehen. Wer in seiner Frau oder seinem Mann, in seinen Kindern oder Freunden nicht das gesamte Mysterium der Weiblichkeit, der Männlichkeit, des Menschen oder der Freundschaft sieht und erfährt, der wird nie erfahren, was es heißt, Mensch zu sein, Frau, Mann, Kind, Freund zu sein. Und wer das menschliche Leben nur auf das reduziert, was er vernimmt oder versteht, der lebt ein kümmerliches Leben, welches den Menschen zwingt, sich durchs Leben zu schlagen. Und dieser Mensch hat keine Freude, und er erfährt nicht die Fülle des Lebens, und am Ende hat er kein richtiges Leben gelebt. Denn zu leben ist mehr als die kleinen, oberflächlichen Erfahrungen, die aus dem Kontakt mit der Wirklichkeit entstehen, zu vervielfältigen und in dieser Zersplitterung des Lebens stehen zu bleiben. Das Leben wurzelt in der unmittelbaren Begegnung mit dem Konkreten.

Das Mystische ist diese grundlegende Wahrnehmung, die mich in einem einzelnen Ding das Ganze erfahren läßt.

Wenn wir es vermögen, im Konkreten das Ganze wahrzunehmen und zu erfahren, beginnt sich uns das Leben zu entfalten. Diese Erfahrung ist es, die uns bezeugen läßt, daß es eine Verbindung gibt zwischen dem Gesagten und dem Ungesagten, zwischen dem Sagbaren und Unsagbaren, zwischen dem Gestalteten und dem Ungestalteten. Wobei diese Verbindung weder eine dualistische Verbindung ist – hier das eine, das ich sage, und dort das andere, das ich verschweige –, noch ist diese Verbindung eine monistische Einheit, eine einheitliche Mischung von zweien. Diese Verbindung ist Nicht-Zwei – *ADVAITA*. Wir müssen unterscheiden, wir können nicht trennen.

Die Ohnmacht des Schweigens

Was ist die Macht des Schweigens? Die Macht des Schweigens ist seine Ohnmacht. Das Schweigen als Schweigen hat keine Macht. Echtes Schweigen ist machtlos. Falsches Schweigen bedroht, weil es verschweigt, was zu sagen wäre. Die Bedrohung entsteht, weil der Hörende vermutet und vielleicht spürt, was der Schweigende verschweigt und

138

nicht sagt. Dieses Verschweigen ruft Gedanken im Hörenden hervor, und Phantasien melden sich in ihm zu Wort, so daß der Hörende sich diesen Gedanken und Phantasien zuwendet und dabei in Furcht und Angst gerät, weil er nicht fähig ist, das Leben zu hören. Das Verschweigen erzeugt Angst und erstickt das Leben. Verschweigen von etwas, das zu sagen wäre und das der Betreffende nicht zu sagen wagt, ist kein Schweigen.

Das echte Schweigen ist machtlos. Wenn ich frage, und die Antwort ist Schweigen, dann darf ich dieses Schweigen nicht als Ja oder Nein interpretieren. Dieses Schweigen läßt mir die Freiheit, dann etwas zu tun oder etwas nicht zu tun. Die Entscheidung liegt dann in meiner Verantwortung, und ich kann sie nicht dem Schweigenden übertragen oder anlasten.

Als Jesus gefragt wurde, was Wahrheit ist, schwieg er und überließ es uns, die Wahrheit in der Rechten oder in der Linken, oben oder unten zu finden. Er wollte uns nicht binden. Er übte keine Macht aus auf den hörenden Frager, denn das Schweigen hat keine Macht. Mit dem Schweigen ein Machtspiel zu spielen, ist unaufrichtig! Und nicht nur unaufrichtig, es wird sich auch rächen. Jedes Wort, auch jedes verschwiegene Wort, fällt auf den zurück, der es sagt oder verschweigt. Denn der Hörende und der Redende / Verschweigende sind eine Einheit. Wieder unterscheiden wir – Hörender und Redender/Verschweigender –, und dennoch können wir nicht trennen.

Das Schweigen hat keine Macht, es bedroht nicht und befiehlt auch nicht, vielleicht weil es alles erwartet, weil es auf alles gefaßt ist.

Das hörende Wort

Die Macht des Schweigens ist nicht das Schweigen. Das Schweigen ist das schweigende Zeugnis des Vertrauens. Die Macht des Schweigens liegt im hörenden Wort. Das Schweigen hat seine Macht dem hörenden Wort übertragen, und es vertraut ihm.

Die Macht des Schweigens wird offenbar, wenn das hörende Wort das Schweigen überträgt und in Worte faßt, wenn es das Schweigen (hin-) übersetzt in Worte. Und jedes Wort, das diese Übertragung, diese Übersetzung ist, hat eine ungeheure Macht. Die ganze Macht des Schweigens ist dem hörenden Wort übertragen.

Das Schweigen selbst hat dieses Vertrauen in das Wort und bevollmächtigt das Wort, daß das im Schweigen noch Verborgene offenbart wird und gleichzeitig verborgen bleibt. Der Logos, das Wort, ist die (Hin-)Übersetzung des Schweigens in das Wort selbst. Und dieses Wort ist in sich selbst klangvoll, bedeutungsvoll und wirksam.

Der hörende Mensch

Die Verbindung zwischen Schweigen und Wort ist dieselbe Verbindung wie zwischen Ohnmacht und Macht. Sie ist Advaita, Nicht-Zwei.

Das Schweigen bemächtigt das Wort und bemächtigt zugleich den Menschen, der das hörende Wort hört, aber nicht nur hört, sondern es auch in sich erklingen läßt, ihm Resonanz gibt und nach diesem Wort handelt. Und wiederum Jesus: „Das, was ich vom Vater höre, das tue ich."

Dieses Vertrauen, das im Schweigen liegt, dieses „tu, was du willst", welches das Schweigen „sagt", ist da, ist gegenwärtig. Es ist da für uns, für unsere Verantwortung, und es ist an uns, mit unserem Leben eine Antwort zu geben. Das Vertrauen, das im Schweigen liegt, befreit uns und bemächtigt uns zu dieser Antwort.

Das Da-Sein des Schweigens, das nichts sagt, nicht droht, nicht befiehlt und keine Gebote hat und welches in den Lebensbereich des Menschen über(ge)setzt werden muß, ist die Kraft des Mysteriums. Und die Kraft des Mysteriums ist die menschliche Freiheit und die menschliche Würde.

Die Menschen sind sich dessen kaum bewußt, und wir erfahren nicht diese Kraft, Freiheit und Würde, weil wir die Sprache so haben verkommen lassen, daß sie nur noch ein Mittel ist im Austausch von Zeichen, damit ich etwas tue oder etwas weiß. Unsere Sprache bezeugt und zeugt nicht mehr, weil wir die Worte dem Schweigen entrissen haben und weil das hörende Wort in unserer Starrheit und Enge keine Resonanz findet. Wir hören ihn nicht mehr, den Klang des lebendigen Wortes.

Die Fleischwerdung des Wortes

Der Mensch kann das Wort hören oder nicht hören. Wir können die Botschaft des lebendigen Wortes hören oder einfach nicht hören. Nicht hören, nicht nur aus bösem Willen, sondern nicht hören, weil wir taub sind; nicht hören, weil wir keine Aufmerksamkeit schenken; nicht hören, weil wir zerstreut sind; nicht hören, weil wir gleichzeitig vielen anderen Geräuschen lauschen.

Das Hören ist eine Kunst. Und diese Kunst wird auf deutsch mit einem Wort bezeichnet, welches ich kaum zu nennen wage, da es in einer mißbräuchlichen, falschen Weise gebraucht und verbraucht worden ist. Das Wort, welches für die Kunst des Hörens steht, ist Gehorsam. Gehorsam bedeutet viel hören, genau hören,– nicht auf die Worte der anderen, die genau so sind wie ich, sondern hören zu diesem Schweigen hin, das überall da ist, welches aber nur für den liebenden Hörenden eine Offenbarung bedeutet.

Und wie höre ich? Ich höre das Wort, indem ich das Wort empfange. Und diese Empfängnis ist eine Fleischwerdung – das Wort wird in Taten empfangen.

Auf eine menschliche Weise ist diese Empfängnis eine Wiederholung dessen, was, wie ich annehme, in den Kirchen seit Anbeginn ihrer Errichtung gepredigt worden ist: „Und das Wort ist Fleisch geworden." Dies ist nicht das Privileg Jesu Christi. Dies ist das Schicksal eines jeden Menschen und eines jeden Wortes.

In vielen barocken Kirchen ist auf den Bildern der Verkündigung Mariens zu sehen, wie Maria den Heiligen Geist durch das Ohr empfängt, um es uns leicht zu machen, zu verstehen, daß auch wir das Wort empfangen können – sogar Männer können das Wort empfangen, denn auch Männer haben Ohren.

Das Wort empfangen, es in uns Fleisch werden lassen und uns dadurch vergöttlichen, Wort werden, – dies ist unsere Aufgabe, und dies sollte unsere Antwort sein. Aber es können sich, um in dieser Metapher zu bleiben, Fehlgeburten ereignen, und es kann sogar zu Abtreibungen kommen. Dann nämlich, wenn mich das Wort beunruhigt oder beängstigt, weil es mich ermächtigt, etwas zu tun, das ich vielleicht nicht zu tun wage oder nicht tun will, da mein Leben schon verstrickt ist in so viel Geräusche der vulgären Existenz.

Akademisch gesprochen, kann sich ein Mißbrauch der Freiheit einstellen. Dann, wenn ich meine Freiheit dahingehend verstehe, meiner Willkür freien Lauf zu lassen, dann habe ich nicht mehr diesen Gehorsam, dieses Hören auf die Botschaften der Dinge und auf die Botschaften der anderen hin, die durch den Filter meiner Ohren und meines Gewissens gehen müssen. Sie werden nicht eingelassen, weil die Filter verstopft sind. Und so werden diese Botschaften des Lebens abgeblockt und ausgesperrt und gehen letztendlich verloren. Die Jungfräulichkeit der Empfängnis steht hier als Symbol der Bereitschaft, der Leere, der Aufmerksamkeit, des Nicht-Verstricktseins, so daß wir die Vögel, den Baum, die Sonne, das Geschrei der Kleinen, das Wort der Liebenden oder die Mahnungen, die auch da sind, in der richtigen Weise vernehmen, durch unsere Filter in uns einlassen, Fleisch werden lassen und wirken lassen, bis sie neu und verwandelt geboren werden.

Diese Botschaften aus dem unmittelbaren Gewahrsein geben uns Freiheit und Macht. Ohne die Freiheit, die im schweigenden Vertrauen liegt, gäbe es keine Macht. Macht in dem Sinne, in dem ich das Wort gebrauche, meint das Vermögen und nicht den Mißbrauch der Kraft. Und wiederum muß bemerkt werden, daß unsere Worte auf Grund von Mißbrauch manchmal ein wenig verkümmert sind. Der Mensch kann das Wort hören oder nicht hören. Es gibt einen patriarchalischen, einen männlichen Zug der heutigen Zivilisation, eine Haltung, die sowohl Männern als auch Frauen zu eigen ist, eine Gesinnung, die vorgibt, daß es in allem nur darum geht, etwas zu machen, zu schaffen, zu unternehmen und geschäftig zu sein, anstatt zuerst zu hören, zu empfangen, in uns Fleisch werden zu lassen und dann zu gebären, was gezeugt wurde. In dieser Gesinnung ist der Vorwand zu Hause, der sagt: Ich verstehe es nicht, ich kann damit nichts anfangen, ich kann dies zu nichts gebrauchen.

Diese Einwände sind da. Sie müssen aber kein Grund sein, uns nicht aufzumachen und aufzuschließen, um das hörende Wort zu hören und das Schweigen wahrzunehmen und in seinem Klang zu klingen, denn das Wort muß nicht verstanden sein, es muß empfangen werden.

Das sakramentale Wort

In der christlichen Sprache möchte ich sagen: Das Sakrament ist das gesprochene Wort des hörenden Menschen. Ich spreche nicht von den kirchlichen Sakramenten, obwohl in den kirchlichen Sakramenten diese Macht der Worte anwesend ist. Denken wir nur an die Ehe, die nicht nur ein christliches Sakrament ist. Sie ist in sämtlichen Kulturen und Religionen ein Sakrament. Wenn man Ja oder Nein sagt, dann bewirkt dieses Wort, was es sagt, und es verwandelt die Wirklichkeit. Es wandelt die Wirklichkeit um. Diese verwandelnde, wirkmächtige Kraft ist in dem entscheidenden Wort meines ersten Zitates aus dem Matthäus-evangelium mitgesagt. Es ist das vielsagende griechische Wort für Tat – Energie. Ein Wort, ein müßiges Wort, das nichts schafft, das keine Energie hat, das nicht verwandelt und nicht zur Tat wird, ist kein Wort, denn es ist ein unnützes Wort. Und wenn unseren Worten diese verwandelnde Kraft nicht zu eigen ist, und wenn sie keine lebenseröffnende, lebenszeugende Wirkung haben, werden wir Rechenschaft darüber geben müssen.

Was wir lernen müssen, ist, zu hören, zu empfangen, Fleisch werden zu lassen und zu gebären in Wort und Tat, so wie wir in Wort und Tat empfangen. Andernfalls ist alles, was wir sagen, nur oberflächliches Gerede und Geschwätz. Eltern, Lehrer und wir alle klagen dann, daß unsere Worte kein Gehör finden, daß sie ihre Richtung verfehlen und keine Wirkung zeigen. Und der Grund ist nur, daß es keine Worte sind, keine Worte aus dem Schweigen. Es sind Worte, die nicht aus dieser Fleischwerdung kommen, Worte, die nicht aus uns geboren wurden. Der Hörende spürt dann, daß der Sprechende, der Mahnende nicht lebt, was er sagt, daß er es nicht verkörpert, – und dann ist das Wort nicht Fleisch geworden. Unser Leben ist unsere Antwort, daher sollte jedes Wort von uns ein Sakrament sein. Das Sakrament ist das gesprochene Wort des edlen Menschen, wie Meister Eckehart sagen würde, des hörenden Menschen, des aufmerksamen Menschen, des liebenden Menschen. Und nur das sakramentale Wort in dem genannten Sinne ist echt und wahr und hat verwandelnde und lebenszeugende Kraft.

Die Macht des Schweigens

Hier schließt sich der Zirkel. Der hörende Mensch, der liebend hörende Mensch, der aufmerksame Mensch, der Mensch, in dem sich diese Fleischwerdung ereignet, kennt die Macht des Schweigens, die von der Ferne moderiert und leitet. Es ist die Macht, die die Sachen lenkt, ohne zu befehlen. Die Macht, die die Harmonie nicht stört, sondern fördert, weil der Hörende, im Einklang lebend, das will, das zu tun ist; weil der Hörende keine Angst hat, ausgeliefert zu sein, und keine Angst hat, daß sein Weg eine andere Wendung nehmen könnte, als er es für sich vorgesehen und vorgenommen hatte; weil der Hörende Vertrauen hat!

Aber um zu hören, um an dieser Macht des Schweigens teilhaben zu können, müssen wir Wort werden. Wir müssen zuerst schweigen lernen, und um schweigen zu lernen, müssen wir leer sein, dürfen wir nicht viele Geräusche in uns haben, müssen wir allem mit einer solchen Aufmerksamkeit und Hingabe begegnen, als ob die Vergangenheit nicht das wäre und die Zukunft völlig unwirklich wäre, so daß ich konzentriert sein kann und in meiner ganzen Haltung und Tätigkeit Hörender bin und das höre, was zu hören ist.

Diese Bereitschaft, diese Furchtlosigkeit, diese hörende Haltung, dieser Gehorsam zu den unsichtbaren und unhörbaren Melodien des Himmels, wie die Griechen sagten, der Symphonie der Sphären, wie Pythagoras sagte, christlich gesprochen, das Hören zum Vater hin, das wir im Geist erfahren, indem wir als Wort die Christuswirklichkeit verwirklicht haben und Tochter bzw. Sohn geworden sind, – dies ist die menschliche Weisheit, und dies ist die Macht des Schweigens. Es ist die Macht, die im Schweigen gründet, aber nicht im Schweigen selbst liegt. Das Schweigen an sich hat keine Macht, aber das Schweigen lehrt uns Vertrauen zu schenken, *fides*, Glaube an das Wort.

Wir müssen auf diese Inkarnation, die in uns geschieht, aufmerksam sein. Und wenn wir auf diese Weise aufmerksam und achtsam sind, dann hat das Wort des hörenden Menschen nicht nur Macht, es hat dann noch etwas anderes, auf das wir gewöhnlich nicht gefaßt sind, weil wir die Wahrheit draußen haben frieren lassen, und weil wir ihr keine Wohnung bereitet haben. Die Worte des hörenden Menschen haben Wahrheit. Wobei die Wahrheit weder meine subjektive Überzeugung ist, noch eine objektive Übereinstimmung im Sinne von A = B. Die Wahrheit ist Verwirklichung. Das wahre Wort verwirklicht, was es sagt, weil es die Wirklichkeit in die Wirkung (hin-)übersetzt.

Das wahre Wort ist der Träger der Wahrheit. Und so ist die Wahrheit nicht außerhalb von uns. Sie ist das, was ich sage, vorausgesetzt, daß das, was ich sage, ein wirkliches Wort ist. Das wirkliche Wort ist die Ursache und erwirkt, was es sagt. Und dies ist das Sakrament.

Der hörende Mensch, der aufmerksame Mensch, und wie ich am Anfang sagte, der liebende Mensch, kennt die Macht des Wortes, weil er auch die Ohnmacht des Schweigens hört.

Was können wir tun ?

Wenn wir die gegenwärtigen Krisensituationen betrachten, zwischen-menschlich, politisch, ökologisch, religiös oder wie auch immer, dann kommen wir nicht umhin, uns der Haltung des empfangenden Anneh-mens zuzuwenden.

Wenn wir die bestehenden Krisensituationen noch umwenden und verwandeln wollen, bedarf es eher einer weiblichen Gesinnung, die in der Annahme das Empfangene gleichzeitig ernährt, leben läßt und wach-sen läßt, bis die Geburtsstunde kommt und das Gezeugte verwandelt geboren werden kann.

Um die Not wenden zu können, müssen wir uns diese Haltung zu eigen machen, indem wir diese Gesinnung werden, denn aus dieser Gesinnung heraus können wir hinfinden zur Erfahrung des unmittelba-ren Gewahrseins.

Im unmittelbaren Gewahrsein, in dem sich diese Empfängnis ereignet, empfangen wir im christlichen Sinne des Wortes Worte des Logos, des Wortes, – wenn Logos mit Wort übersetzt wird. Wir empfangen jene Schwingung, jene Botschaft, jenes Licht oder jene Dimension der Wirk-lichkeit, die uns ernähren und unser Leben fruchtbar machen wird. Wir empfangen eine latente Dimension der Wirklichkeit, die sich noch nicht verwirklicht hat. Und in der Empfängnis keimt die schöpferische Kraft und die menschliche Kreativität.

So ist der Künstler einer, der empfängt, was es noch nicht gibt. Und seine Aufgabe ist es, mit seinem Leben dem Empfangenen eine Existenz zu geben. Ein Künstler ist aber kein außergewöhnlicher Mensch. Wir alle sind Künstler, Dichter, schöpferische Menschen. Zumindest sind wir Schöpfer unseres eigenen Lebens. Jedoch müssen wir erst werden, was wir schon sind. Wir müssen wirklich Empfangende werden und Wis-sende und Vermögende, so daß wir wirklich werden lassen können, was es noch nicht gibt. Im Werden dessen, was wir sind, werden wir Schöpfer unserer Wirklichkeit, denn wir treten ein in den schöpferischen Dialog mit dem Leben. Wir erkennen dabei, daß jedes Leben eine neue Schöp-fung ist. Jedes Leben ist etwas, das es zuvor noch nicht gab. Die Wirk-lichkeit ist immer im Werden.

Im Dialog erfahren wir diese verwandelnde, lebensschaffende Kraft in uns, aus der heraus wir unser Leben kreativ gestalten können. Wir wis-sen zugleich, daß es diese Macht des Schweigens in uns ist, derer wir in der gegenwärtigen Umbruchssituation notwendigerweise bedürfen, um eine radikale Neuorientierung zu gewinnen, aus der heraus wir lebensschaffend, d. h. schöpferisch verwandelnd die bestehenden Krisen umwenden können. Und wir wissen es beinahe mit Sicherheit, wenn wir uns der verwandelnden Macht des Schweigens verschließen – die Welt geht auf eine Katastrophe zu.

Unsere Welt, die Welt, wie wir sie mit unseren Systemen errichtet haben, ist eine unnatürliche Welt, und sie ist nicht nur im Umbruch, sie ist im Zusammenbruch, denn sie ist nicht lebbar und wider das Leben.

Die notwendige Neuorientierung und der notwendige Wandel geschieht nicht dadurch, daß wir hier und dort ein paar Reformen machen, sondern die Neuorientierung muß in dem oben genannten Sinne tiefer gehen, sie muß radikal sein, sie muß bis an die Wurzel des Lebens reichen.

Dazu müssen wir uns zentrieren, indem wir uns einschwingen auf den Klang des Lebens und mitschwingen mit dem Klang des Unsagbaren, jeder auf seine Weise, denn in der Berührung mit dem Klang des Unsagbaren geschieht die genannte Empfängnis automatisch, und der Empfangende ist mit seinem Leben fruchtbar. Seine Worte und Taten werden Samen sein, die vom neuen Leben zeugen und neues Leben zeugen. In seinem Leben zieht dieser innere Frieden ein, aus dem alles Leben erwächst. Ein Frieden, in dem ich mich selbst annehmen kann, obwohl ich um meine Unvollkommenheit, Schwachheit und Fehlerhaftigkeit weiß. Und dieses mit Mir-selbst-im-Frieden-Sein ist der erste und einzig mögliche Schritt, um den Frieden um mich herum aufleben zu lassen. Eine Harmonie, die ausströmt und alle Kreatur, das gesamte Dasein schöpferisch verwandelnd durchwirkt.

Diese Zeugung und Werdung geschieht aber nur im liebenden Menschen, denn man empfängt in Liebe und Hingabe. Wir aber sind oft zu egoistisch, zu egozentriert, als daß sich diese Empfängnis ereignen könnte. Wir sind häufig nicht bereit zur Hingabe und zur Liebe, weil wir Angst haben, das loszulassen, was uns in der gegenwärtigen Verstrickung gefangen hält. Es ist die Angst vor dem radikal Neuen, das noch keine Gestalt hat. Es ist die Angst vor unserer Freiheit, vor unserem Leben, das noch nicht verwirklicht ist, und wir scheuen die Verantwortung, unser Leben schöpferisch zu gestalten. Wir vergessen, daß jedes Leben, auch unser Leben, einmalig und unwiederholbar ist. Wir bleiben unsere Antwort auf das Leben und auch auf das Lebenzerstörende schuldig. Wir müssen erinnert werden, daß kein Leben austauschbar oder zu vernachlässigen ist. Niemand kann verwirklichen, was in meinem Leben noch nicht verwirklicht ist. Niemand kann für mich die Antwort meines Lebens geben.

Christlich gesprochen, ist unsere Antwort die neue Schöpfung, die in der Verwirklichung aufkeimt. Die Verwirklichung liegt bei uns, den Geschöpfen. Sie ist nicht nur unsere Aufgabe, sie ist auch unsere Würde, denn in diese schöpferische Tätigkeit ist auch Gott mit einbezogen. Wir sind im Mittvollzug Gottes die Schmiede, Gestalter und Künstler unseres Lebens und des Lebens, das mit uns in Beziehung steht. Das Leben ist totale Freiheit. Wir müssen nur sein, was im Symbol der unbefleckten Empfängnis gegenwärtig ist: bedingungslos und unmittelbar Empfangende, die Ohnmacht des Schweigens Hörende, die Macht des Wortes Erfahrende und neues, göttliches Leben Gebärende.

6. Kapitel

Die Trinität

Während meines Aufenthalts in Rom anläßlich des Vatikanischen Konzils vertrauten mir einige afrikanische Bischöfe ihre Bestürzung darüber an, daß es unmöglich sei, in ihren eigenen Sprachen geeignete Worte zu finden, um die Bedeutung von Wörtern wie *Natur* und *Person* zu übersetzen: Diese Begriffe seien in jenen Sprachen unbekannt. In meiner Antwort konnte ich nur meine Bewunderung für diese Sprachen zum Ausdruck bringen, mein Bedauern, daß ich sie nicht kannte, und die Hoffnung, daß sie eines Tages einen beachtlichen Beitrag zur Erneuerung des Kerns der christlichen Lehre würden leisten können. So bedeutend der Wert der konziliaren und dogmatischen Formulierungen auch sein kann, so erheben sie doch letztlich nicht den Anspruch, die Gesamtheit der göttlichen Wirklichkeit zu umfassen, die sie an allen Ecken und Enden grenzenlos überflutet. Wir dürfen auch nicht vergessen, daß die Worte *Natur* und *Person* im Neuen Testament nirgends gebraucht werden, um das Mysterium der Trinität auszudrücken, und daß die ersten Generationen der Christen ihren Glauben an die Trinität lebten, ohne sie irgendwie zu kennen.

Wie dem auch sei, ich habe nicht die Absicht, hier die trinitarische Lehre darzulegen. Ich möchte einfach zeigen, wie im Licht der Trinität die vorhin geschilderten drei Formen der Spiritualität in Einklang gebracht werden können. In der Tat erlaubt uns nur die trinitarische Schau der Wirklichkeit, wenigstens die allgemeinen Linien der Synthese dieser drei offenbar nicht reduzierbaren Begriffe des Absoluten anzudeuten. Die sehr verbreitete und „moderne" Tendenz, jedes Geheimnis als „geheimnisvoll" (in seiner sekundären Bedeutung des Obskuren und Unergründlichen) zu betrachten, hat dazu beigetragen, daß das trinitarische Geheimnis – das reine Licht – immer mehr in Gegenständen und Begriffen umhüllt wurde, die für den christlichen Lebensvollzug praktisch nutzlos sind. (Wozu dient es, wenn es völlig unverständlich ist?) In Wirklichkeit jedoch ist die Trinität nicht nur der Grundstein des Christentums von einem theoretischen Gesichtspunkt, sondern auch die praktische, konkrete und existentielle Basis des christlichen Lebens.

Dies bedeutet, daß die klassische Auslegung der Dreifaltigkeit nicht die einzig mögliche ist, und daß es nicht unmöglich ist, über die trinitarische Lehre theoretisch hinauszugehen, obwohl man in diesem Fall eine umfassende Formulierung finden müßte, die das mit einschließt, was die Trinität herkömmlicherweise bedeutet hat. Christus beruft sich mehrmals auf einen, der größer ist als er, auf einen anderen, der kommen wird. Anders gesagt: Man kann Christus nicht denken ohne einen höheren, früheren und späteren Bezugspunkt. Nach allen Richtungen findet eine Öffnung statt: Dies ist Christus als Offenbarung des trinitarischen Geheimnisses, der gleichzeitig das Menschliche („Geschaffene") und das Göttliche umfaßt. Wir wollen diesen christologischen Gedanken aber nicht weiter verfolgen, da unser Thema einfach eine Erweiterung und Vertiefung des Geheimnisses der Trinität ist in einer Weise, die dazu dienen kann, die verschiedenen Formen zu verstehen, die dieses Geheimnis in anderen überlieferten Religionen annimmt.

Deshalb kann die Trinität als ein Schnittpunkt betrachtet werden, in dem die echten spirituellen Dimensionen aller Religionen sich begegnen. Die Trinität ist auch die Offenbarung Gottes in der Zeit, die Erfüllung dessen, was Gott über sich selbst dem Menschen „gesagt" hat, was der Mensch zu erreichen und über Gott in seinem Denken und seiner mystischen Erfahrung zu erkennen fähig war. In der Trinität findet eine wahre Begegnung der Religionen statt, deren Resultat nicht eine vage Verschmelzung oder eine gegenseitige Verwässerung ist, sondern eine echte Bereicherung aller religiösen, ja sogar kulturellen Elemente, die in jeder von ihnen enthalten sind.

Denn in der trinitarischen Schau konvergieren die tiefsten Visionen und überschreiten dabei das Erbe einer bestimmten Kultur. Durch die Vertiefung des trinitarischen Verständnisses findet eine tiefgreifende Begegnung und gegenseitige Befruchtung der verschiedenen spirituellen Ausrichtungen statt, ohne die besonderen Grundlagen der verschiedenen religiösen Überlieferungen zu vergewaltigen oder zu verletzen.

Dagegen ließe sich einwenden: Warum bestehe ich darauf, weiterhin von der Trinität zu sprechen, wenn ich einerseits einen Begriff von ihr biete, der weit über die christliche Überlieferung hinausgeht, und wenn andererseits ihre enge Bindung an eine besondere Religion eine Einschränkung ihrer Bedeutung voraussetzt, wobei zu bedenken ist, daß eine Religion sich nur schwer einem Schema anpaßt, das nicht ihr eigenes ist?

Auf diesen Einwand würde ich folgendermaßen antworten: Erstens gibt es eine echte Kontinuität trotz der Entwicklung oder Vertiefung, die bis zum Ende geführt werden kann, zwischen der Theorie der Trinität, die ich im folgenden skizzieren werde, und der christlichen Lehre. Zweitens bin ich überzeugt, daß die Begegnung zwischen den Religionen sich nicht auf neutralem Boden ereignen kann, in einem „Niemandsland", was einen Rückfall in einen unbefriedigenden Individualismus und Subjektivismus darstellen würde. Die Begegnung kann nur im Zentrum der religiösen Überlieferungen stattfinden, natürlich vorausgesetzt, daß sie nicht durch eine totale Sklerose gelähmt sind. Drittens eröffnet mein Vorschlag eine Möglichkeit des Dialogs und könnte von jedem anderen Punkt ausgehen, wenn sich dazu ein geeigneter Ansatz bieten würde. Viertens ist es fast unmöglich, von allen konkreten Überlieferungen abzusehen, wenn man über diese Themen spricht, da die Begriffe ja von eben diesen Traditionen bestimmt sind. Da es nötig ist, sich für eine von diesen zu entscheiden, wird man mir nicht vorwerfen, daß ich die christliche Terminologie als Ausgangspunkt wähle. Was die Ergebnisse betrifft, haben unser Leben und unser Dialog eine offene Zukunft vor sich.

Der Vater

Das Absolute ist eins. Es gibt nur einen Gott, eine einzige Gottheit. Zwischen dem Absoluten und dem Einen, Gott und der Gottheit, gibt es weder einen Unterschied noch eine Trennung: Die Identität ist allumfassend.

Das Absolute hat keinen Namen. Alle Überlieferungen haben erkannt, daß es jenseits aller Namen, „un-benennbar" ist, a-*nama, an-onym*. Die Bezeichnungen, die man ihm gibt, kommen einfach vom Menschen und beziehen sich auf ihn. Es kann *brahman* genannt werden, oder es kann *tao* genannt werden. Sobald jedoch das *tao* als solches benannt wird, ist es nicht mehr das *tao*, und sobald das *brahman* erkannt wird, ist es nicht *brahman*. Der Gott, der geschaut wurde, ist nicht mehr Gott (oder *Theós*), denn niemand hat je Gott geschaut; „niemand kann ihn schauen und weiterleben". Seine Transzendenz ist ein Wesensmerkmal, und nur er ist wahrhaft transzendent.

In der christlichen Überlieferung hat das Absolute einen konkreten Namen: „Der Vater unseres Herrn Jesus Christus". Ihn hat Jesus Vater oder Gott genannt und lehrte uns, daß auch wir ihn Vater und Gott nennen sollen. Dennoch sind weder der Name „Vater" noch „Gott" dem Absoluten angemessen; es sind einfach Namen, mit denen wir es *bezeichnen*. Er ist *unser* Vater und *unser* Gott, das heißt, der *Vater* und der *Gott* für uns. Aber ist er unabhängig von uns, in sich selbst und für sich? Letztlich hat diese Frage nicht einmal einen Sinn. Nach dem „Selbst" Gottes zu fragen setzt ohne Zweifel die Absicht voraus, in irgendeiner Weise über sein „Ich" hinauszugehen auf das „göttliche Selbst". Aber der Ausdruck „Gott an sich" umschreibt eine „Reflexion", die diesen unaussprechlichen Gott bereits voraussetzt (nach dessen „Selbst" wir fragen). Davon leitet sich der Begriff eines göttlichen „Selbst" ab, das einen Ursprung hat und folglich selbst weder Ursprung noch Urheber sein kann. Die Re-flexion Gottes ist nicht mehr der Vater – weder unsere noch seine Reflexion, sozusagen.

Der Vater ist das Absolute, der einzige Gott, *ho Theós*. Die Trinität ist keine Dreigötterlehre (Tri-theismus). Es ist von großer Bedeutung, daß die erste trinitarische Formel nicht von Vater, Sohn und Geist spricht, sondern von Gott, Christus und Geist. Weder der Sohn noch der Geist sind *Gott,* sondern eben der Sohn Gottes und der Geist Gottes „gleich" dem einen Gott (*ho Theós*), als Gott (*Theós)*. In diesem Punkt wird die Unzulänglichkeit der Dialektik offenkundig: Weder ist der Plural noch die Gleichheit wirklich. Im Absoluten gibt es keinen Plural, keine Vielfalt, nichts, was multipliziert oder hinzugefügt werden oder eine Dreizahl ergeben könnte: „Qui incipit numerari incipit errare". („Wer zu zählen beginnt, beginnt zu irren", sagte der heilige Augustinus.) Aus demselben Grund gibt es nichts im Absoluten, was als gleich oder ungleich angesehen werden kann. Wo läßt sich daher im Absoluten ein Bezugspunkt finden, der die Bejahung oder Verneinung der Gleichheit zuließe? Vom Sohn kann nicht gesagt werden, daß er dem Vater gleich sei. Ebensowenig kann gesagt werden, daß er ihm verschieden sei. Jedes Kriterium des Messens kommt von außen, doch außerhalb des Absoluten gibt es nichts. Dasselbe könnte man bezüglich des Geistes sagen. Das Glaubensbekenntnis von Nicäa wie auch viele griechische Kirchenväter und sogar der lateinische Tertullian erklären, daß das „Substrat" der Gottheit im Vater wohne. Erst mit Augustinus beginnt die theologische Tradition, in der man das Substrat der Gottheit, das der Trinität Einheit verleiht, für alle drei Personen als gemeinsam erklärt.

Sicher kann man auch innerhalb dieser theologischen Tradition eine gewisse populartheologische Sprache zulassen, die von der Gleichheit zwischen den „drei" Personen spricht, unter der Bedingung, daß sie keine objektivierte, sozusagen trinitarisch „desinkarnierte" göttliche Natur (die berühmte und verworfene *Quaternitas*) annimmt. Doch dieses Verbot, logische Konsequenz zu ziehen, klingt künstlich. Die „drei" Personen sind „gleich", weil sie alle „Gott" sind; aber dieser „Gott" (dem sie gleich sein sollen) existiert nicht; jenseits oder getrennt von den göttlichen Personen ist er nichts.

Wir möchten hier das trinitarische Mysterium in einer direkteren Weise angehen, indem wir der dynamischeren Tradition der griechischen Kirchenväter und der lateinischen Scholastik des heiligen Bonaventura folgen.

Alles, was der Vater ist, überträgt er auf den Sohn. Alles, was der Sohn *empfängt, übergibt* er seinerseits dem Vater. Diese Schenkung (des Vaters in letzter Instanz) ist der Geist.

Vielleicht können uns die tiefgründigen Intuitionen des Hinduismus und des Buddhismus, die aus einer anderen Welt des philosophischen Diskurses stammen als der griechischen, eine Hilfe sein, in das trinitarische Mysterium tiefer einzudringen. Ist nicht letzten Endes gerade die Theologie das Bemühen des gläubigen Menschen, seine religiöse Erfahrung in dem geistigen und kulturellen Kontext auszudrücken, in dem er sich befindet?

Wenn der Vater den Sohn zeugt (und es ist eine totale Zeugung, da der Vater sich dem Sohn in seiner Fülle schenkt), so bedeutet das, daß das, was der Vater ist, auch der Sohn ist, das heißt, der Sohn ist das *Ist* des Vaters. In der Gleichung „A ist B" oder „V ist S" ist das, was „V" ist, auch „S". „V" als „V", getrennt und für sich, *ist nicht*. „S" ist das, was „V" ist. Auf die Frage: Was ist „V"? müssen wir antworten: „S". Den Sohn als Sohn zu erkennen, heißt auch, den Vater zu verstehen; das Sein als solches zu erkennen impliziert, daß man es seinsmäßig (ontisch) überstiegen hat; das heißt, es zu erkennen. Und wenn das Erkennen vollkommen ist, dann ist es ein Sein. Dieses „Sein" ist der Sohn.

Mit anderen Worten können wir sagen: Das Absolute, der Vater, *ist nicht*. Er besitzt keine *Ex-sistenz*, nicht einmal ein Sein. Er hat sozusagen alles in der Zeugung des Sohnes hingegeben. Im Vater ist der Apophatismus (die *kenosis* oder Entleerung) des Seins wirklich und allumfassend. Dies ist es, was ich bei anderer Gelegenheit „das Kreuz in der Trinität" genannt habe, das heißt, die vollständige Aufopferung Gottes (des Vaters), von der das Kreuz Christi und sein Selbstopfer nur Abbilder und Offenbarungen sind.

Nichts läßt sich vom Vater „an sich", vom „Selbst" des Vaters sagen, und daher gibt es ein solches „Selbst" nicht; sonst wäre er nicht der Vater. Gewiß ist er der Vater des Sohnes, und Jesus redet ihn als Vater an, doch sogar „Vater" ist nicht sein eigener Name, obwohl er keinen anderen besitzt. Bei der Zeugung des Sohnes gab der Vater ihm alles hin, sogar – wenn wir eine solche Redeweise wagen dürfen – die Möglichkeit, sich in einem Namen auszudrücken, der ihn und nur ihn benennen würde, außerhalb jeden Bezugs zur Zeugung des Sohnes. Ist es nicht hier, in diesem wesentlichen Apophatismus der „Person" des Vaters, in dieser *kenosis* des Seins in seinem eigenen Ursprung, wo die buddhistische Erfahrung des *nirvâna und shûnyatâ* (Leere) anzusiedeln wäre? Wir gehen vorwärts, auf das „absolute Ziel" zu, und am Ende finden wir nichts, weil es dort nichts gibt, nicht einmal das Sein. „Gott schuf aus dem Nichts" (*ex nihilo*); „gewiß", so würde ein Hindu hinzufügen, „aus dem Nichts, abgesehen von ihm selbst" (*a Deo*, was nicht dasselbe ist wie *ex Deo*). Dafür hat er dieses „Selbst" im Sohn, in der Zeugung des Sohnes geopfert.

Brahman ist nicht, wie die Upanishaden bemerken, ein Selbstbewußtsein (das Bewußtsein des Selbst ist der *âtman*). Was der Vater erkennt, ist der Sohn, doch der Ausdruck ist zweideutig, da der Sohn nicht bloß der Akkusativ ist, das Objekt des Erkennens des Vaters. In diesem Fall könnte der Sohn nicht Person noch dem Vater „gleich" sein. Anstatt zu sagen: „Was/Wen (*quod, quem*, im Akkusativ) der Vater erkennt, ist der Sohn", würde man fast besser sagen – trotz der dabei begangenen Vergewaltigung der Grammatik – „Wer (*quod, quis*, im Nominativ) der Vater erkennt, ist der Sohn." Der Sohn ist nicht ein Objekt, das Erkannte des Vaters, sondern das Erkennen des Vaters, weil er das Sein des Vaters ist. Die „Identität" ist umfassend, und die Andersheit ist ebenfalls umfassend, unendlich und absolut: *alius non aliud,* wie die Scholastiker zu sagen pflegten.

Man kommt zum Vater nur durch den Sohn. *Unmittelbar* zum Vater zu gehen, hat nicht einmal einen Sinn. Wenn man das tun wollte, würde man feststellen, daß der angenommene Weg zum Vater ein Nicht-Weg, ein Nicht-Gedanke, ein Nicht-Sein ist. Sogar der Sohn erkennt den Vater nur, wenn er von ihm erkannt wird: „Du bist mein Sohn; heute habe ich dich gezeugt", *Aham asmi, ego eimi o ôn*, „Ich bin, der ich bin". Die Schöpfung ist der Widerhall dieses göttlichen Urschreis.

Jeder Versuch, vom Vater an sich zu *sprechen*, ist beinahe widersinnig, weil jedes Wort über den Vater sich nur auf den beziehen kann, dessen Vater der Vater ist, das heißt, auf das Wort, auf den Sohn. Darüber hinaus muß man schweigen. Die unterschiedlichsten religiösen Überlieferungen lehren uns, daß Gott das Schweigen ist. Dieser Satz muß in seiner unergründlichen Tiefe angenommen werden. Gott ist das totale und absolute Schweigen, das Schweigen des Seins und nicht nur das Sein des Schweigens. Sein Wort, welches ihn vollständig ausdrückt und verzehrt, ist der Sohn. Der *Vater* hat kein Sein: Der Sohn *ist* sein Sein. Die Quelle des Seins ist nicht das Sein. Wenn es dies wäre, wie könnte es dann seine Quelle sein? *Fons et origo totius divinitatis*, Quelle und Ursprung aller Göttlichkeit.

Also ist die vorher geäußerte Vorstellung, daß der Vater das einzige und absolute Ich sei, unzulänglich und relativ. Die Selbstaussage „Ich" kann nur bezüglich eines „Du" formuliert werden, eines „Du", das seinerseits nur in Erscheinung treten kann, wenn es ein „Es" gibt. Der Vater *quod se*, an sich, ist nicht, und so ist er nicht einmal ein Ich: Er sagt „sich selbst" nur durch den Sohn im Geist aus. Oder vielmehr, er sagt „sich selbst" nicht aus, sondern er *sagt*. Richtig gesagt, ist keine Aussage über die Trinität wahr, wenn sie für sich und außerhalb der anderen, ebenso wesentlichen Beziehungen aufgestellt wird. „Nec recte dici potest, ut in uno Deo sit Trinitas, sed unus Deus Trinitas" sagt ein Konzil (Denz. 528).

Es gibt in uns eine Dimension – die tiefste von allen –, die diesem totalen Apophatismus entspricht. Nicht nur kommt alles zu ihm, es kommt auch alles von ihm, dem „Vater des Lichts". Unzweifelhaft kann man nicht zu ihm kommen, ebenso wenig wie ein Meteor zur Sonne kommen kann, ohne zu verdunsten und so zu verschwinden, bevor er sie erreicht. Doch ist es gleichfalls unmöglich, nicht von der Strömung mitgerissen zu werden, die alles zu ihm, zum Vater, treibt. Man kann *mit* dem Sohn vereint sein, weil der Vater *nicht ist*. Ihn kann man niemals erreichen, weil es kein Ende gibt, an das man gelangen könnte. Und dennoch streben alle Dinge zu ihm als dem höchsten Ziel. Die Unmöglichkeit, den Vater zu erreichen, ist daher keine ontische, sondern eine metaontische Unmöglichkeit.

Die Hingabe an den Vater mündet in einen Apophatismus des Seins; sie ist eine Bewegung nach nirgendwohin, ein ständig offenes Gebet hin zu dem grenzenlosen Horizont, der wie eine Luftspiegelung immer in der Ferne erscheint, weil er nirgends ist. Das Bildnis, die Ikone, existiert: der Logos. Das Sein ist nur ein Gleichnis, eine Offenbarung dessen, was nicht einmal dann sein würde, wenn es vollständig enthüllt wäre, denn das Sein selbst ist schon seine Manifestation, seine Epiphanie, sein Symbol. „Der Sohn ist sein Name", sagt das *Evangelium veritatis*, ein gnostischer, im jüdisch-christlichen Umfeld verfaßter Text. „Der Sohn ist die Sichtbarkeit des Unsichtbaren", wiederholt der heilige Irenäus.

„Niemand kommt zu mir, wenn er nicht vom Vater berufen ist, der mich gesandt hat." Wenn wir diesen Satz im Lichte des eben Gesagten betrachten, erscheint er als so evident, daß man ihn sogar als eine Tautologie auffassen könnte. Wie kann man dann zum Sohn kommen, ohne an seiner Sohnschaft teilzuhaben? Aber diese Sohnschaft ist nur wirklich, weil der Vater sie zu einer solchen macht. Sie ist sozusagen die Umkehrung der Vaterschaft. Wenn ich zum Sohn komme, dann deshalb, weil ich an seiner Sohnschaft bereits Anteil habe; mit anderen Worten, weil der Vater mich schon in die Kindschaft seines Sohnes eingeschlossen hat.

„Wer mich gesehen hat, hat den Vater gesehen", ist ein anderes *mahâvâkya* (große Botschaft) der Theologie des Vaters. Wer Christus schaut, schaut den Vater, weil der Sohn der sichtbar gemachte Vater ist, weil es vom Vater, außer dem Resultat seiner Vaterschaft, nämlich dem Sohn, nichts zu sehen gibt. Doch den Sohn zu schauen bedeutet, ihn als Sohn des Vaters zu schauen und daher den Vater *in*, oder besser, *durch* den Sohn zu sehen. Es gibt nicht zwei Anschauungen oder Perspektiven, eine für den Sohn und eine andere für den Vater: „Wer *mich* schaut, sieht in der Anschauung dieses Mich das *Ich*, das mich zeugt und das mir das Dasein schenkt." Genau gesagt, man sieht den Sohn nicht außerhalb des Vaters, noch den Vater außerhalb des Sohnes. Es gibt nicht zwei Anschauungen, sondern eine: *Duo audivi, unum locutus sum.* „Ein Zweifaches habe ich gehört, [aber nur] eines habe ich geredet", sprach Gott (Ps. LXII,11). Die Vulgata sagt: „Semel locutus est Deus; duo haec audivis".

„Wer mich geschaut hat...". Nur der Heilige Geist vermag eine solche „Schauung" zu haben, und mit ihm haben diejenigen, die im Geist leben, an dieser Schau des Vaters-Sohnes teil. Niemand kommt zum Vater denn durch den Sohn, und niemand kann den Sohn erkennen als im Heiligen Geist (Joh. XIV,17,26; XV,26; XVI,14).

Richtig gesagt, ist die Spiritualität des Vaters keine Spiritualität. Sie ist wie der unsichtbare Fels, der als Fundament dient, die sanfte Inspiration, die unmerkliche Kraft, die uns erhält, anzieht und bewegt. Gott ist wahrhaftig transzendent und unendlich. Von dem Augenblick an, in dem man innehält, einen Standpunkt einnimmt, die Religion, den Glauben und Gott objektiviert und „manipuliert", zerstört man sozusagen diesen letzten Grund aller Dinge, der in sich völlig „unfaßlich" ist, den man jedoch als die Stütze des eigenen Selbst wahrnehmen kann. Wenn der Haß (der Mangel an Liebe) die Sünde gegen den Sohn ist und die Verblendung (die Verneinung des Glaubens) die Sünde wider den Heiligen Geist, ist die Verzweiflung (die Zurückweisung der Hoffnung, indem man eigensinnig im Endlichen und Begrenzten verharrt) die Sünde gegen den Vater. Die erste kann vergeben werden. Die zweite … nun, diese kann nicht vergeben werden, weil der Sünder nicht in der Lage ist, um Nachsicht zu bitten (insofern er in der Sünde verharrt). Die dritte jedoch ist an sich unverzeihlich, denn sie ist die Sünde wider die Vergebung (da die Vergebung immer schrankenlos ist), der genaue Widerspruch der Vergebung. Die Sünde besteht gerade darin, die Vergebung nicht zu wollen, ja, ihrer nicht einmal fähig zu sein. Gefesselt von seinen eigenen Beschränkungen, kann der Sünder es nicht ertragen, daß der Vater seine Sonne auf Gerechte und Ungerechte scheinen und den Regen gleichermaßen auf die Guten und die Bösen fallen läßt. Er möchte die Freiheit Gottes und des Menschen einsperren, das Unendliche begrenzen, verkürzen und auf das Maß eines Geschöpfes reduzieren, das seine Würde als Geschöpf, nämlich ein Werk *der* Quelle zu sein, ständig verleugnet hat. Mit anderen Worten, die Sünde gegen den Vater ist der Bruch mit dem Unendlichen, das Leugnen unserer Vergöttlichung, die Selbstverurteilung zum Endlichen, zum Eingesperrten und Begrenzten: zur Hölle. Die Verzweiflung ist das Zurückweisen des Unendlichen und das Ersticken im Endlichen. Doch solange der Mensch in Zeit und Raum lebt, ist er der absoluten Verzweiflung nicht fähig.

Der Sohn

Es ist der Sohn, der ist, und deshalb ist Gott. Der Sohn ist wahrhaftig Gott von Gott und *Licht vom* Licht, aber damit wir nicht *ad infinitum* so fortfahren (und die Aussage damit *ad absurdum* führen, wenn wir einen Gott aus einem anderen Supergott und immer so weiter erstehen lassen), müssen wir sagen, daß der Vater, aus dem der Gott-von hervorgeht, im richtigen Wortsinn der Urquell Gottes ist. Dieser *Gott-von* ist eben der Sohn. Es ist der Sohn, der wirkt, der schafft, der ist. Durch ihn ist alles erschaffen. In ihm lebt alles. Er ist Anfang und Ende, Alpha und Omega. Im eigentlichen Sinne ist die göttliche Person, der Herr, der Sohn. Der Sohn verkörpert sich in Christus. In der althergebrachten Theologie kann die Vokabel „Person" in der Trinität nicht wirklicher Analogie gebraucht werden. „Pluraliter praedicatur de tribus", sagt der heilige Thomas bezüglich der göttlichen Personen (*S. Th* I. q.39, a.3 ad 4). Es gibt eine Analogie zwischen dem Schöpfer und seinen Geschöpfen (vgl. *vgr. S. Th.* I, q.13, a.5; q.29, a.4 ad 4), jedoch nicht in der Trinität an sich. „Person" ist kein universeller Begriff (vgl. S. Th. I, q.30, a.4, für die *communitas negationis, intentionis, rationis et rei;* oder, in den faszierenden Worten von Duns Scotus: ad *personalitatem requiritur ultima solitudo, Ordinatio* III, d.1. q.1, n.17). Es ist die radikale Einsamkeit, die den Menschen zur Person macht. Eine Analogie setzt immer eine Grundlage voraus (ein *secundum quid unum*), eine Entität oder eine Idee als ersten Bezugspunkt. Der Bezugspunkt einer Analogie in der Trinität kann sich nicht außerhalb der göttlichen Personen befinden, weil dies entweder ein viertes, höchstes Prinzip oder einen bloßen Modalismus bedeuten würde, wobei der Unterschied zwischen den Personen nur in unserem Geist bestünde. Ebensowenig kann es innerhalb der göttlichen Personen ein Etwas geben, was Vielfalt und einen wirklichen Unterschied zwischen ihnen setzen würde, sofern jene Personen im traditionellen Sinne als separate Individuen betrachtet werden. Daher stimmt es, streng genommen, nicht, daß Gott *drei* Personen ist. „Personen" ist hier eine zweideutige Bezeichnung. Sobald man sie als Offenbarung der lebendigen Dreifaltigkeit von Vater, Sohn und Heiligem Geist versteht, ist es bereits eine Abstraktion, von „Gott" zu reden. Die göttliche „Natur", *Gott*, gibt es nicht als monolithische Entität. Gott gibt es nur als Vater, der sein Sohn *ist* durch seinen Geist, aber ohne daß dabei drei „Jemande" irgendeiner Art existierten. Das Wort „Gott", angewandt auf den Vater, den Sohn und den Heiligen Geist in gleichzeitiger Betrachtung, ist ein Gattungsname und daher ohne eindeutigen konkreten Inhalt. Es gibt keine *Quaternitas*, eine göttliche Gottesnatur, außerhalb, innerhalb, über oder neben dem Vater, dem Sohn und dem Heiligen Geist. Nur die Trinität als ganze ist Person, wenn wir das Wort in seiner eminenten Bedeutung und analog zu den menschlichen Personen gebrauchen: Keine der göttlichen „Personen" ist für sich allein eine Person. Es gibt keinen wahren Faktor einer Analogie (*quid analogatum*), den Vater, Sohn und Heiliger Geist gemeinsam haben. In Ermangelung einer besseren Bezeichnung können wir sie sicherlich „Personen" nennen, insofern sie relative Gegensätze im Kern des göttlichen Mysteriums sind. Doch sollten wir uns davor hüten, sie zu „substantialisieren" oder „an sich" zu betrachten. Eine Person ist nie „an sich", sondern eben weil sie Person ist, ist sie immer *pros ti*, wesenhafte Beziehung. Das genannte Konzil sagte schon, daß es „in drei Personen keine Mehrzahl geben kann" (Denz. 530).

Im strengen Wortsinn kann der Mensch nur zum Gottessohn eine persönliche Beziehung haben. „Gott ist nicht Person, außer in Christus", schrieb Jakob Böhme. Der Gott des Theismus ist daher der Sohn. Der Gott, mit dem man reden, einen Dialog beginnen, in Kommunikation treten kann, ist das göttliche Du, das in Beziehung oder, besser gesagt, das die Beziehung zum Menschen und einer der Pole des gesamten Daseins ist. „Der Name Gottes und des Vaters, der wesenhaft besteht, ist sein Logos", sagt Maximus Confessor (*Expo. orat. domin.* [PG 90,871]). Oder, um in der griechischen Tradition mit Dionysios Aeropagita zu sprechen: Gott ist „weder Triade noch Monade".

Demnach ist dieser Gott, der Sohn, in der trinitarischen Terminologie das verborgene Geheimnis seit Anfang der Welt, das Geheimnis, von dem die Heilige Schrift berichtet und das sich für das Verständnis der Christen in Jesus Christus verkörperte.

An diesem Punkt müssen wir eine Bemerkung einschalten, bevor wir fortfahren: „Christus" ist eine zweideutige Bezeichnung. Sie kann die griechische Übersetzung des hebräischen Wortes „Messias" sein oder der Name, der Jesus von Nazareth gegeben wurde. Man kann sie mit dem Logos, und daher mit dem Sohn, identifizieren oder mit Jesus gleichsetzen. Ich ziehe vor, das ursprüngliche Wort „Christus", „Gesalbter" für jenes Prinzip, das Wesen, den Logos zu gebrauchen; etwas, das auch in anderen religiösen Überlieferungen mit verschiedenen Namen bezeichnet wird und mit einer großen Vielfalt von Vorstellungen verbunden ist. Wir wollen hier nicht in das christologische Problem einsteigen, und so werde ich den Namen Christus weiterhin gebrauchen, da ich es für wichtig halte, daß die Gestalt Christi ihre Sinnfülle wiedergewinnt, aber ich werde es auf eine Weise tun, die weder polemisch noch apologetisch ist. Wenn ich Christus erwähne, beziehe ich mich (außer wenn ich ausdrücklich einen anderen Hinweis gebe) auf den Gesalbten; jenen Gesalbten, auf den die Christen keineswegs den Alleinanspruch haben. Denn es ist Christus, ob er bekannt oder unbekannt ist, der Religion möglich macht. Allein in der Salbung gibt es eine „religiatio". Christus, ob offenbart oder verborgen, ist das einzige Band zwischen dem Geschaffenen und dem Ungeschaffenen, dem Relativen und dem Absoluten, dem Zeitlichen und dem Ewigen, der Erde und dem Himmel. Christus ist der einzige Vermittler. Alles, was zwischen diesen beiden Polen als Vermittlung, Band, „Leitung" wirkt, ist Christus, der einzige Priester des kosmischen Priestertums, die Salbung par excellence.

Wenn ich dieses Band zwischen dem Endlichen und dem Unendlichen mit dem Namen Christus bezeichne, setze ich keine Identifizierung mit Jesus von Nazareth voraus. Selbst im christlichen Glauben ist eine solche Identifizierung nie in absoluter Form behauptet worden. Was der christliche Glaube jedoch bekräftigt, ist, daß Jesus von Nazareth der Christus ist, das heißt, daß er eine ontische Beziehung zu dem besitzt, was Paulus nach dem Alten Testament die ungeschaffene Weisheit nennt, Johannes nach Philo als den Logos bezeichnet, Matthäus und Lukas gemäß dem Judentum in engem Bezug zum Heiligen Geist betrachten und die spätere Überlieferung übereingekommen ist, den Sohn zu nennen.

Es ist hier nicht meine Aufgabe, auf die verschiedenen Namen und Titel einzugehen, die dieser Manifestation des Mysteriums in anderen religiösen Überlieferungen gegeben wurden. Der Grund, warum ich ihn ausdrücklich Christus nennen möchte, liegt darin, daß Christus, phänomenologisch gesprochen, nach meinem Verständnis die Grundmerkmale des Vermittlers zwischen dem Göttlichen und dem Kosmischen, dem Ewigen und dem Zeitlichen usw. darstellt, jenen Vermittler, den andere Religionen Ishvara, Tathâgata oder auch Jahwe, Allah usw. nennen. Nicht ohne tiefe, prophetische Intuition spricht ein großer Teil der neohinduistischen Spiritualität in diesem Sinne von einem „Christusbewußtsein" als der letzten Stufe der „Realisierung".

Nicht zu Unrecht behauptet der Personalismus, daß die persönliche Beziehung für jede reife religiöse Haltung wesentlich sei und daß die Entdeckung oder Offenbarung Gottes als Person ein entscheidender, wenngleich nicht einzigartiger, Beitrag des Christentums in der Religionsgeschichte der Menschheit ist. Freilich ist die Behauptung zu ergänzen, wenn wir bedenken, daß der Vater „größer" ist als der Sohn und daß nur im Geist und im harmonischen Dialog zwischen dem Ich, dem Menschen, und ihm, Gott, diese zwischenpersönliche Kommunion stattfinden kann.

Der Sohn ist der Mittler, der *summus pontifex* (der höchste Priester) der Schöpfung und zugleich der Erlösung und Verklärung oder Verwandlung der Welt. Die Wesen sind, insofern sie am Sohn teilhaben, sie sind *von, mit* und *durch ihn*. Jedes Sein ist eine *Christophanie*, eine Verkörperung Christi.

Wenn der Anthropomorphismus ein Irrtum ist, dann nicht deshalb, weil er das Menschliche annimmt, sondern weil er das Göttliche zu geringschätzt. Das heißt, er hat unrecht insofern, als er nicht zu einem echten Kosmotheandrismus gelangt, der gleichzeitig ganz kosmisch-göttlich und ganz menschlich ist, Endziel und Fülle jeder Religion.

Die Kirche hat ihre Mitte in der wirklichen und lebendigen Person Jesus Christi. Es gibt viele, die darin eine Beschränkung sehen und daraus schließen, daß sie nicht in der Lage sei, *eine*, und noch weniger *die* universelle Religion zu sein. In Wirklichkeit beansprucht die Kirche nicht, *die* Religion der gesamten Menschheit zu sein, sondern der Ort, an dem Christus sich wahrhaftig offenbart, Endzweck und Fülle der Schöpfung. Die Unzulänglichkeit der Kirche liegt nicht in dieser Beschränkung. Die echte Unzulänglichkeit der Kirche in ihrer aktuellen geschichtlich-kulturellen Situation rührt vielmehr daher, zugelassen zu haben, daß die wesentlichen und wahrhaft evangelischen Wahrheiten mehr oder weniger verdunkelt wurden – daß Christus der Sohn, die Ikone, das Bildnis, das Wort, das Sein des Vaters ist und daß sein Geist kein anderer als der Heilige Geist ist. Damit verlor man den Menschen aus den Augen.

Die anderen Religionen der Welt haben ihrerseits dieser leuchtenden, ja, blendenden Offenbarung der Fülle des göttlichen Mysteriums nicht immer genügend Aufmerksamkeit geschenkt. So haben sie in ihrer Wirklichkeitserfahrung eine Art Mangel an trinitarischer Unterscheidung beibehalten. Aber ist es nicht gerade dies, was ihnen gelegentlich erlaubt hat, ein vielleicht befriedigenderes Gleichgewicht zwischen jenen drei wesentlichen Dimensionen jeder Spiritualität zu bewahren, die wir als Apophatismus, Personalismus und göttliche Immanenz zusammenfassen können? Wie dem auch sei, in den trinitarischen Möglichkeiten der Religionen, in ihrem Bemühen, jede auf ihre Weise zur Synthese dieser spirituellen Haltungen zu gelangen, ist der Ort, wo der Dialog der Religionen – der *kairos* unserer Zeit – seine tiefste Inspiration und sicherste Hoffnung findet. Die spirituelle Evolution der Menschheit durchschreitet gegenwärtig eine besonders wichtige Phase, und wir dürfen zuversichtlich sein, daß durch die gegenseitige Befruchtung der Religionen und die ihnen zugrundeliegenden Erfahrungen sich im religiösen Bewußtsein der Menschheit eine vollständigere Integration der Erfahrung des Mysteriums und des Lebens der Trinität vollziehen wird und damit eine Wiedereinsetzung des Menschen in die Rolle, die er im Abenteuer der Wirklichkeit erfüllen soll. Eine Analogie, die wir aus der inneren Entwicklung der christlichen Spiritualität ableiten, wird uns vielleicht helfen, die Bedeutung dieses kairos besser zu verstehen. Im Herzen des Christentums entdecken wir einen Evolutionsprozeß, den man definieren könnte als den Übergang von einem eindimensionalen Supranaturalismus zu einem übernatürlichen Naturalismus, den ich an anderer Stelle einen *sakralen Säkularismus* genannt habe.

Das Evangelium übte eine solche Wirkung auf die Menschen in den ersten Zeiten der Kirche aus, daß nur derjenige als „vollkommener" Christ galt, der das *eschaton* (das Endziel) erreicht hatte, nämlich der Märtyrer oder, in Ermangelung seiner, sein Ersatz in der Sphäre des Zeitlichen, der Mönch, jener Mensch, der die Zeit überschritten und der Welt und ihren Werken gänzlich entsagt hatte.

Es ist sehr interessant, an dieser Stelle zu beobachten, daß der monastische Akosmismus, der in Indien aufgrund der inneren Erfahrung des Seinsmysteriums eine so unwider-stehliche Strömung hervorbrachte, in ähnlich spontaner Form im Abendland auftrat als Ergebnis der eschatologischen Erfahrung des christlichen Glaubens. Doch allmählich – und zwar nicht aufgrund eines Nachlassens des christlichen Ideals, wie einige „Akosmische" geltend machen, sondern vielmehr durch eine zunehmende Bewußtwerdung und Öffnung hin zur Gemeinschaft aller Menschen, zur Welt, zur Natur und zum Mysterium – wurde dem Christen, geleitet vom Impuls des Geistes in seinem Inneren, die Notwendigkeit, in die Tiefe der kosmischen sowie menschlichen Struktur einzudringen, immer stärker bewußt. Er hat begriffen, daß es seine Aufgabe ist, der Sauerteig zu sein, von dem das Evangelium spricht, um diese Strukturen zu verändern und zu transformieren und sie auf diese Weise zu ihrer vollkommenen Erfüllung in Christus zu führen, wenngleich mit dem nicht immer überwundenen Risiko, vom „Strom der Welt" mitgerissen zu werden. Trotz der ernsten Gefahren und der großen Zahl derer, die ihr erliegen, wendet der verantwortliche Christ, der den von den Höhen herabwehenden Wind spürt, sich in unseren Tagen immer mehr der Welt zu, um sein Leben auf die anderen hin und allgemein auf das Universum hin zu öffnen.

Dies kann den Eindruck erwecken, daß gegenwärtig ein Auszug nicht nur aus dem Leben des Einsiedlers oder der „Wüste" stattfindet, sondern gleichermaßen aus dem klösterlichen oder monastischen Leben, sogar aus den jüngeren und offeneren Formen des klassischen Ordenslebens, die sich im letzten Jahrhundert entwickelt haben. Doch wenn wir tiefer blicken, können wir gewissermaßen einen Schub des Geistes erkennen, der den Christen über das sogenannte Christentum und über die institutionalisierte Amtskirche hinausweist. Sein Bewußtsein von der unwiderstehlichen Bewegung aller Dinge hin zur *apokatastasis*, zur Rückführung aller Dinge in Christus, wird immer lebendiger und erlaubt ihm nicht, sich hinter irgendeiner Barriere, irgendeinem Stand des Denkens zu verschanzen, sondern drängt ihn im Geiste, sich auf die tiefsten Ebenen jeder menschlichen Aufgabe einzulassen, wie der Sauerteig, der die Masse zum Gären bringt, das Licht, das die Finsternis vertreibt, und das Opfer, dessen Opferung alle Dinge erlöst und läutert.

Ohne Zweifel wird es weiterhin persönliche und spezifische Berufungen geben, und nichts darf von all dem verlorengehen, was die Kirche im Lauf der Jahrhunderte an Gutem angesammelt hat. Doch jede Berufung ist notwendigerweise begrenzt, und in der wahren christlichen Spiritualität ist Raum für die verschiedensten Berufungen. Andererseits ist es ungemein wichtig, daß der falsche Akosmismus verschwindet, der darin besteht, sich in eine geistige oder institutionelle Struktur zu pressen, und der als Produkt der Geschichte dazu bestimmt ist, seinerseits durch die Geschichte abgelöst zu werden. Die Zeichen der Zeit – und der Geist, der sich in den Zeichen offenbart – laden uns ein, die Tore der *oikumene* weit zu öffnen, die (einstmals schützenden, heute trennenden) Mauern der sogenannten christlichen „Stadt" (Kultur, Religion) niederzureißen und mit offenen Armen zur Begegnung aller Menschen vorwärtszuschreiten. Diese Zeichen erlauben dem Menschen nicht, auf einer engstirnigen und beschränkten, vielleicht sogar sektenhaften und andere ausschließenden Stufe seiner „individuellen" Erfahrung Christi stehenzubleiben, denn die Erfahrung Christi findet in der menschlichen und kosmischen *koinônia* statt. Außerdem müssen die Christuserfahrung und die Spiritualität, die daraus hervorgeht, sich im rechten Glauben zu ihren vollen trinitarischen Dimensionen ausweiten. Nichts könnte damit mehr im Einklang stehen als Lehre und Beispiel dessen, der zur Welt kam, um vom Vater Zeugnis abzulegen, nicht um seinen eigenen Willen, sondern um den des Vaters zu erfüllen, der ihn sandte, dessen, der im Augenblick des Todes den Jüngern erklärte, daß es gut sei, daß er fortgehe, weil sonst der Heilige Geist, der Lehrer der Wahrheit, nicht über sie kommen könne. Wenn wir uns allein an den „Heiland" binden, an seine Menschlichkeit und seine Geschichtlichkeit, blockieren wir die Ankunft des Geistes und kehren auf eine Stufe der ausschließlichen Ikonolatrie zurück.

Übrigens sind diese Zeichen der Zeit nicht nur im Christentum zu beobachten. Überall werden wir gegenwärtig Zeugen desselben Vorgangs. Die Religionen der Welt stehen im Begriff, sich zu „säkularisieren". Die neuen Religionen oder Quasi-Religionen, die danach streben, das Sakrale und das Profane zu umfassen, sprießen auf allen Seiten aus dem Boden, während Bewegungen, die den Anspruch erheben, areligiös zu sein, sich in zunehmendem Maße sakralisieren. Und der Sohn, der Gesalbte, unter welchem Namen immer, ist das Symbol dieses Vorgangs.

Der Geist

Die Offenbarung des Vaters ist die Offenbarung des transzendenten Gottes, einer Transzendenz, der man im strengen Sinn nicht einmal den Namen Gottes zuschreiben kann. So ist für uns, die wir Pilger in Raum und Zeit sind, der Logos der Gott. Die Offenbarung des Geistes ist andererseits die Offenbarung des immanenten Gottes. Wie oben dargestellt, ist die göttliche Immanenz nicht einfach eine negative Transzendenz. Sie ist etwas völlig anderes als die göttliche Einwohnung in den Tiefen der Seele. Im wesentlichen bedeutet sie die radikale Innerlichkeit des ganzen Seins, das höchste Prinzip, die *Grundlage* sowohl des Seins als auch der Seienden.

Im eigentlichen Sinn kann der Begriff der Offenbarung nur auf den Sohn angewandt werden. Die Transzendenz als solche kann sich nicht offenbaren – und sich ebensowenig inkarnieren, was auf dasselbe herauskommt –, unter der Voraussetzung, daß das, was sich offenbart, nicht mehr die Transzendenz, sondern ihre Offenbarung ist, das heißt Gott, der Sohn, der Logos, die Ikone. Die Transzendenz muß sich offenbaren, um sich zu manifestieren, um sich zu erkennen zu geben, aber aus eben diesem Grund hört sie auf, Transzendenz zu sein, wenn sie sich manifestiert, und wird zur Offenbarung, zur Manifestation des Transzendenten. In analoger Form hat die Offenbarung der Immanenz keinerlei Sinn, denn wenn die Immanenz sich selbst gegenüber offenbart, bedeutet dies, daß sie nicht immanent, sondern darunter liegend ist (da sie sich offenbaren muß). Die Transzendenz hört auf, eine solche zu sein, wenn sie sich offenbart: Die Immanenz kann sich nicht offenbaren, daher wäre das ein reiner Widerspruch; eine Immanenz, die sich verkörpern, offenbaren muß, ist nicht mehr immanent. Von daher ergibt sich die äußerste Schwierigkeit in der Anwendung dieser Kategorien außerhalb ihres spezifischen Bezugsrahmens. Daher wähle ich hier die Sprache der Meditation, wie sie aus der natürlichen Hinneigung der Intelligenz zum Kontemplativen erwächst.

Die Immanenz ist vor allem eine *göttliche* Immanenz: Gott ist sich selbst immanent, und nur Gott kann sich selbst immanent sein. Die sogenannte göttliche Unwandelbarkeit ist etwas völlig anderes als die statische Unbeweglichkeit. Ohne Zweifel bewegt Gott sich nicht, wie die Geschöpfe es tun, aber ebenso wenig ist er unbeweglich in der Art und Weise, wie diese es sind. Das liegt daran, daß es in dem unergründlichen Ozean der Gottheit ein Art der ständigen Vertiefung, der immerwährenden „Verinnerlichung" gibt. Das ist die Erfahrung des trinitarischen Geheimnisses, die uns zeigt, daß Gott sich selbst immanent ist, daß es in ihm eine Art der unergründlichen Innerlichkeit gibt, die sich selbst unendlich innerlich ist.

Wenn man versucht, in das innerste Geheimnis eines Wesens einzudringen, indem man seine Oberfläche durchdringt und jedes Mal in größere Tiefen vorstößt, läßt man die einzelnen Ebenen seiner Innerlichkeit eine nach der anderen hinter sich. Schließlich kommt ein Punkt, an dem man das spezifische Sein dieses Wesens, seine „Selbstheit", überwunden und hinter sich gelassen hat. Dann findet man nur – wenn es gestattet ist, diese Erfahrung gleichnishaft so auszudrücken, denn hier existiert nichts anderes mehr – einerseits Gott und andererseits *nichts*, das Nichts. Gebraucht man dieselbe Metapher, wenn man versucht, das letzte Geheimnis Gottes auszuloten, entdeckt man, daß auf der tiefsten Ebene der Gottheit sich der Geist befindet. Um weiterhin mit Bildern zu reden – was nur dann gefährlich ist, wenn wir bei ihnen stehenbleiben: Könnte man nicht sagen, daß trotz der ganzen „Bemühung" des Vaters, sich in der Zeugung des Sohnes „selbst zu entleeren", um ganz in seinen Sohn einzugehen, ihm alles zu geben, was er *hat*, alles, was er *ist*, kann man nicht sagen, daß sogar dann, in diesem ersten Hervorgehen, der Geist dort verbleibt als ein Faktor, der die Unerschöpflichkeit der Quelle in der Zeugung des Logos nicht vermindert? Für den Vater bedeutet der Geist, wenn man es so ausdrücken kann, die Rückkehr zu der Quelle, die er selbst ist. Oder, mit anderen, ebenso unzulänglichen Worten: Der Vater kann „fortfahren", den Sohn zu zeugen, weil er die Göttlichkeit, die er jenem übergeben hat, wieder „zurückerhält". Das ist das Opfer oder das Kreuzesmysterium in der Trinität. Das ist es, was die christlichen Theologen gewöhnlich *perichoresis* oder *circumincessio*, die dynamische innere „Zirkularität" der Trinität nennen.

Wir müssen sogleich hinzufügen, daß diese göttliche Immanenz des Vaters, die der Geist ist, ebenso die göttliche Immanenz des Sohnes ist. Der Geist ist die Kommunion zwischen dem Vater und dem Sohn; er ist zugleich dem Vater wie dem Sohn immanent. In irgendeiner Weise geht der Geist vom Vater auf den Sohn über und durch denselben Vorgang vom Sohn auf den Vater. So wie der Vater nichts in der Kommunikation zurückbehält, die in sich selbst den Sohn erschafft, so behält auch der Sohn nichts von dem zurück, was der Vater ihm gegeben hat. Es gibt nichts, was nicht zum Vater zurückkehrt. So wird der trinitarische Kreislauf ergänzt und erfüllt, obwohl es sich keineswegs um einen „geschlossenen Kreis" handelt. Die Trinität ist das wirkliche Geheimnis der Einheit, und deshalb ist die wahre Einheit eine trinitarische. Aus diesem Grund gibt es, streng gesprochen, kein Selbst im reflexiven Sinn. Das *Selbst* des Vaters ist der Sohn, sein *An-Sich* ist der Geist. Aber der Sohn hat kein *Selbst*; er ist das Du des Vaters; sein *Selbst* im Verhältnis zum Vater ist ein Du. Und dasselbe läßt sich in bezug auf den Geist sagen; Geist „an sich" wäre ein Widerspruch. Es gibt nur den Geist *des* Vaters und des Sohnes. Er ist der Gesandte. Er ist weder ein Ich, das zu einem anderen spricht, noch ein Du, zu dem ein anderer spricht, sondern vielmehr das *Wir* zwischen dem Vater und dem Sohn, dieses *Wir*, das auf eine besondere Weise zugleich die Gesamtheit des Universums umfaßt. Streng genommen, läßt sich nicht einmal sagen, daß der Vater ein Ich sei, wenn man darunter eine Art „absolutes Subjekt" versteht. Der Sohn ist mit Gewißheit das Du des Vaters. Außerdem ist der Sohn das Wort. Der Sprechende (der Vater), wird nur im Wort erkannt. Er ist nichts außerhalb dieses Sprechakts, der sein Sohn ist. Deshalb erscheint das göttliche Ich in bezug auf uns nur im Du des Logos durch das *Wir* des Geistes. Für den Egoismus ist in der Trinität kein Platz. Sie ist kein „Ding an sich", sie hat schlechthin keine Selbstheit.

Diese Themen sind außerordentlich heikel, und niemand sollte sich ihnen ohne Ehrfurcht, tiefe Demut und einen aufrichtigen Respekt vor der Überlieferung nähern. Ist es aber nicht eben dieser Respekt vor der Überlieferung, diese Ehrfurcht und Demut, die uns verpflichtet, unseren ganzen Glauben in den Dienst ihrer Überprüfung zu stellen? Wenn wir den Apophatismus des Vaters ernst nehmen, können wir nur sagen, daß der Sohn das Du des Vaters ist, und können nicht einmal hinzufügen, daß der Vater ein *Ich* ist. Dieses göttliche Ich, indem es mit absolutem Freimut alles aussagt, das es in seinem Wort ist, behält nichts in sich oder für sich zurück. Deshalb ist es für uns der Logos, der uns als das göttliche Ich erscheint.

Die Trinität ist weder modalistisch noch von dreifacher Substanz (tritheistisch). Wir müssen immer bedenken, daß es sehr schwer ist, den Modalismus zu vermeiden, wenn man das trinitarische Mysterium zu erklären versucht und dabei von der Idee des Seins ausgeht und so durch eine einfache Gleichung Sein und Gott identifiziert. Wenn es in Wirklichkeit einen einzigen Gott gibt, kann es nur ein einziges Sein geben, und da in diesem Fall die *drei* Personen nicht drei Wesenheiten sein können, bleibt keine andere Alternative, als daß es „drei" Teilhaber am Sein gibt, einem Sein, das sich in drei innere Perspektiven aufteilt. Doch in diesem Fall sind die Perspektiven entweder wirklich, und dann umfaßt keine von ihnen die Gesamtheit des Seins (was die Göttlichkeit jeder der drei Personen leugnen würde), oder sie sind nicht wirklich, und dann schleicht sich wieder der Modalismus ein (wonach die Personen nur verschiedene Erscheinungsweisen des eigentlichen Seins sind).

Die traditionelle Antwort auf dieses Problem lautet, daß diese Personen in Wirklichkeit Beziehungen – keine Substanzen – sind. Das heißt, daß das Sein Beziehung ist, sowohl mit dem Inneren wie mit dem Äußeren, und das führt dazu, daß das Seiende lediglich ein Spiel von Beziehungen ist. Was geschieht, von diesem Blickwinkel betrachtet, mit dem Begriff der Substanz? Ohne Zweifel gibt es in Gott nicht drei Substanzen, sondern drei Personen. Was ist aber die göttliche Substanz? Gibt es *eine* göttliche Substanz? Eine solche könnte in Wirklichkeit nicht außerhalb der Personen existieren. Noch kann sie als eine Sache betrachtet werden, an der die Personen *teilhaben*, da keine von ihnen einen *Bestandteil* von etwas bilden kann, was immer es sei, denn die personale Göttlichkeit ist vollständig.

Die Philosophie des *advaita*, die uns hilft, die „Beziehung" zwischen Gott und der Welt angemessen auszudrücken, läßt uns wiederum ihre wertvolle Unterstützung zukommen, um das innertrinitarische Problem zu erhellen. Wenn der Vater und der Sohn nicht *zwei* sind, sind sie genau so wenig *eins*: der Heilige Geist eint und unterscheidet sie gleichzeitig. Er ist das Band der Einheit; das *Wir* dazwischen, oder besser, im Inneren.

Der Vater hat keinen eigenen Namen, da er sich jenseits aller Namen, sogar des Seins-Namens, befindet. Der Geist hat keinen eigenen Namen und kann keinen haben, und daher ist er in gewissem Sinn diesseits jeden Namens, auch des Seins-Namens. Das Sein und die Seienden – und daher das gesamte Dasein – gehören zum Bereich und zur Sphäre des Sohnes. Wenn, wie verschiedene Konzile von Toledo besagen, der Vater *fons et origo totius divinitatis,* „Quelle und Ursprung aller Göttlichkeit", ist, wenn der Sohn der Vater ist und, wie die griechischen Kirchenväter, das Bild weiter entwickelnd, sagen, der Strom, welcher der Quelle entspringt, dann ist der Geist sozusagen das Endziel, der grenzenlose Ozean, in dem sich der Fluß des göttlichen Lebens vervollständigt, zur Ruhe kommt und sich erfüllt (*plenitudo et pelagus totius divinitatis*). Sofern man den Geist nicht empfangen hat, ist es unmöglich, die Botschaft des Sohnes zu verstehen, und desgleichen, *theosis* zu erlangen, die Vergöttlichung, die der Geist im Menschen bewirkt. Zweifelsohne ist insbesondere das hinduistische Denken geeignet, einen Beitrag zur Vertiefung der „Theologie" des Geistes zu leisten. Besteht nicht einer seiner grundlegenden Antriebskräfte in dem Streben, den Geist zu entdecken und zu verwirklichen, ein bewunderungswürdiges, oftmals inspiriertes, aber manchmal auch tragisches Streben?

Zum Geist kann man keine „persönlichen Beziehungen" haben. Das Transzendente, das andere, kann man nicht erlangen, wenn man auf den Geist ausgerichtet ist. Man kann nicht *zum* Geist beten, als wäre er ein Objekt jenseits unseres Gebets. Mit dem Geist gibt es nur eine beziehungslose Vereinigung. Man kann nur *im* Geist beten, indem wir uns durch die Vermittlung des Sohnes an den Vater wenden. Es ist vielmehr der Geist, der in uns betet. Wenn man den Weg des Geistes betritt, kann man nur zum außer-ontischen Grund aller Dinge gelangen. Aber der Grund des Seins ist nicht das Sein. Die Kontemplation *im* Geist hat keinen intellektuellen Gehalt.

Auf diesen Geist zielt der Großteil der upanishadischen Aussagen über das Absolute, wenn man sie in der Tiefe ihres eigenen Lichts betrachtet. Als Beispiel könnte man beinahe jede Seite der Upanishaden anführen. Was ist der Geist denn anderes als der *âtman* der Upanishaden, der identisch ist, wie gesagt wird, mit dem *brahman*, obgleich eine solche Identität nur existentiell erkannt und bekräftigt werden kann, wenn man die „Verwirklichung" erreicht hat? „Im Anfang war der Logos", heißt es im Neuen Testament. „Das Ziel ist der *âtman*", fügt die Weisheit jenes *kosmischen* Testaments hinzu, dessen Kanon noch nicht abgeschlossen ist. Das *Ziel* jedes Menschen ist die Erkenntnis, daß der *âtman* identisch mit *brahman* ist. Der Mensch befindet sich sozusagen unter dem Bogen, der sich vom transzendenten Gott zur immanenten Göttlichkeit spannt. Der Mittler (unbekannten Namens) ist derjenige, der âtman und brahmam durch die „höchste Brücke" vereint (*pontifex maximus*). So könnte man einen bekannten Sanskritvers übersetzen: „Wer erkannt hat, daß das *brahman* existiert, besitzt eine mittelbare Erkenntnis; wer erkannt hat: ‚Ich bin *brahman*', der besitzt eine unmittelbare Erkenntnis." Es ist falsch zu sagen, „Ich bin *brahman*", insofern als es nicht das *brahman* ist, das es sagt. Der einzige, der so sprechen darf, ist der Geist, und das Wort, das es ausspricht, ist der Logos.

Die Spiritualität des Geistes ist eine völlig andere als die des Wortes. Weder durch das Wort noch durch die Tat kann man zum Geist gelangen. Die Erfahrung des Geistes läßt sich in keine personalistischen Strukturen kleiden. Dieser Glaube besteht nicht in der Entdeckung eines Jemands und noch weniger in einem Dialog mit diesem Jemand. Er besteht vielmehr im „Bewußtsein" dessen, daß man dabei ist, sozusagen als ein in ihm Eingeschlossener, daß man schon *dort* ist; wenn wir es anders ausdrücken wollen, könnten wir sagen: als ein von ihm Erkannter und Geliebter oder, noch besser, als ein von ihm Eingehüllter, gleichwie versunken in der Erkenntnis und in der Liebe, in der Schönheit, in die man mit großer Freude eingedrungen ist. Es ist eine Form der vollkommenen Passivität: es gibt kein zu erlösendes *Ego* mehr, und so verstehen wir, daß es ein göttliches Ich gibt, das uns mit einem neuen und völlig verborgenen Namen ruft. Die Spiritualität des Geistes weist uns im Mysterium den Horizont, über dem das göttliche Ich erscheint, ein Ich, das nicht der Geist ist, sondern der Vater durch den Sohn. Aber es ist die Spiritualität des Geistes, die diese Entdeckung ermöglicht, und aus diesem Grund ist der „Name" immer neu und verborgen. Sein einziger Weg ist der des Schweigens – ein Schweigen der Worte, ohne Zweifel, aber auch der Wünsche, der Taten, letztlich ein Schweigen des Seins, der Liebe zum Sein, das vollkommene Schweigen des Lebenswillens –, denn nicht durch Fleisch oder Blut, noch durch den Willen des Menschen wird man zu dem, was man *ist* (was man *sein wird* für den, der sich auf die Ebene des Endlichen begibt). Der Glaube an den Geist läßt sich nicht ausdrücken; auch er ist Schweigen.

Dem Geist gemäß zu leben ist authentisches Dasein. Deshalb kann man nicht in der Ganzheit leben, solange der Geist noch nicht erreicht ist. Er muß durch andere Spiritualitäten, insbesondere diejenige der Fleischwerdung, ergänzt werden. Diese Ergänzung bedeutet nicht, daß die Wege des Wortes und des Geistes in sich unvollständig seien, sondern sie zeigt uns, daß das zeitliche menschliche Dasein durch den Mangel an Einheit zwischen dem Weg des Wortes und dem Weg des Geistes geprägt ist. Eine vollkommen ausgewogene Spiritualität hat eben die Funktion, beide zu integrieren. Der Weg des Geistes bringt in der Tat ohne seine trinitarische Integration eine gewisse Gefahr der Entkörperlichung mit sich. Trotzdem gibt es keinen Grund, den negativen oder apophatischen Weg, der die Spiritualität des Geistes darstellt, als entkörperlicht oder „ausgezehrt" zu deuten. Da der Geist heiligend und läuternd wirkt, kann der Weg des Geistes nur die Entblößung und Verneinung all dessen sein, was noch nicht ist. Es ist nötig, fortwährend all das zu negieren, was zum Reich des *Geschöpflichen* gehört, um Transformation zu verwirklichen. Der upanishadische Ausdruck dieser Spiritualität ist *neti … neti*. Man darf vor der Negierung keine Angst haben. Alles, was existentiell negiert werden *kann*, ist eben deshalb eine bloße Möglichkeit des Seins, und folglich ist *es nicht*. Das Sein, das, was wirklich ist, *kann nicht* vernichtet werden, ebenso wie dem Satz vom Widerspruch nicht widersprochen werden kann, ohne ihn schon vorauszusetzen. Man kann das Sein leugnen, aber man kann es nicht abschaffen oder zerstören. Dem Sterblichen steht nur der Selbstmord offen, aber das Sein ist Unsterblichkeit. Die Furcht vor der totalen Selbstverleugnung (die jede echte Askese fordert und die nur in und durch den Geist vollzogen werden kann) ist der klare Beweis dafür, daß dieses *Selbst*, das Angst hat, nicht das wahre und authentische *Du* ist. So erhebt zum Beispiel der Halbwüchsige oder der Eingebildete den Anspruch, ein „Mann zu sein". Wer wirklich ein Mann ist, braucht sich nicht darum zu kümmern, als ein solcher zu *erscheinen*. Man kann sich auch beeilen, das loszuwerden, was man zu verlieren fürchtet. Diese selbe Angst ist ein Zeichen des mangelnden Wertes desjenigen, dessen Verlust man fürchtet. Das „Leben", das man verlieren kann, ist nicht das wahre Leben. Noch ist die Existenz, die man verlieren *kann*, die wirkliche Existenz. Seinem ganzen „Wesen" zu entsagen um der Liebe willen (die stärker ist als der Tod), ist für den, der wahrhaft liebt, etwas Geringfügiges. Die echte Askese beginnt mit der Aufhebung der Angst vor dem Verlust dessen, was verloren werden kann. Der Asket hat keine Angst.

Der Geist versetzt uns in die einzige wahre Perspektive, indem er all jene Perspektiven verändert, von denen aus wir durch unsere Geschöpflichkeit und vor allem aufgrund des Sündenfalls gewohnt sind, die Dinge zu betrachten. Nur im Geist gibt es eine wahrhafte *metanoia*, eine Bekehrung, eine Umkehr, eine Überwindung von *nous* (Verstand) und *gnosis* (Erkenntnis). Der Geist verändert nicht nur unsere moralischen „Werte", er transformiert nicht nur unsere verstandesmäßige Sicht der Dinge, sondern er erneuert in uns auch die „Religion" und die Spiritualität. Der Geist kommt erst nach dem Kreuz, nach dem Tod. Er bewirkt die Auferstehung in uns und veranlaßt uns, zum anderen Ufer *überzusetzen*. Wir sagen Ufer und nicht Welt, denn jedes Ufer ist ein Ufer, weil es das andere *gibt*.

Die vom Geist bewirkte Umkehrung ist eine totale. Die Weisheit dieser Welt verwandelt sich in Torheit und das Kreuzesgeheimnis in die echte Weisheit. Der Geist führt den Menschen zu der Erkenntnis, daß er kein Ich (*ego*) ist, sondern ein Du (*te*), daß er nur insofern ist, als das einzige Ich (*ego, aham*) ihn mit Du anredet:
„Ich habe dich gerufen in Gerechtigkeit" (Jes. XLII,6);
– niemals im Nominativ, weil das gar nicht möglich ist;
– sondern im Vokativ, um dir dein eigentliches Sein zu verleihen, das ein Gerufensein (zum Dasein) ist: „Du bist mein Sohn, heute hab ich dich gezeugt" (Ps II,7);
– im Akkusativ, denn ich rufe dich zu einer innigen Beziehung: „Ich habe dich gerufen" (Jes. XLII,6);

– im Dativ, denn ich vertraue dir die Mission an, die Menschen in Gemeinschaft zu vereinen: „Bitte mich, so will ich dir die Völker zum Erbe geben" (Ps. II,8). „...und mache dich zum Bund für das Volk, zum Licht der Heiden..." (Jes. XLII,6 und XLIX,6).

Und schließlich

– im Ablativ, denn ich gebrauche dich wie ein Werkzeug zum Dienst an der Welt und zur Vollendung der Schöpfung: „daß du die Augen der Blinden öffnen sollst" (Jes. XLII,7).

Es ist der Geist, der uns das Verständnis der Heiligen Schrift schenkt. Der Geist läßt uns zum Beispiel begreifen, wenn für unsere trüben Augen und verhärteten Herzen geschrieben steht: „Das Wort ist Fleisch geworden", daß es in Wahrheit das Fleisch ist, das zum Wort verwandelt wird, und daher kann die Herabkunft Gottes, wie der heilige Thomas sagen würde, nicht wirklich sein, während unser Aufstieg zur Göttlichkeit dagegen absolut wirklich sein kann. Dies ist die Wahrheit nicht nur für uns, sondern auch für das Wort, von dem man nicht sagen kann, daß es – nachdem es in seinem Himmel zahllose Äonen in Ruhe und Gelassenheit verbracht hat – eines schönen Tages beschließen würde, in die Welt „herabzusteigen". Die einzige authentische Wahrheit ist, daß der Logos – der eingeborene Sohn des Vaters – vom Ursprung an, *a principio aeternitatis,* der Erstgeborene der Schöpfung war, das erste Prinzip aller Dinge, noch vor der Stiftung der Welt, das Opferlamm im Ursprung der Zeiten. Was ist dann die Schöpfung in Wirklichkeit, wenn nicht eine Einladung, in das Geheimnis Gottes durch Christus im Geist einzutreten? Sofern man die Erfahrung in der einen oder anderen Form nicht gemacht hat, ein von Gott angesprochenes Du zu sein, sofern man nicht mit dem Staunen eines Kindes (denn dieses ist erfüllt von dem Geheimnis) entdeckt hat, daß eben dies der Grund ist, warum das Ich ruft (und uns bei unserem Namen anruft, wobei der Name hier unser Wesen darstellt, unser Sein), gelangt man nicht zur Tiefe des Lebens im Geist. Der Geist läßt uns rufen: „Abba, Vater!", denn letztlich gibt es nur ein Du des Vaters, welcher der Sohn ist. Der Vater ruft uns mit demselben Anruf wie seinen Sohn. In Gott gibt es keine Vielfalt. Es kann nicht zwei „Anrufe" noch zwei „Worte" in Gott geben. Wir *sind* nur in dem Maße, in dem wir am Logos *teilhaben.* Alles Sein ist eine *Christophanie* und *nur* eine Christophanie.

Der „psychologische" Trinitätsbegriff des Augustinus ist allgemein bekannt; wir *sind, erkennen, lieben: ich bin,* indem ich erkenne und liebe, ich *erkenne* mich als ein seiendes Wesen und ein Liebender, ich möchte sein und erkennen (vgl. *Conf.* XII,11). Eine inspirierte Konzeption, ohne jeden Zweifel, die uns ermächtigt, uns dem Gottesgeheimnis vom Menschen aus zu nähern, ein Gleichnis der Trinität in ihrem innigsten und wahrhaftigsten Sein. Aber trotz ihrer Gültigkeit liegt ihr Anthropomorphismus auf der Hand: Der Vater entspricht dem Sein; der Sohn der Erkenntnis; der Heilige Geist der Liebe, *mens, notitia, amor* (oder auch *memoria, intelligentia, voluntas*).

Mit dem Evangelium in der Hand und im Herzen möchten wir daher die folgenden Zuordnungen wagen: der Vater – der Ursprung – das Ich; der Sohn – das Sein – das Du; der Geist – die Rückkehr zum Sein (zum Ozean des Seins) – das *Wir*. Die trinitarische Formel des Paulus für Gott, „der über allen und durch alle und in allen ist" (Eph. IV,6) gibt uns den Schlüssel dazu:

Epi pantôn: über allen, *super omnes*, Ursprung des Seins, der nicht das Sein ist, denn sonst würde vorausgesetzt, daß die Quelle das Sein wäre und nicht sein Ursprung: das höchste *Ich*.

Dia pantôn: durch alle, per *omnia*, der Sohn das Sein und der Christus, durch den und für den alles geschaffen ist, wobei die Seienden am Sein teilhaben: das *Du*, das noch immer in der Vielzahl der Dus des Universums ausgestreut ist.

En pâsin: in allen, *in omnibus,* der Geist, die göttliche Immanenz und, in der Dynamik des reinen Aktes, das Endziel (die Rückkehr) des Seins. Aus diesem Grund gibt es das Sein – und die Seienden – nur insofern, als sie aus dem Ursprung hervorgehen und im Geist weiterfließen: das *Wir*, insofern es uns alle in der integrierten Gemeinschaft dieser vollkommenen Wirklichkeit vereint.

R. Panikkar: *„Trinität – Über das Zentrum menschlicher Erfahrung",* Kösel Verlag, 1993.

7. Kapitel

Die Neue Religiosität

Ausschließlichkeit

Ein gläubiger Anhänger einer religiösen Überlieferung hält seine Religion auf diese oder jene Weise für wahr. Nun ist aber der Wahrheitsanspruch einer Religion gewissermaßen innerlich verknüpft mit ihrem Anspruch auf Ausschließlichkeit. Ist ein gegebener Glaubenssatz wahr, kann sein Gegenteil nicht ebenfalls wahr sein. Wenn eine bestimmte Überlieferung den Anspruch auf allgemeingültige Wahrheit erhebt, muß alles, was dieser „Wahrheit" widerspricht, als falsch bezeichnet werden.

Wenn zum Beispiel der Islam die wahre Religion verkörpert, kann es im religiösen Bereich keine „nichtislamische Wahrheit" geben. Jede Überlieferung, die auf eine lange Erfahrung zurückblicken kann, hat natürlich im Verlauf ihrer Geschichte die notwendigen Unterscheidungen eingeführt, um nicht als zu plump und grobschlächtig zu erscheinen. Sie wird zum Beispiel sagen, daß es Grade und Abstufungen der Wahrheit gibt und daß jede „religiöse Wahrheit", so sie wirklich wahr ist, bereits eine (um im Beispiel zu bleiben) islamische Wahrheit „ist", auch wenn sich ihre Anhänger dessen vielleicht nicht immer bewußt sind. Sie wird ferner eine objektive Wahrheitsordnung von einer subjektiven unterscheiden, so daß jemand „guten Glaubens" sein kann und sich doch objektiv gesehen im Irrtum befindet, der ihm aber in diesem Fall nicht zur Last gelegt wird usw.

Diese Einstellung birgt ein gewisses Maß an Heroismus in sich. Man gibt sein Leben und setzt seine ganze Existenz auf etwas, das es in der Tat verdient, als Grund menschlichen Seins und Handelns bezeichnet zu werden, und das von sich beansprucht, keine unvollständige und unvollkommene Teilwahrheit zu sein, sondern eine allgemeingültige und sogar absolute. Sicher, ein absoluter Gott oder sonst ein höchster Wert muß eine derartige Haltung letztlich garantieren, damit man sicher geht, ihr nicht aufgrund persönlicher Launen zu folgen oder weil man unkritisch den eigenen Standpunkt absolut gesetzt hat. Man verteidigt nicht die eigenen, sondern Gottes Ansprüche, wenn man den Absolutheitsanspruch der eigenen Religion geltend macht. Das schließt nicht automatisch eine Verurteilung des Glaubens all derer mit ein, denen die Gnade der Berufung, die an einen selber ergangen ist, noch nicht zuteil geworden ist. Man wird die eigene Berufung eher als Last und Verpflichtung sehen (stellvertretend die Verantwortung für die ganze Welt zu übernehmen) denn als Bevorzugung und unverdientes Geschenk. Wer sind wir, daß wir dem Allmächtigen Bedingungen stellen können?

Andererseits ist diese Haltung auch mit Problemen und Schwierigkeiten verbunden. Erstens läuft sie stets Gefahr, in Intoleranz, Hochmut und Verachtung Andersgläubiger umzuschlagen. „Wir gehören dem Verein an, der die Wahrheit gepachtet hat." Zudem leidet sie an einer inneren Schwäche, die ich darin sehe, daß ihr eine überzogen logische Wahrheitsvorstellung zugrundeliegt. Erkenntnistheoretisch gesehen ist diese Einstellung ein wenig unkritisch und naiv. Die Wahrheit hat viele Gesichter, und selbst wenn man behauptet, daß Gott nur in einer Sprache spricht, hängt doch alles davon ab, wie man selber diese Sprache versteht, so daß man nie genau weiß, ob die eigene Auslegung wirklich die *einzig* richtige ist. Sich im Gespräch zweier Religions- oder Glaubensrichtungen auf eine übermenschliche Instanz zu berufen, hilft in keinem Punkt weiter, denn es ist oft der Fall, daß Gott auch zu anderen „spricht", und beide Gesprächspartner, die sich auf eine göttliche Autorität berufen, sind immer auf menschliche Vermittlung angewiesen, so daß letztlich die göttliche Autorität auf der menschlichen Auslegung (der göttlichen Offenbarung) beruht.

Tatsache ist, daß der Ausschließlichkeitsanspruch *de jure* kaum verteidigt wird, obwohl es *de facto* immer noch vieles gibt, was an diese Einstellung erinnert. Um das Beispiel des christlichen *skandalon* hier heranzuziehen: Den Absolutheitsanspruch des Christentums durchsetzen zu wollen käme einem Verrat an jenem biblischen Wort vom „Stein des Anstoßes" gleich. Es wäre der Gipfel der Heuchelei, andere zu verurteilen und sich selbst für gerechtfertigt zu halten, indem man den Skandal der göttlichen Offenbarung als Beweis für die Richtigkeit der eigenen Einstellung heranzieht: Die göttliche Offenbarung hätte aufgehört, ein Stein des Anstoßes für dich zu sein (denn du scheinst sie zu akzeptieren, ohne darüber zu stolpern) – statt dessen schleuderst du ihn auf andere.

Einschließlichkeit

Im heutigen Weltzusammenhang fällt es nicht mehr schwer, echte positive Werte auch außerhalb der eigenen Überlieferung zu entdecken – selbst auf höchster Ebene. Die traditionellen Religionen müssen sich dieser Herausforderung stellen. Eine „splendid isolation" ist nicht länger möglich. Die einleuchtendsten Bedingungen schafft sich der Wahrheitsanspruch der eigenen Überlieferung dann, wenn er mit dem eigenen Anspruch eine Bejahung – wenn auch auf unterschiedlichen Ebenen – aller Wahrheiten verbindet, wo auch immer sie sich finden lassen. Diese vereinnahmende Haltung neigt dazu, die Dinge auf eine Weise zu interpretieren, die sie ihr nicht nur schmackhaft, sondern auch „verdaubar" machen, so daß eine Aneigung möglich wird. Wo immer sie zum Beispiel einem glatten Widerspruch begegnet, wird sie die nötigen Unterscheidungen treffen und unterschiedliche Betrachtungsebenen einführen, um auf diese Weise den Gegensatz zu entschärfen. Sie wird ihren universalen Anspruch eher auf die existentielle oder formale Ebene verlegen, weniger auf die inhaltliche. Eine Glaubenslehre vermag kaum den Anspruch universaler Wahrheit zu erheben, wenn sie zu sehr auf bestimmten Inhalten besteht, denn deren Erfassen und Begreifen setzt zumeist eine entsprechende *forma mentis* voraus. Eine Haltung, die veschiedene Verständnisebenen oder Zugangsweisen zur Wahrheit toleriert, hat es im Gegensatz dazu leichter. Ihr Grundgerüst oder ihre formale Struktur gleicht einem Schirm: Es fällt ihr nicht schwer, verschiedene gedankliche Ansätze unter sich zu versammeln.

Wenn zum Beispiel der Vedanta wirklich Ende und Höhepunkt der ganzen Geschichte der vedischen Überlieferung ist, letztere verstanden als beispielhaft für alle Arten von letztgültiger oder höchster Offenbarung, fällt es ihm offensichtlich nicht schwer, allen echten Wahrheitsansprüchen der menschlichen Geschichte in seinem Rahmen ihren Platz zuzuweisen, denn für ihn stellen sie nichts als verschiedene Stadien in der Entwicklung des menschlichen Bewußtseins dar, die in dem besonderen Umfeld, in dem sie entstanden sind, durchaus ihren Wert haben. Nichts wird auf diese Weise abgelehnt, alles bekommt seinen ihm gemäßen Platz.

Diese Einstellung kommt mit einem Anflug von Großmut und Erhabenheit daher. Jeder kann seinen eigenen Weg gehen, niemand hat es nötig, andere Wege zu verdammen. Man kann sogar Verbindung zu allen anderen Wegen aufnehmen, vorausgesetzt, es wird einem die echte Erfahrung zuteil, daß alles in der eigenen Überlieferung bereits enthalten ist. Man kann nicht nur in Frieden mit sich selber, sondern mit allen menschlichen und göttlichen Wegen leben. Dann kann man konkret sein, was die Treue zur eigenen Überlieferung betrifft, und sich zugleich nach außen hin universal und weltoffen geben.

Aber auch diese Haltung ist nicht frei von Problemen und Schwierigkeiten. Erstens erliegt auch sie leichter der Gefahr des Hochmuts und der Überheblichkeit, denn nur du besitzt das Privileg einer alles umfassenden Weltsicht, einer gegenüber allem offenen Toleranz, nur du, der du allem anderen den Platz zuweist, den es in deinen Augen im Gesamt der Welt einzunehmen hat. Du hältst dich selber für tolerant, bist es aber nicht in den Augen derer, die dein Recht, auf der Höhe zu stehen, in Frage stellen. Zudem leidet diese Einstellung unter der inneren Schwäche eines nahezu alogischen Wahrheitsbegriffes und eines eng damit verbundenen inneren Widerspruchs, sobald sie sich theoretisch oder praktisch zur Sprache bringen will.

Wenn diese Haltung einerseits mit einer bunten Vielfalt der Ausdrucksformen „religiöser Wahrheit" rechnet, um auf diese Weise die verschiedensten gedanklichen Systeme mit einbeziehen zu können, so kann sie andererseits nicht umhin, aus der Wahrheit eine relative Größe zu machen. Es ist nicht mehr möglich, der Wahrheit einen unabhängigen geistigen Gehalt zu geben, denn sie ist eine für den Parsi und eine andere für den Vaisnava, eine für den Atheisten und eine andere für den Theisten. Sie ist also auch wieder eine andere (relative) für dich selber – es sei denn, du springst aus dem ganzen System heraus, denn du besitzt schließlich den Schlüssel, mit dessen Hilfe du allen anderen Weltanschauungen ihren Platz zugewiesen hast. Sobald du ihn zu formulieren versuchst, wird aus deinem Glauben, deinem Gedankengebäude, deiner Ideologie, deiner Intuition (oder wie immer wir es nennen wollen) ein Übersystem: Du scheinst den Schlüssel zum Verständnis der untergeordneten Weltsichten gefunden zu haben und in der Lage zu sein, sie an den ihnen zukommenden Platz zu rücken. Du kannst gar nicht anders, als für dich selbst ein höheres Wissen zu beanspruchen, auch wenn du leugnest, daß deine Überzeugung nur eine weitere Ansicht in der Reihe der Ansichten ist. Wenn du außerdem „sagst", daß dein Standpunkt das unsagbare Ergebnis einer mystischen Erfahrung ist, kannst du dennoch nicht verhindern, daß andere die Voraussetzungen entdecken und formulieren, die deiner Haltung zugrundeliegen, sobald du darangehst, sie in die Praxis umzusetzen. Letztlich bleibt es bei deinem Anspruch einer volleren Wahrheit im Vergleich zu allen anderen, die nur im Besitz von Teilwahrheiten mit relativer Bedeutung sind.

In der Tat gibt es heute nur wenige theoretische oder philosophisch untermauerte Ausformungen einer derartig vereinnahmenden Grundeinstellung, obwohl es in mehreren religiösen Überlieferungen immer noch viele Strömungen gibt, die sich selber für allumfassend halten. Die Forderung nach einer pluralistischen Weltsicht ist heute zu stark, um einfach beiseite geschoben oder übergangen zu werden.

Nebeneinander

Wenn die eigene Religion noch weit von ihrer vollendeten Gestalt entfernt zu sein scheint und doch ein Symbol des richtigen Weges ist; wenn andere in bezug auf ihre Religion derselben Überzeugung sind; wenn man den religiösen Anspruch der anderen weder einfach abtun noch der eigenen Überlieferung einverleiben kann, bleibt als einleuchtende Alternative die Annahme, alle Religionen seien verschiedene Glaubensbekenntnisse, die allen Windungen und Kreuzungen zum Trotz in Wirklichkeit parallel zueinander verlaufen und sich erst im Letzten, im *eschaton*, am Ende der menschlichen Pilgerschaft an einem Punkt treffen. Religionen wären dann streng nebeneinander verlaufende Wege, und unsere dringendste Aufgabe bestünde darin, andere auf ihrem Weg nicht zu stören, auf keinen Fall den Versuch zu machen, sie zu bekehren, nicht einmal irgendwelche Anleihen bei ihnen zu machen, vielmehr die eigene Überlieferung zu vertiefen, damit die Begegnung am Ende auf der tiefstmöglichen Ebene der jeweils eigenen Tradition stattfinden kann. Sei ein besserer Christ, ein besserer Marxist, ein besserer Hindu, und du wirst ungeahnte Reichtümer und zudem viele Berührungspunkte mit den Wegen der anderen entdecken.

Diese Einstellung bietet in der Tat viele Vorteile. Sie gibt sich tolerant, sie respektiert und achtet die anderen und verurteilt sie nicht. Sie vermeidet die trüben Fischzüge eines Synkretismus oder Eklektizismus, die sich eine Religion nach eigenem Geschmack zusammenbasteln wollen. Sie zieht klare Grenzen, innerhalb derer sie um beständige Reform des eigenen Weges bemüht ist.

Andererseits ist auch sie nicht frei von Schwierigkeiten. Erstens scheint sie der geschichtlichen Erfahrung zu widersprechen, nach der die verschiedenen Weltreligionen und Menschheitsüberlieferungen gewöhnlich aus gegenseitiger Beeinflussung, Überlagerung und Befruchtung heraus entstanden sind. Außerdem geht sie zu übereilt von der Annahme aus, jede Überlieferung trage alle Samenkörner für ihr weiteres Wachsen und Reifen bereits in sich. Mit einem Wort, sie glaubt an die Selbstgenügsamkeit der Überlieferungen und scheint die Notwendigkeit oder den Vorteil gegenseitigen Lernens oder das Bedürfnis, einmal außerhalb der Umzäunung des eigenen Feldes neue Wege zu gehen, nicht zu sehen – als wäre in jeder Tradition die ganze Welt der menschlichen Erfahrung in verdichteter Form vorhanden. Es schmeichelt natürlich jedem von uns, wenn er hört, daß wir *in nuce* bereits alles haben, was zur Vollgestalt menschlicher und religiöser Entfaltung gehört, aber es teilt zugleich die Menschheitsfamilie in wasserdichte, geschlossene Abteilungen ein und macht aus jeder Art von Konversion einen Verrat am eigenen Sein. Diese Haltung erlaubt zwar ein Wachsen und Reifen, aber keinen befruchtenden Wandel, keine echte Veränderung. Selbst wenn wir auf parallelen Wegen unterwegs sind: Gibt es denn keinerlei *sangamas, prayagas*, Nebenflüsse, Überschwemmungen, natürliche oder künstliche Dämme, die das Wasser stauen? Und vor allem: Fließt nicht ein- und dasselbe Wasser „himmelwärts" in den Adern aller Menschen? Die Grundhaltung des parallelen Nebeneinanders der Religionen weicht vor den eigentlichen Fragen gerade aus.

Dennoch bietet diese Einstellung auf der anderen Seite bessere Aussichten auf eine heute dringend benötigte Arbeitshypothese, zumindest in ihrer anfänglichen Form. Sie zeichnet sich durch einen hoffnungsvollen und zugleich geduldigen Grundzug aus: Hoffnung, daß wir am Ende das Fest der Begegnung feiern, Geduld, weil wir bis dahin an der Last unserer Schwierigkeiten zu tragen haben. Doch wenn man mit konkreten Fragen der gegenseitigen Beeinflussung und Einwirkung aufeinander oder gar des Gesprächs konfrontiert wird, kann man nicht einfach warten, bis dieses *kalpa* zu Ende geht oder das *eschaton* erscheint. Alle Kreuzwege und Berührungspunkte sind gefährlich, aber ohne *maithuna* gibt es kein neues Leben.

Gegenseitige Durchdringung

Je mehr die verschiedenen Weltreligionen sich gegenseitig näher kennenlernen, je mehr wir selber feinfühliger werden für die Religiosität der Menschen um uns, desto mehr beginnen wir zu ahnen, daß in jedem von uns der andere irgendwie bereits mit da ist, und umgekehrt, daß der andere seinen Glauben nicht völlig unabhängig von uns lebt, sondern irgendwie von unserem eigenen Glauben mitbetroffen ist. Die Einsicht erwacht in uns, daß die Religion der anderen nicht nur unsere eigene in Frage stellt und vielleicht sogar bereichert, sondern daß gerade die Unterschiede, die uns trennen, letztlich der Möglichkeit nach in der eigenen religiösen Welt bereits angelegt sind. Wir werden immer offener dafür, die andere Religion als Ergänzung und Bereicherung der eigenen anzusehen, und finden vielleicht sogar Gefallen an dem Gedanken, in besonderen Fällen und was bestimmte offene Fragen des eigenen Glaubens betrifft, in der Religion unseres Nachbarn die Antwort zu suchen, vorausgesetzt, die eigene Religiosität behält dabei ihre unversehrte Ganzheit. Mehr und mehr begegnen wir Marxisten, die christliche Ideen übernehmen, Christen, die sich hinduistischen Grundsätzen verschreiben, Muslimen, die sich buddhistische Ansichten zu eigen machen usw., und dennoch Marxisten, Christen und Muslime bleiben. Aber das ist noch nicht alles. Es hat den Anschein, als wären wir alle heute schon so miteinander verflochten, daß ohne bestimmte Verbindungen zu anderen Religionen meine eigene für mich selber unverständlich bleibt oder sogar unmöglich wird. Religionen sind nicht ohne einen gewissen Hintergrund an „Religion" zu verstehen. Die eigene Religiosität offenbart ihre volle Bedeutung erst im Zusammenhang mit der Religiosität anderer Menschen. Religionen existieren nicht isoliert im luftleeren Raum, sondern im Einander-Gegenüber. Es gäbe kein hinduistisches Bewußtsein, hätte nicht die Notwendigkeit bestanden, es zum Beispiel vom christlichen oder islamischen zu unterscheiden. Mit einem Wort, die Beziehung der Religionen zueinander ist weder als Ausschließlichkeit (meiner eigenen), noch als Vereinnahmung (aller anderen durch meine eigene), noch als Nebeneinander (alle streben unabhängig voneinander demselben Ziel zu) zu kennzeichnen, sondern als eine *perichoresis* oder *circumincessio sui generis*, das heißt als gegenseitige Durchdringung, ohne daß dabei die Eigenheiten und Besonderheiten der einzelnen Religion verloren gehen.

Die offensichtlich positiven Seiten dieser Einstellung liegen in ihrer Toleranz, ihrer Offenheit und Weitherzigkeit und im gegenseitigen Vertrauen, das sie ermutigt und fördert. Keine Religion ist der anderen völlig fremd. Wir können der anderen Religion vielleicht sogar innerhalb der eigenen begegnen. Wir alle brauchen einander. In manchen Fällen sagen wir nicht nur dasselbe, sondern ergänzen uns gegenseitig und rücken manche Einseitigkeit zurecht. Und selbst wenn Religionen um die eigene Vollgestalt miteinander ringen und sich streiten, tun sie es innerhalb eines gegenseitig anerkannten religiösen Rahmens.

Doch auch diese Einstellung ist nicht frei von Gefahr. Zunächst muß man sich fragen, ob ihr nicht ein Wunschdenken zugrundeliegt. Wer garantiert das Gelingen der gegenseitigen Durchdringung? Ergänzen sich „karma" und „Vorsehung", oder schließen sie einander aus? Auf welchem Grund steht diese Haltung? Setzt sie nicht bereits eine Veränderung im Selbstverständnis der Überlieferungen voraus? Man könnte versuchen, darauf eine Antwort zu geben, indem man die schöpferische Rolle der Hermeneutik untersucht und begründet. Jede Auslegung ist eine Neuschöpfung. Doch ist eine derartige Hermeneutik überhaupt möglich, bedenkt man die vielen Einzelzüge der Weltreligionen? Oder steckt dahinter nicht vielmehr eine neue Religiosität, die sich aus den Lehrsätzen der Überlieferungen die passenden heraussucht, andere dagegen einfach auf Eis legt? Vielleicht gibt es tatsächlich ein allumfassendes religiöses Universum, aber ist es weit genug, auch die unüberwindlichen Unverträglichkeiten als solche stehen zu lassen?

Doch nochmals: Diese Einstellung eröffnet möglicherweise neue Sichtweisen, die den anderen verborgen bleiben. Sie führt uns vielleicht auf einen Weg, der allen offen ist und bei dem niemand sich sträuben muß, ihn zu betreten. Sie vermag zum geistlichen Wachsen und Reifen der Partner beizutragen: Selbst wenn wir andere Glaubensvorstellungen als Übertreibungen oder Verunstaltungen eigener Ansichten auslegen müssen, stehen wir dabei doch auf dem Boden gegenseitiger Achtung und Anerkennung, und ohne daß wir unsere Identität verlieren, entziehen wir unserem überall nur sich selbst behaupten wollenden Ich ein wenig mehr den Boden. Diese Einstellung kann zu gegenseitiger Bereicherung innerhalb einer gemeinsamen Synthese beitragen. Die Werte der anderen Überlieferungen werden nicht einfach der Reihe der eigenen beigesellt (und darin abgestellt), sondern in echter Weise angeeignet und unserem Glauben und unserem Sein einverleibt. Es ist ein offener Prozeß.

Ich habe diese vier Grundhaltungen als Beispiele wesentlicher Standpunkte beschrieben, die sich natürlich, sobald sie sich irgendwo geltend machen, sehr viel differenzierter und ausgefeilter geben. Wenn die Begegnung wirklich stattfindet, sei es in konkreten Begebenheiten oder im bewußten Gespräch, braucht man darüber hinaus einige Grundgleichnisse, um die auftretenden Probleme zur Sprache bringen zu können. Das ist der Punkt, an dem ich die Nützlichkeit von Modellen sehe. Ich werde kurz vier von ihnen beschreiben.

Vier Modelle

Ich betone nochmals, daß diese grundlegenden Gleichnisse nur die Aufgabe haben, die Problematik der religiösen Begegnung zu verdeutlichen und die verschiedenen Sichtweisen klarer vor Augen zu führen. Sie dienen nicht dazu, Rangordnungen einzuführen oder zwischen wahren und falschen Theorien oder gar zwischen echten und unechten Religionen zu unterscheiden. Deshalb handelt es sich um Paradigmen. Sie lassen sich vielfältig verwenden, zu vielfältig zweifellos für diejenigen, die an ihrer besonderen Meinung festhalten wollen, was nicht nur ein berechtigter Weg, sondern letztlich eine Notwendigkeit ist, wollen wir nicht dem schieren Chaos zum Opfer fallen. Aber das soll uns hier nicht weiter beschäftigen. Gleichnisse sind Gleichnisse, eben weil sie vielschichtig sind. Sie beenden nicht das Gespräch, sie eröffnen es.

Das geographische Modell: der Aufstieg zum Gipfel

Es läßt sich wohl kaum behaupten, der Mensch sei ein vollendetes Geschöpf, das bereits das ihm bestimmte Ziel erreicht habe. Wie auch immer wir es in Worte fassen, wir sind alle der Meinung, daß wir in diesem oder jenem Punkt das Ziel noch nicht erreicht haben – hieße es nun Gott, Erlösung, Eingehen ins Nichts, Friede, Fortschritt, Erfolg, Glück, Macht, Sicherheit usw. Eine Weise, darüber zu sprechen, macht sich ein geographisches Paradigma zunutze: Wir sind alle noch als Pilger unterwegs zum Gipfel (des Lebens). Letztlich wissen wir nicht einmal, wie dieser Gipfel aussieht, ob es sich um eine Bergspitze oder um eine Hochebene handelt, ob es nur ein oder ob es mehrere Gipfel sind. Sicher,

Propheten und Heilige, Religionsstifter und Philosophen, Mystiker und Theologen, aber auch Scharlatane, Geisterseher und Träumer haben Erstaunliches darüber berichtet. Viele reden davon, aber sie sprechen nicht mit einer Zunge. Viele behaupten, hinter dem schneebedeckten Gipfel liege ein sonniges Tal. Andere verkünden lauthals, ihnen sei offenbart worden, der „Gipfel" befinde sich eigentlich in der Höhle des Herzens. Manche vertreten die Ansicht, der Gipfel sei die Leere, der Abgrund des Nichts. Andere meinen sogar, alles Seiende sei im Grund absurd und der „Gipfel" nichts als die letzte Enttäuschung, die unseren entfremdenden Träumen von einem gelobten Land unausweichlich bereitet wird. Wieder andere dagegen glauben zu wissen, auf dem Gipfel erwarte uns die Fülle des Lebens, ein Höchstmaß an Frieden und Freude. Wie dem auch sei und wie sehr die religiösen Landvermesser auch über die Beschaffenheit des Gipfels streiten mögen, alle werden zugeben, daß es in der Tat so etwas wie einen Gipfel gibt, den es zu erreichen gilt.

In diesem Rahmen läßt sich eine Religion also als Weg verstehen, der verspricht, zum Gipfel zu führen – gleich, ob dieser transzendent oder immanent ist, ob das Ziel aufgrund persönlicher Anstrengung erreicht wird oder mit Unterstützung oder rein als Geschenk der Gnade usw.

Der Gipfel selbst hat viele Namen. Doch wie treffend und angemessen diese Namen auch sein mögen, sie beschreiben den wirklichen Gipfel immer nur unvollkommen und annäherungsweise, denn der eigentliche Gipfel gilt als unaussprechlich und unerreichbar, solange die gegenwärtigen menschlich-irdischen Bedingungen andauern. Es gibt also in der Tat viele Wege, die von sich behaupten, zum Gipfel zu führen, und alle sind mehr oder weniger anstrengend und beschwerlich. Mit anderen Worten: Es handelt sich nach diesem Modell immer um Pfade, die sich denselben steilen Berg hinaufwinden, oder um Schritte, die zu demselben Abgrund (dem umgekehrten Berg) führen.

Wollen wir das Gleichnis noch ein wenig vertiefen, läßt sich auch darauf hinweisen, daß wir, solange der Weg noch durch die Vorgebirge führt, um die Anstrengungen und Leistungen der anderen Überlieferungen nicht einmal wissen müssen, denn es können viele Bergrücken und Täler dazwischen liegen, die uns von ihnen trennen und verhindern, daß wir auch nur die Spuren der Wege entdecken, die sie sich gebahnt haben. In den Niederungen liegen die Wege noch weit auseinander, erst in höheren Gefilden kommen sie einander näher.

Zudem muß jeder, auch wenn die Überlieferung, der er folgt, für ihn bereits einen Weg markiert und ausgeschildert hat, diesem auf seine Weise folgen. Er muß auf ihm wandern, indem er auf der breit ausgebauten Schneise irgendwie seinen eigenen Pfad findet oder sich schafft. Religion ist eine sehr persönliche Angelegenheit, sie besitzt von daher neben ihrer gesellschaftlichen eine ganz intime und persönliche Seite.

Darüber hinaus erhellt und verdeutlicht das geographische Modell die Tatsache, daß das Ziel niemals erreichen kann, wer ständig von einem Weg zum anderen wechselt oder zwischen ihnen hin und her springt. Man darf eine Pause einlegen, um Atem zu schöpfen oder um die schöne Aussicht zu genießen oder um einen Strauß Blumen zu pflücken, aber wer dem Ruf des Berges nicht folgt, einfach weil der Weg zu schwierig ist, wer sich weigert, die Mühsal des Aufstiegs auf sich zu nehmen, der wird auch den Gipfel nicht erreichen. Das Ziel erreicht nur, wer beharrlich dem einmal eingeschlagenen Weg folgt.

Allerdings kann es sehr wohl vorkommen, daß der Weg den Vorstellungen, die man sich von ihm gemacht hat, nicht entspricht. Dann muß man diese hinter sich lassen und sich einen neuen Weg suchen. Dabei wird man vielleicht auf verborgene Pfade oder gar geheime Abkürzungen stoßen – die Asketen und geistlichen Führer erzählen davon. Das soll nicht heißen, daß man an einem bestimmten Punkt der Pilgerreise nicht einen anderen ausgetretenen Pfad entdecken kann, der überzeugender und geeigneter als der bisherige zu sein scheint. Man kann den Weg wechseln, aber nichts auf der Welt vermag den bisherigen Verlauf der Pilgerreise ungeschehen zu machen. Mit anderen Worten, eine Konversion ist ein berechtigter Schritt, wenn damit nicht die völlige Zurückweisung und Ablehnung dessen verbunden ist, was auf dem zurückgelegten Weg an Erfahrungen und Erlebnissen da war. Man kann bis zu dem Punkt zurückgehen, an dem man meint, den rechten Weg verlassen zu haben. Aber selbst dann kann man von dort aus nicht einfach weitergehen, als ob der Weg von neuem begänne und man erst jetzt den ersten Schritt tue. Immer bringt das Bündel der gemachten Erfahrungen mit, wer dem Weg einer anderen Überlieferung zu folgen beginnt. Vielleicht hat man entdeckt, daß das eigene *dharma* auf die neue Straße verweist. Echte Konversion ist keine Abwendung gegen das eigene *svadharma*, sondern eher eine Wegkehre, die versucht, die Übereinstimmung mit dem innersten Kern des eigenen Wesens wiederherzustellen.

Ein Wegwechsel ist keine leichte Sache. Er kann unvorhergesehene Folgen haben. Ohne es bewußt zu wollen, bringt man nicht nur das ganze frühere Gepäck in die neue Tradition mit ein, man setzt auch einen verwickelten Austausch- und Stoffwechselprozeß in Gang, der von vielen kaum überschaubaren Faktoren abhängig ist. Manches bleibt dabei auf der Strecke, anderes wird übernommen, verwandelt, in die neue Überlieferung integriert.

Noch verwickelter wird die Angelegenheit, sobald ein Wegschreiter einem anderen Pfad zu folgen versucht, ohne dabei den bisherigen und ursprünglichen aufzugeben. Dann muß ein neuer Weg gebahnt werden, der das ermöglicht. Wenn das Wagnis gelingt, entsteht daraus vielleicht eine Straße, auf der auch andere gehen können. Die verschiedenen Wege können sich dabei näher kommen oder ihre Spur verbreitern, sobald ein derartiger Versuch eine Größenordnung erreicht, die Auswirkungen auf gesellschaftlicher Ebene nach sich zieht.

Diese Überlegungen legen eine weite Auslegung des Wortes „Weg" nahe. Jeder überlieferte Weg wäre dann eher einem Bergrücken zu vergleichen, auf dem die Menschen ihren Pfad zu finden haben. Es mag sein, daß die verschiedenen Überlieferungswege durch weite Täler voneinander getrennt sind, solange sie noch fern vom Gipfel verlaufen, aber von einer gewissen Höhe an kann es durchaus vorkommen, daß zwei Wasserscheiden zusammenlaufen, nachdem die Talniederungen überwunden sind. Wie jeder Bergsteiger weiß, braucht man eine gehörige Portion Vertrauen in den eingeschlagenen Weg: Nicht selten ist der Gipfel gar nicht zu sehen, und oft weiß man nicht, ob es nicht nötig sein wird, einen Haken zu schlagen, um auf einen sicheren Seitenweg zu gelangen. Der Pfad, den man eingeschlagen hat, kann plötzlich irgendwo im leeren Nichts enden oder vor einer steilen Granitwand landen. Und das ist noch nicht alles: Erdrutsche, Überflutungen oder gar Erdbeben können die alten Pfade verschüttet haben. In der Tat, auch Religionen wandeln sich, verkümmern oder sterben sogar ganz ab. Vielleicht hat der Wildwuchs zur Routine gewordener Rituale die klassische Marschroute überdeckt, oder das Unkraut der Mißverständnisse und Überheblichkeiten ist dabei, den Weg des goldenen Zeitalters zu ersticken.

Dieses Gleichnis für die religiöse Suche der Menschen scheint in der Tat eine geeignete Sprache zu ermöglichen, mit deren Hilfe sich fast alles im Hinblick auf den religiösen Dialog Bedeutsame ausdrücken läßt: Daß nur der eigene Weg zum Gipfel führt; daß alle Wege das Ziel erreichen können; daß die wenigsten so ohne weiteres zu überqueren sind; daß es Krümmungen und Windungen der Pfade und auch Holzwege gibt; daß von einem bestimmten Augenblick an jeder Weg nutzlos wird. Andere, die nach einem Kompromiß suchen, werden sagen, daß die Wege überhaupt nur in den Niederungen und Ausläufern der Berge ihren Zweck erfüllen. Später höre alles Weghafte auf. Sie behaupten auch, daß der Gipfel, wie auch immer er beschaffen sein mag, in sich zusammenbricht, sobald wir alle Wege zerstören. Wenn Erosion die Abhänge wegfrißt, bricht der ganze Berg in sich zusammen. Irgendwie ist der Weg selber das Ziel.

Insbesondere die *gnostischen* oder *jnânischen* Überlieferungen werden sagen, es gebe eigentlich überhaupt keinen Weg, denn *„samsâra* ist *nirvâna"* oder „das bist du" oder aufgrund ähnlicher intuitiver Einsichten. Die Vertreter solcher Ideen können jedoch nicht leugnen, daß der „Nicht-Weg" der Erkenntnis in gewisser Weise auch ein Weg ist, den der Wegschreiter erst einmal zu entdecken hat.

Zudem muß der Weg nicht nur das zerklüftete Gelände durchqueren, sondern auch die psychische Topographie und die innere Landschaft des Pilgers. Oder einfacher gesagt: Der Weg ist nur Weg, wenn du selber ihn gehst, wenn du mit eigenen Füßen auf ihm voranschreitest und ihn zu deinem eigenen machst. Überzeugend läßt sich nur von Wegen sprechen, die wir selber gegangen sind. Doch wir müssen darauf achten, uns nicht vorschnell auf die eigene individuelle Auslegung festzulegen. Das würde dem Gleichnis seine Vielschichtigkeit und Beweglichkeit nehmen. Was für dich der geeignete Weg sein mag, muß es noch lange nicht für mich sein. Du bist vielleicht nicht in der Lage, in den Spalten steiler Granitwände herumzuklettern, während ich allergisch auf Wege reagiere, die durch tropische Urwälder verlaufen; du leidest vielleicht unter Schwindelanfällen und traust dich nicht in die Nähe des Abgrunds, während mir von allzu vielen Kurven übel wird. Ich muß dir glauben, wenn du sagst, daß auch du sicher zum Gipfel gelangen wirst, obwohl dein Weg für mich überhaupt kein „Weg" wäre.

In unserem modernen technologischen Zeitalter ist es kaum verwunderlich, wenn manche der Meinung sind, die alten Wege seien gut und richtig gewesen, was vergangene Zeiten betrifft, heute aber bedürfte es neuer „Pontifexe", das heißt neuer „Brückenbauer", einer neuen Berufspriesterschaft, die besser in der Lage sei, uns Hilfestellung auf dem Weg zu geben, als die Popen und Bonzen vergangener Zeiten. Die „neuen" und „modernen" Wege, das wäre dann der Versuch, die Schnellstraßen einer das Zeitliche in seiner Linearität mit einbeziehenden Moralität, eines garantierten und wohlbemessenen Erfolges, einer durch die Errungenschaften der Technik unterstützten Evolution der menschlichen Natur zu bauen, mit dem Anspruch, die Schluchten und Spalten der Unwissenheit und des Aberglaubens zu überbrücken, um auf schnellstem Wege zum Ziel zu führen, mit Fahrzeugen, die besser konstruiert und ausgestattet sind als die *Mahâyânas* und *Hinâyânas* vergangener Zeiten. Diese derartig manchmal etwas oberflächliche Auslegung des Gleichnisses sollte man nicht allzu schnell beiseite schieben, denn dahinter steckt die tiefe und wertvolle Einsicht, daß wir nicht nur Wegschreiter sind, sondern auch Pfad*finder* und Wege*bauer.* Wir sind die menschlichen Erfinder und Erbauer, die die Straßen in eine bessere, menschlichere und von daher dem Göttlichen angemessenere Lebenswelt bauen – oder in eine schlechtere. Diese moderne Geisteshaltung hat in der Tat in epochemachender Weise den Lauf überlieferter Wege beeinflußt und verändert, so daß sie nun, während sie zuvor parallel zueinander und ohne voneinander Notiz zu nehmen verliefen, heute wohl oder übel einander begegnen und berühren. Während sie anscheinend rein weltliche Ziele verfolgen, haben die modernen Kommunikationssysteme in Wirklichkeit einen bedeutenden Beitrag zur Begegnung religiöser Überlieferungen geleistet.

Schließlich kann dieses Modell auch dazu dienen, die offensichtlichen Differenzen und Unterschiede zwischen den Religionen zu erklären. Wenn die eine Religion *glaubt,* daß der Gipfel ganz im Transzendenten liegt und es kaum eine direkte Verbindung zu unserem gegenwärtigen Aufenthaltsort gibt, wird sie den Weg darin sehen, alles Irdische abzulegen und hinter sich zu lassen. Wenn eine andere Religion *glaubt*, daß der Gipfel genau am Ende des Weges auf uns wartet, wird sie kaum auf einer Initiation bestehen, mit der ein Glaubenssprung oder ein Bruch der Ebenen verbunden ist, sondern eher den Weg als beständiges Voranschreiten verstehen, das aufgrund persönlicher Anstrengung zum Ziel führt. Wenn die Bergspitze unbesteigbar ist, bedarf es der Gnade; wenn sie grundsätzlich zu erblicken ist, gehört der Glaube dazu; wenn das Ziel in dir selber liegt, ist der Rückzug nach innen der Weg; und so weiter und so fort.

Das physikalische Modell: der Regenbogen

Die verschiedenen religiösen Überlieferungen der Menschheit gleichen dem nahezu unendlich differenzierbaren Farbenspektrum, das erscheint, sobald das göttliche oder einfache weiße Licht der Wirklichkeit auf das Prisma menschlicher Erfahrung trifft. Es bricht sich darin und zerfällt in die Vielzahl der Traditionen, Glaubenslehren und Religionen. Grün ist nicht Gelb, Hinduismus nicht Buddhismus, und dennoch weiß man an den Rändern der Farben nie genau – außer durch künstliche und gewollte Grenzziehung – wo Gelb aufhört und Grün anfängt. Mehr noch, man kann durch jede besondere Farbe, will sagen Religion, bis zur Quelle des weißen Lichts vorstoßen. Jedem Anhänger einer menschlichen Überlieferung ist die Möglichkeit gegeben, seine oder ihre Bestimmung, Fülle, Erlösung zu erreichen, vorausgesetzt, er oder sie leben nicht in völliger Finsternis. Zumindest ein Strahl des Lichts muß bis zu ihnen dringen. Überlagern sich zwei Farben, entsteht daraus vielleicht eine ganz neue Farbe. Ähnlich bei religiösen Überlieferungen, deren Begegnung möglicherweise die Geburtsstunde einer neuen einläutet. Tatsächlich sind die meisten heute bekannten Traditionen aus einer derartigen gegenseitigen Befruchtung (Arier-Drawiden, Juden-Griechen, Inder-Muslime, usw.) hervorgegangen. Zudem läßt sich nur von einem gemeinsam gewählten Blickwinkel aus eine Religion gegen eine andere beurteilen und abwägen. Was die Sorge um soziale Probleme betrifft, kann die eine Überlieferung vielleicht bessere Ergebnisse vorweisen, wogegen eine andere unter Umständen die Sicherung des persönlichen Glücks eher gewährleistet. Wir können beim Regenbogen mit dem Infrarot beginnen oder mit dem Ultraviolett, oder wir wählen zum Beispiel 5000 Angström als Ausgangs- und Mittelpunkt. Außerdem wird innerhalb der Zone des grünen Lichts alles im Licht dieser besonderen Farbe erscheinen. Der gleiche Gegenstand würde in der roten Zone rötlich erscheinen. Das Modell erinnert uns daran, daß es ganz entscheidend auf den Zusammenhang ankommt, will man „religiöse Wahrheiten" miteinander vergleichen. Das ist noch nicht alles. Wie die Farbe eines Gegenstandes die einzige Farbe ist, die normalerweise von diesem Gegenstand nicht verschluckt und absorbiert wird, so erinnert uns das Modell auch daran, daß eine Religion auf ähnliche Weise alle anderen Farben außer der eigenen absorbiert und in ihrem Schoß verbirgt, so daß die äußere Farbe in Wahrheit nur ihre Erscheinung ist, ihre Botschaft an die Welt, nicht aber ihre volle Gestalt. Wir erkennen das, sobald wir versuchen, eine Religion von innen her zu verstehen. Die wahre Gestalt, die den ganzen Strahl des weißen Lichts empfangen hat, birgt alle anderen Farben in sich, so daß es nicht wahrheitsgemäß wäre, eine Religion nur nach ihrer äußeren Farbe zu beurteilen. Das Gleichnis läßt sich noch weiter vertiefen. Die eine Religion deckt vielleicht nur einen kleinen Ausschnitt des Spektrums ab, während eine andere einen größeren Teil umfaßt. Zudem können Zeit und Raum (wie beim Doppler-Fizeau-Effekt) die Wellenlänge einer bestimmten Überlieferung beeinflussen, so daß sie sich über die Zeiten hin oder an verschiedenen Orten verschieden darstellt. Was ein Christ im Indien des zwanzigsten Jahrhunderts ist, kann ganz anders aussehen als das, was im Frankreich des zehnten Jahrhunderts dafür gehalten wurde.

Das Gleichnis schließt nicht notwendigerweise mit ein, daß alle Religionen gleich sind oder daß es keine schwarzen oder farblosen Flecken gibt oder daß es für ein bestimmtes Problem nur genau eine passende Farbe gibt usw. Das Gleichnis kann darüber hinaus dazu dienen, allem, was kein Licht in sich hat, das Recht streitig zu machen, als religiöse Überlieferung aufzutreten. Eine humanistische Kritik religiöser Traditionen kann zum Beispiel sehr wohl anhand unseres Modells alle Religionen der Vergangenheit als unzulässige Verdunkelungen betrachten und ihnen den Charakter von Lichtbringern absprechen. Nur die erhellenden Überlieferungen des Rationalismus, Marxismus und Humanismus kämen dann als einzig ernstzunehmende in Betracht. Ich führe dieses extreme Beispiel an, um deutlich zu machen, wie groß die Bandbreite der Deutungsmöglichkeiten dieses Grundgleichnisses ist. Es kann sogar herangezogen werden, wenn sich eine besondere Religion selber für das weiße Licht hält, alle anderen dagegen als Brechungen der eigenen ursprünglichen Religiosität. Oder es liefert im Gegenteil ein Beispiel dafür, wie man in Worte fassen kann, daß die Vielfalt der Religionen in Wirklichkeit zur Schönheit und zum Reichtum der menschlichen Situation auf Erden gehört: Nur der ganze Regenbogen gibt ein vollständiges Bild der wahren religiösen Dimension des Menschen.

Doch der Wert eines Modell liegt nicht nur in seiner möglichen Anwendbarkeit, sondern auch in seiner Ähnlichkeit mit dem Phänomen, dessen Analyse es dienen soll. Die physische Tatsache des Regenbogens hilft uns in diesem Fall, die komplizierten Zusammenhänge des anthropologischen Erscheinungsbildes von Religion zu verdeutlichen.

Das geometrische Modell:
das topologisch sich Durchhaltende

Während es im letzten Modell die Brechung des Lichts war, die die verschiedenen Farben, will sagen Religionen, hervorrief, liegt die Ursache der verschiedenen Formen und Gestalten der geometrischen Figuren, will sagen Religionen, des dritten Modells in ihrer Verwandlung.

Eine anfängliche Originalform macht im und durch den Raum und aufgrund zeitlicher Einflüsse eine fast unendliche Zahl möglicher Verwandlungen durch, weil Menschen sie verbiegen, die Geschichte an ihnen zerrt, die Kräfte der Natur sie krümmen usw. Die Religionen erscheinen als verschieden und sogar als gegenseitig unvereinbar, solange das topologisch sich Durchhaltende noch nicht entdeckt ist. Dabei muß es sich nicht unbedingt um ein einziges für alle Religionen handeln. Manche werden lieber an der Theorie von der Familie der Religionen festhalten, während andere versuchen werden, die Hypothese zu untermauern, daß die verschiedenen menschlichen Wege alle einer einzigen zugrundeliegenden menschlichen Erfahrung entstammen, die sich nach Gesetzen abgewandelt und verändert hat, die (um im Bild zu bleiben) wie stets auf dem Gebiet der Geometrie erst noch zu entdecken sind. Wieder andere werden vielleicht sagen, daß die Religionen in der Tat verschieden sind, solange die entsprechenden topologischen Verwandlungsprozesse noch nicht durchgängig konstruiert worden sind. Das Modell ist mehrdeutig. Homeomorphismus ist nicht dasselbe wie Analogie: Er steht für eine funktionale Entsprechung, die aufgrund topologischer Abwandlung gefunden werden kann. Brahman und Gott sind nicht nur zwei analoge Bezeichnungen; sie sind homeomorph in dem Sinne, daß jede von ihnen für etwas steht, das innerhalb des jeweiligen Systems eine entsprechende Funktion erfüllt. Das aber läßt sich erst sagen, wenn die homeomorphe Gestalt der topologischen Entsprechung gefunden worden ist. Religionen, die auf den ersten Blick sehr verschieden voneinander zu sein scheinen, entdecken vielleicht ihre Ähnlichkeiten und Gemeinsamkeiten, sobald die topologischen Wandlungsgesetze entdeckt sind, die es erlauben, beide Überlieferungen aus einander herzuleiten. Das Modell fordert geradezu weitere Untersuchungen heraus und bewahrt uns davor, voreilige Schlüsse zu ziehen. Ein wörtlicher Gebrauch des topologischen Modells würde auf die Annahme hinauslaufen, daß alle Religionen nicht nur Abwandlungen einer einzigen ursprünglichen Erfahrung, Intuition oder eines anfänglich Gegebenen sind (das würde auch vom Regenbogenmodell gelten), sondern daß jede religiöse Tradition darüber hinaus eine Dimension der jeweils anderen darstellt, daß es eine Art „circumincessio" oder „perichoresis" oder „pratityasamutpada" zwischen allen religiösen Überlieferungen der Welt gibt, so daß Modelle, die rein statisch die Nähe der Religion verdeutlichen, nicht ausreichen, ihre Beziehungen zueinander angemessen ins Bild zu bringen. Religionen stehen nicht einfach Seite an Seite nebeneinander, sie sind in Wirklichkeit ineinander verflochten, jede lebt gleichsam im Inneren der anderen. Vishnu wohnt im Herzen von Siva und umgekehrt. Jede Religion stellt für eine bestimmte Gruppe von Menschen jeweils das Ganze dar, sie „ist" aber in gewisser Weise auch die Religion der anderen Gruppe – nur in topologisch verwandelter Form. Das ist vielleicht eine etwas zu optimistische Sicht, aber das Modell kennt auch die notwendigen Vorbehalte und Einschränkungen. Man kann diese Theorie zum Beispiel nicht a priori formulieren, aber sie kann sehr wohl eine Arbeitshypothese sein, die unseren Geist anspornt, nach einer transzendenten Einheit der religiösen Erfahrungen der Menschen zu suchen. Es ist klar, daß das Modell weder den göttlichen Faktor noch eine kritische Beurteilung der menschlichen Überlieferungen ausschließt. Manchmal kann es vorkommen, daß die topologische Entsprechung nicht auszumachen ist, manchmal kann es aber auch sein, daß es eine derartige Entsprechung gar nicht gibt.

Vergleicht man mit Hilfe dieses Modells Religionen miteinander, geht es nicht darum, Analogien zu finden, die immer und unvermeidlich oberflächlich ausfallen und ein *primum analogatum* als Bezugspunkt brauchen (der bereits zu den untersuchten Überlieferungen selbst gehören sollte, wenn der Vergleich ein fairer Vergleich sein soll), sondern eher darum, die Religionen von innen her zu verstehen, um die Gesetzmäßigkeiten ihrer konkreten Struktur entdecken und die entsprechenden homeomorphen Züge herausfinden zu können. Die Vielfalt der Religionen würde dann nicht als bunt gewürfeltes farbenfrohes Universum erscheinen, sondern sich als die unterschiedlichen Erscheinungsformen einer inneren Struktur herausstellen, die in einer tieferblickenden Intuition aufgedeckt werden kann, gleich ob diese mystisch oder wissenschaftlich genannt wird.

Die topologischen Gesetze müssen allerdings nicht rein rationaler oder logischer Natur sein wie im Falle der geometrischen Topologie. Es kann sich auch um historische Gesetze oder um Gesetze *sui generis* handeln. Mit einem Wort, das topologische Modell ist nicht nur im Hinblick auf mögliche lehrmäßige Entsprechungen zu gebrauchen; es kann auch dazu dienen, andere Formen der Entsprechung und Ergänzung ausfindig zu machen. Auf diese Weise gelingt vielleicht, um ein Beispiel zu nennen, die Erklärung, wie es möglich war, daß der ursprüngliche Buddhismus in Indien aufgrund einer gewissen Advaita-Haltung und durch Erhellung der geeigneten topologischen Verwandlungsgesetze neu in den Hinduismus integriert werden konnte.

Das anthropologische Modell: Sprache

An welcher Theorie wir auch festhalten mögen, was Ursprung und Wesen der Religion betrifft, ob sie göttliche Gabe oder menschliche Erfindung oder beides ist, Tatsache bleibt, daß Religion zumindest eine menschliche Wirklichkeit ist, die als solche gleich weit verbreitet ist wie eine andere ebenso zumindest menschliche Wirklichkeit, die wir gewöhnlich Sprache nennen. Unser viertes Modell betrachtet jede Religion als eine Art Sprache. Es hat alte Vorbilder. Mit dem weitverbreiteten Glauben, daß es genau zweiundsiebzig Sprachen gebe, verbanden manche die Ansicht, es gebe ebenso genau zweiundsiebzig Religionen. „Item dixit – so steht es in den Akten eines Inquisitionsprozesses aus dem Bologna des 13. Jahrhunderts gegen einen Katharer –, quod sicut sunt LXXII lingue, ita sunt LXXII fides."

Jede Religion ist als solche eine Welt für sich, wie jede Sprache in der Lage ist, alles auszudrücken und in Worte zu fassen, was sie als notwendig empfindet. Jede Religion ist wachstums- und entwicklungsfähig wie eine Sprache. Beide sind in der Lage, neue Sinnschattierungen aufzunehmen und auszudrücken, Wandlungen der Mundart und Betonung zuzulassen, die Ausdrucksmöglichkeiten zu verfeinern und zu verändern. Sobald innerhalb einer religiösen oder linguistischen Welt ein neues Bedürfnis spürbar wird, finden sich auch die Mittel und Wege, ihm gerecht zu werden. Zudem ist keine Sprache, obwohl jede eine Welt für sich ist, ohne Beziehungen zu den benachbarten Sprachen. Sie macht bei ihnen Anleihen und hält sich offen für eine gegenseitige Beeinflussung. Und doch übernimmt jede Sprache aus einer fremden nur soviel, als sie sich selber aneignen kann. Ähnlich verhält es sich zwischen Religionen:

Sie beeinflussen einander und entlehnen voneinander, ohne dabei ihre Identität zu verlieren. Im Extremfall kann eine Religion, wie eine Sprache auch, ganz verschwinden. Die Gründe dafür scheinen ebenfalls ganz ähnlicher Art – Eroberung, Verfall, Auswanderung usw.

Betrachtet man die Sprache oder Religion von innen, macht es wenig Sinn zu behaupten, eine Sprache sei vollkommener als eine andere, denn in der eigenen Sprache läßt sich (wie in der eigenen Religion) alles ausdrücken, was man ausdrücken will. Wäre das Bedürfnis da, etwas anderes oder etwas anders zu sagen, man würde es einfach tun. Wenn es in der einen Sprache nur ein Wort für das Kamel gibt, dafür aber hunderte für die verschiedenen Metalle, in einer anderen Sprache dagegen genau das Gegenteil der Fall ist, kommt das daher, weil es verschiedene Sichtweisen gibt, die bei der Unterscheidung der Kamele bzw. Metalle zugrundegelegt werden. Ebenso verhält es sich auf dem Gebiet der Religion. Vielleicht gibt es in der einen nur ein Wort für die höchste Weisheit, für Gott, Mitleid oder Tugend, in einer anderen dagegen gleich eine ganze Menge.

Problematisch wird es erst, wenn es zur Begegnung der verschiedenen Sprachen – und Religionen – kommt. Das große Problem ist das der Übersetzung. Religionen entsprechen einander im selben Maße, als Sprachen ineinander übersetzbar sind; sie sind einzigartig und unvergleichbar in dem Maße, als in jeder Sprache ein unübersetzbarer Rest bleibt. Da ist zum Beispiel die gemeinsame Welt der objektivierbaren Gegenstände, die sich auf empirische oder logische Weise verifizieren lassen. Das ist das Reich der Begriffe. Jeder Begriff ist ein wissentlich gesetztes Zeichen, das für einen empirisch oder logisch verifizierbaren Gegenstand steht. Die Begriffe „Baum", „Wein", „Atom", „vier" können in jede beliebige Sprache übersetzt werden, solange wir die Möglichkeit haben, ein sichtbares Ding (Baum), eine physikalisch identifizierbare Substanz (Wein), eine physikalisch-mathematisch definierbare Größe (Atom) oder eine logische Ziffer eindeutig zu bestimmen. In jedem einzelnen Fall sind bestimmte Bedingungen erforderlich, doch wir können davon ausgehen, daß sich diese Bedingungen überall logisch oder empirisch verifizieren lassen, sobald bestimmte Axiome als Grundlage und Ausgangspunkt akzeptiert werden. Kurz, alle Begriffe lassen sich in eine andere Sprache übersetzen. Ein Name läßt sich leicht erfinden oder übernehmen, wenn eine Sprache einen bestimmten Begriff noch nicht kennt (z.B. „Atom"). Auf ähnliche Weise gibt es in allen Religionen einen übersetzbaren Bereich: alle haben mit dem Menschen zu tun, seinem Wohlergehen, seinem Heil, mit der Beseitigung der Hindernisse auf dem Weg zum Ziel und ähnlichem. Religiöse Begriffe sind – als Begriffe – übersetzbar.

Der wichtigste und bedeutsamste Bereich einer Sprache wie einer Religion ist jedoch nicht das Reich der Begriffe, sondern das Reich der Worte, das heißt nicht der wissentlich gesetzten Zeichen, um uns in der Welt der Gegenstände zurechtzufinden, sondern der lebendigen Symbole, die es uns ermöglichen, in der Welt der Menschen und Götter zu leben. Worte sind aber nicht objektivierbar. Ein Wort läßt sich nicht völlig von dem Sinn und der Bedeutung trennen, die wir ihm gegeben haben. In der Tat belegt jeder von uns ein Wort mit unterschiedlichen Sinn- und Bedeutungsnuancen. In jedem Wort spiegelt sich die ganze Erfahrung eines Menschen, von der es nicht zu trennen ist. Ein Wort ist nicht auf logische oder empirische Weise bis in seine letzten Winkel auszuleuchten. Wenn wir von „Gerechtigkeit", „dharma", „karunâ" sprechen, können wir nicht auf einen Gegenstand zeigen, sondern müssen uns auf die verdichtete menschliche Erfahrung beziehen, die je nach Volk, Ort und Zeit unterschiedlich ausfallen kann.

Worte lassen sich streng genommen nicht angemessen übersetzen. Sie lassen sich allenfalls verpflanzen, zusammen mit dem Umfeld, auf dem sie gewachsen sind, das ihnen ihren Sinn und ihre Bedeutung gegeben hat und das den Hintergrund abgibt, vor dem sie zu verstehen sind, das heißt, von dem her sie sich vielleicht in eine andere Umgebung einordnen lassen. Selbst dann wird das umgepflanzte Wort, wenn es die Verpflanzung überlebt, sehr bald seine Wurzeln in den neuen Boden senken und neue Nebenbedeutungen, Sinnzusammenhänge usw. erschließen. Ähnlich verhält es sich mit Religionen: Sie lassen sich nicht wie Begriffe übersetzen, nur bestimmte Verpflanzungen sind unter geeigneten Bedingungen möglich. Es gibt keinen objektivierbaren Gegenstand „Gott", „Gerechtigkeit" oder „Brahman" als selbständiges, vom lebendigen Wort unabhängiges Ding, an dem wir die Richtigkeit der Übersetzung prüfen können. Um die Worte der Religionen zu übersetzen, müssen wir die dazugehörige Weltsicht, auf deren Folie sie überhaupt nur sagen, was sie sagen wollen, mitverpflanzen. Ein nichtssagendes Wort gleicht einem nicht gesungenen Lied. Wird das Wort nicht so weitergegeben und gehört, wie und was es sagen will, haben wir es nicht wirklich übersetzt. Die Übersetzung religiöser Einsichten kann nicht geschehen, ohne daß die ursprüngliche Einsicht, die das Wort hervorgebracht hat, mit übertragen wird. Dafür genügt aber eine bloße Sicht von außen nicht. Dann übersetzen wir vielleicht die äußere Hülle eines Wortes, nicht aber seinen eigentlichen Sinn. Kein Wort darf von seinem Sprecher getrennt werden, wenn es ein echtes Wort bleiben und nicht zu einem bloßen Begriff degenerieren soll. Der Übersetzer muß selber zum Sprecher in der fremden Sprache, in der fremden Tradition werden; er muß zu einem echten Wortführer der fremden Überlieferung werden; er muß bis zu einem gewissen Grad (den ich hier nicht näher erläutern will) von der Wahrheit überzeugt sein, die er übermittelt, und sich zu der Überlieferung bekehrt haben, aus der er übersetzt. Hier sind wir bereits mitten im innerreligiösen Gespräch.

Der Übersetzer muß eine „fremde" Sprache wie seine eigene sprechen. Solange wir eine Sprache nur sprechen, indem wir ständig aus einer anderen übersetzen, werden wir die neue Sprache niemals fließend oder auch nur richtig beherrschen. Erst wer in der anderen Sprache denkt und spricht, erst wer in der anderen Religion denkt und spricht, als wäre es die eigene, hat das Zeug, zu einem echten Wortführer und Übersetzer zu werden. Das setzt natürlich voraus, daß man dabei die eigene Muttersprache nicht vergißt. Man muß sich gleich gut in beiden linguistischen Welten ausdrücken können. Dann kommt der Augenblick, in dem man sich über die Genauigkeit oder, wie der Ausdruck immer noch lautet, „Treue" so mancher Übersetzung zu wundern beginnt. Bleibt wirklich beidem, Brahman und Gott, dem Dharma und der Religion (oder der Gerechtigkeit oder Gesetz?) treu, wer so übersetzt? Oder besteht nicht vielmehr die Verpflichtung, die eigene Sprache zu erweitern, zu vertiefen, ihre Aussagekraft zu erhöhen, um Raum für die Einsichten der anderen zu schaffen? Das kann sogar für Begriffe gelten, die zum Teil empirisch verifizierbar sind. Bist du wirklich so sicher, daß du den heutigen deutschsprachigen Leser nicht irreführst, wenn du *gau* mit „Kuh" übersetzt und ihn im Glauben läßt, es handele sich dabei um ein weibliches Rind, um ein Wort, das Bezüge zu Bauer und Stall, aber nicht zu *kâmadhenu* aufweist? *Gau* ist mehr als eine zoologische Bezeichnung, wie *sûrya* (Sonne) mehr ist als ein bloßer Name für einen astronomischen oder physikalischen Körper. *Dhvani* ist eine Wirklichkeit, die alle Dichter kennen.

Das linguistische Modell kann auch dabei helfen, die verwickelten Probleme der vergleichenden Religionswissenschaft zu klären. Erst wenn wir eine gemeinsame Sprache sprechen, können wir mit dem Vergleichen anfangen, das heißt vor einem gemeinsamen Hintergrund abwägen und urteilen. Erst dann kann es zu einem gegenseitigen Verstehen kommen. Das Modell macht darüber hinaus klar, daß sich Sprachen (Religionen) nicht außerhalb von Sprache (Religion) vergleichen lassen und daß es keine Sprache (Religion) außerhalb der konkreten Sprachen (Religionen) gibt. Vergleichende Religionswissenschaft kann es nur als Vergleich der Religionen aus der Sicht der konkreten Überlieferungen selber geben. Das erfordert eine ganz andere und neue Methode als die, die sich auf die Annahme stützt, es gebe eine nichtreligiöse neutrale Vernunft, die ermächtigt wäre, vergleichende Urteile auf dem Gebiet der Religionen zu fällen.

Pluralismus

Die Erwähnung des Pluralismus als Schlußfolgerung ist, denke ich, nicht fehl am Platze. Das Ziel des zwischenreligiösen Dialoges ist das gegenseitige Verstehen. Es geht nicht darum, den anderen für sich zu gewinnen oder eine völlige Übereinstimmung herbeizuführen oder gar eine universale Religion zu schaffen. Das Ideal ist eine Kommunikation, die die Abgründe an Unverständnis und wechselseitiger Unwissenheit zwischen den verschiedenen Kulturen der Welt überbrückt, indem sie sie selber sprechen und ihre eigenen Einsichten in ihrer eigenen Sprache ausdrücken läßt. Vielleicht haben sich manche sogar die Kommunion der Religionen zum Ziel gesetzt, aber das bedeutet nicht, daß darunter eine uniforme Einheit oder die Rückführung der pluralen Vielfalt des Menschen auf eine einzige Religion, ein System, eine Ideologie oder Tradition zu verstehen wäre. Der Pluralismus ist gleich weit entfernt von einer Pluralität, deren Bestandteile völlig beziehungslos nebeneinander stehen, und einer monolithischen Einheit. Er geht davon aus, daß die menschliche Lage in ihrer gegenwärtigen Wirklichkeit nicht vernachlässigt und schon gar nicht verächtlich gemacht werden darf zugunsten einer idealen (?) Situation menschlicher Uniformität. Im Gegenteil, sie nimmt unsere faktische Situation als wirklich an und bejaht, daß wir inmitten der tatsächlichen Polaritäten der menschlichen Existenz unser wahres Sein finden.

Die Spielregeln der religiösen Begegnung

sastra-yonitvat
Die heilige Überlieferung als Quelle (des Wissens)
BS I,1,3*

Die Begegnung der Religionen ist heute zu einer unausweichlichen Tatsache geworden. Ich möchte einen Grundsatz formulieren, der sie bestimmen sollte, aus dem sodann einige Folgerungen zu ziehen sind.

Der Grundsatz lautet: *Die religiöse Begegnung muß eine wahrhaft religiöse sein.* Alles andere bleibt unzureichend.

Die Folgerungen, die sich (unter anderem) daraus ergeben, sind:

1. Sie muß frei von jeder besonderen Apologetik sein

Näherte sich ein Christ oder Buddhist oder Anhänger welcher Religion auch immer einem Andersgläubigen in der vorgefaßten Absicht, seine Religion mit allen (zweifellos aufrichtig und ehrlich gemeinten) Mitteln zu verteidigen, würden wir vielleicht Zeugen einer wertvollen Verteidigung dieser Religion und anregender Diskussionen werden, nicht aber eines religiösen Gespräches, einer echten Begegnung und noch viel weniger einer gegenseitigen Bereicherung und Befruchtung. Man muß seine eigenen Überzeugungen und Bekenntnisse nicht aufgeben, natürlich nicht, aber jede Apologetik muß außen vor bleiben, wollen wir wirklich, daß es zu einer echten Begegnung zwischen Personen, zwischen Menschen verschiedener Religionen kommt. Unter Apologetik verstehe ich jenen Teil der wissenschaftlichen Beschäftigung mit einer bestimmten Religion, der versucht, die Wahrheit und den Wert dieser Religion unter Beweis zu stellen. Apologetik in diesem Sinne hat ihre Aufgabe und ihren Platz, aber nicht innerhalb der religiösen Begegnung.

---

* „Brahman ist der *yoni* der Sastras", sagt Sankara in seinem Kommentar. Die Großen Schriften, die menschlichen Überlieferungen sind der Schoß des Wissens, aber auch *brahman* ist dessen Quelle – nicht in einem Circulus vitiosus, sondern als Kreislauf des Lebens selber.

2. Sie muß frei von jeder allgemeinen Apologetik sein

Ich verstehe sehr wohl die Ängste des heutigen religiösen Menschen angesichts der Welle des „Nichtreligiösen" und sogar „Irreligiösen" in unserer Zeit. Dennoch hielte ich es für falsch, diesen Ängsten dadurch zum Opfer zu fallen, daß man eine Art religiöse Liga – um nicht zu sagen einen Kreuzzug – der „Frommen", der religiösen Menschen aller Konfessionen, der Verteidiger der „heiligen Rechte" der Religion ins Leben ruft.

Würde eine Mißachtung der ersten Folgerung den Mangel an Vertrauen in unserem Gesprächspartner ans Licht bringen und bedeuten, daß er falsch liegt und ich ihn „bekehren" muß, so zeigt die Mißachtung der zweiten Folgerung einen Mangel an Vertrauen in die Wahrheit der Religion selbst und bedeutet eine undifferenzierte Anklage an die Adresse des „modernen" Menschen. Die Haltung, die nach einer gemeinsamen Front zur Verteidigung der Religion oder gegen den Unglauben ruft, mag verständlich sein, aber sie ist keine religiöse Haltung – sie entspricht nicht mehr dem Entwicklungsgrad des heutigen religiösen Bewußtseins.

3. Man muß der Herausforderung der Konversion ins Auge sehen

Soll die Begegnung eine echte religiöse sein, muß sie vor allem der Wahrheit treu und für die Wirklichkeit offen bleiben. Die echte religiöse Geisteshaltung weiß sich nicht nur der Vergangenheit verpflichtet, sondern auch der Gegenwart. Ein religiöser Mensch ist weder ein Fanatiker noch einer, der immer oder auf alles eine Antwort hat. Auch er ist auf der Suche, ein Pilger, der seinen Weg zu finden hat, der auf keiner Karte verzeichnet ist: Die vor ihm liegende Spur ist noch jungfräulich und unberührt. Der religiöse Mensch erlebt jeden Augenblick neu und ist um so mehr erfreut, wenn er darin das erregende Schöne einer persönlichen Entdeckung und zugleich die Tiefen eines bleibenden Schatzes findet, den seine Glaubensvorfahren an ihn weitergegeben haben.

Und dennoch: Das neue Feld der religiösen Begegnung zu betreten stellt immer ein Wagnis und eine Herausforderung dar. Der religiöse Mensch betritt die Arena ohne Vorurteile und vorgefaßte Lösungen. Er ist sich voll im klaren darüber, daß er möglicherweise bestimmte Teile seines Glaubensbekenntnisses oder gar eine bestimmte Religion überhaupt aufgeben oder verlieren wird. Er vertraut auf die Wahrheit. Er geht unbewaffnet hinein, bereit, selber ein anderer zu werden. Vielleicht wird er sein Leben verlieren – vielleicht wird er auch neu geboren werden.

4. Die historische Dimension ist notwendig, reicht allein aber nicht aus

Religion ist keine bloße *Privatsache*, nicht nur ein vertikaler „Draht" nach oben, zum Absoluten, sondern zugleich ein Band, das uns mit der ganzen Menschheit verbindet. Religion ist nicht denkbar ohne Tradition, ohne geschichtliche Dimension. Bei der religiösen Begegnung handelt es sich nicht einfach um ein Treffen von zwei oder mehr religiös veranlagten Leuten in ihrer Eigenschaft als streng privat verstandene Individuen, ohne Rücksicht auf die jeweilige religiöse Überlieferung, in der sie stehen. Wer in echtem Sinne religiös ist, trägt in eins die Last der Überlieferung und das reiche Erbe seiner Vorfahren mit sich. Aber er ist gleichsam kein offizieller Repräsentant, der im Namen anderer oder aus bloßem Hörensagen spricht: Er ist lebendiges Glied einer Gemeinschaft, ein Glaubender innerhalb einer lebendigen religiösen Tradition.

Die religiöse Begegnung muß sich mit der historischen Dimension auseinandersetzen, aber sie darf dabei nicht stehenbleiben. Es handelt sich nicht um ein Treffen von Historikern, schon gar nicht von Archäologen, sondern um ein lebendiges Gespräch, einen Ort, an dem schöpferisches Denken und das phantasievolle Entwerfen neuer Wege gefragt sind, die nicht mit der Vergangenheit brechen, sondern sie fortführen und erweitern.

Man wird das kaum als Geringschätzung oder Herabsetzung historischer Betrachtungen und Überlegungen mißverstehen können; mir kommt es ganz im Gegenteil sehr auf ein Verstehen der in Frage kommenden Überlieferungen an, das tief und weit zugleich ist. Ersteres bedeutet, daß wir nicht nur mit der jahrhundertealten Tradition, sondern auch mit der gegenwärtigen Lage der besonderen Religion, um die es geht, vertraut sein müssen. Nehmen wir als Beispiel das Bündel von Religionen, das unter dem Namen „Hinduismus" bekannt ist. Ich möchte behaupten, daß ein tiefes Verstehen dieser Tradition ihre Entwicklung bis auf den heutigen Tag nicht übersehen darf, es sei denn, wir wollten uns mit einer willkürlichen und schiefen Auslegung begnügen. Ein Gelehrter darf sich in der Tat darauf beschränken, zum Beispiel die Veden zu studieren, aber jemand, der sich in einer echten religiösen Begegnung engagiert, wird es kaum rechtfertigen können, wenn er sein Verständnis des Hinduismus allein auf Sayana's Auslegung der Veden gründet, unter gänzlicher Vernachlässigung der Interpretationen eines sagen wir Dayananda oder Aurobindo (es geht jetzt nicht um die jeweiligen Verdienste dieser Auslegungen). Ähnlich darf sich kein moderner Christ mit der Bibelauslegung eines Hieronymus oder mit ihrem mittelalterlichen Verständnis begnügen.

Worum es mir geht, ist folgendes: Keine Untersuchung einer Idee, eines kulturellen Grundmusters oder einer religiösen Überlieferung wird ihrem Thema angemessen sein können, solange sie nicht alle seine Möglichkeiten mit in Betracht zieht, so wie kein Botaniker beanspruchen kann, ein Samenkorn zu kennen, solange er nicht die Pflanze, die aus ihm hervorgeht, genauestens untersucht hat. Zudem bleibt in unserem Fall die Bewegung des Verstehens dynamisch und wechselseitig. Deshalb meine ich nicht nur, daß jede Untersuchung des Wesens zum Beispiel des *dharma* unvollständig bleibt, solange sie nicht das heutige Verständnis dieses Begriffes mit einbezieht, sondern daß auch schon der alte Begriff wahrscheinlich nur halb verstanden wird, wenn die Entwicklung bis in die heutige Zeit außer acht gelassen wird. Das bedeutet auch, daß jemand, der den Begriff des *dharma* verstehen möchte, ob im alten oder im modernen Indien, nicht *in vacuo* zu seinem Ziel kommen kann: Die Worte, die er gebraucht, sind kulturell bereits beladen mit bestimmten Werten, Deutungen oder Sinnzusammenhängen.

Außerdem müssen die Überlieferungen in einem größeren Zusammenhang betrachtet werden, der die Grenzen eines geographischen oder kulturellen Provinzialismus hinter sich gelassen hat. Wollen wir – um bei unserem Beispiel zu bleiben – die Hinduüberlieferung angemessen verstehen, dürfen wir uns nicht auf den indischen Subkontinent beschränken: Die Wirkung, die der Buddhismus in Ost- und Zentralasien hervorgerufen hat, ist so bekannt, daß ich sie hier nur zu erwähnen brauche; das Ramayana und das Mahabharata gehören zu den prägenden Kräften in vielen Ländern südlich von Burma; Siva wird in Indonesien verehrt. Ein Verfolgen und Nachzeichnen dieser Einflußsphären und -wege ist keine bloß akademische Nebenbeschäftigung, sondern dient dazu, das Bild zu vervollständigen, das wir uns aufgrund der einheimischen Quellen machen können. Mehr noch, wir dürfen unsere Aufmerksamkeit nicht auf kulturelle Einflüsse und Kontakte der Vergangenheit beschränken und dabei die Vielzahl heutiger Beispiele übersehen. So manche indische Wertvorstellung erfährt heute an den Küsten Kaliforniens oder an den Universitäten quer durch Europa eine neue Bestätigung. Ob eine derartige Klimaveränderung den ursprünglichen Wert zerstört oder eher vertieft, ist eine andere Frage; die Einflußnahme ist jedenfalls unverkennbar. Umgekehrt haben westliche Werte – ob zum Guten oder zum Schlechten, bleibe dahingestellt – nicht nur in den großen Städten, sondern auch in den entferntesten Dörfern Indiens eine weite Verbreitung gefunden. Darf angesichts dieser Entwicklungen unser Verständnis der indischen Religionen in einem gelehrten Elfenbeinturm eingesperrt bleiben, dessen Zugbrücke bereits hochgezogen worden ist, als die ersten Muslime nach Indien kamen? Das Phänomen der Rückkoppelung läßt sich nicht nur in bezug auf die weltweite Verbreitung technischer Errungenschaften beobachten; popularisierte Ideen aus allen Kontinenten verbreiten sich heute buchstäblich mit Lichtgeschwindigkeit über die Erde, bis in die entlegensten Winkel des Planeten und bis in die tiefsten Tiefen der menschlichen Psyche. Ohne die Bedeutung der historischen Dimension herabsetzen zu wollen: Bei der religiösen Begegnung steht nicht die „Religionsgeschichte" oder die „vergleichende Religionswissenschaft" auf dem Spiel, sondern der lebendige und fordernde Glaube. Glaube aber ist Leben, und Leben läßt sich nicht auf eine Nachahmung des Vergangen oder eine bloße Neuauslegung desselben beschränken. Die religiöse Begegnung ist ein religiöses Ereignis.

5. Es handelt sich nicht um einen Philosophenkongreß

Es erübrigt sich zu betonen, daß ohne eine gewisses Maß an philosophischem Verständnis keine Begegnung möglich ist, und doch handelt es sich beim religiösen Gespräch nicht einfach um ein Treffen von Philosophen, die über intellektuelle Probleme miteinander diskutieren wollen. Religionen sind mehr als Lehren. Innerhalb einer Religion kann es sogar eine Pluralität von Lehrmeinungen geben. Eine Religion auf ein bestimmtes Lehrsystem festzunageln ist der Tod der Religion. Keine besondere Lehrmeinung *als solche* darf als einzigartiger und unersetzbarer Ausdruck einer Religion betrachtet werden. Vielleicht stellt die *Leugnung* einer bestimmten Lehrmeinung, ohne daß sie durch eine andere ersetzt oder überwunden wird, in der Tat eine Häresie dar, aber keine Religion wird sich mit *bloßer* Orthodoxie unter Mißachtung jeglicher Orthopraxis zufrieden geben. Sicher, Schöpfung, Gott, *nirvana* und ähnliches sind wichtige Begriffe, aber worum es in der Religion wie in der religiösen Auseinandersetzung eigentlich geht, ist etwas anderes: das wahre und wirkliche „etwas", auf das diese und andere Begriffe verweisen. Ich teile vielleicht mit meinem muslimischen Partner denselben Gedanken der Transzendenz Gottes, und er ist vielleicht derselben Meinung wie sein buddhistischer Partner, was das Gesetz des *karma* angeht, und doch fühlt sich keiner von uns gedrängt, seine Religion zu wechseln.

Natürlich muß ich verstehen können, was der andere sagt, das heißt, was er eigentlich sagen will, und das setzt ein neues Verständnis dessen voraus, was Auslegung und Interpretation eigentlich meinen. Die goldene Regel jeder Hermeneutik lautet, daß das Interpretierte in der Lage sein muß, sich in der Interpretation wiederzuerkennen. Mit anderen Worten, jede Auslegung einer Tradition, die von außen an sie herantritt, muß zumindest phänomenologisch mit einer Auslegung von innen her zur Deckung zu bringen sein, das heißt mit der Sichtweise des Gläubigen selbst. Einen *murtipujaka* als Götzenanbeter zu bezeichnen, wobei man das Wort Götze versteht, wie es gewöhnlich im jüdisch-christlich-islamischen Zusammenhang verstanden wird, statt mit dem zu beginnen, was der andere selber von sich sagt, stellt zum Beispiel eine unerlaubte Verletzung dieser Regel dar. Der *murti*-Begriff wird durch einen größeren philosophischen und religiösen Zusammenhang gestützt, dem man nicht einfach fremde Kategorien überstülpen darf. Obwohl das Problem ungeheuer bleibt, liegt eine der positivsten Errungenschaften unserer Zeit darin, daß wir erkannt haben, daß es keine unveränderlichen Kategorien gibt, die als absolute Unterscheidungsmerkmale und Urteilskriterien auf alles, was es unter der Sonne gibt, anwendbar wären.

Ich möchte zwei Prinzipien, die jeder gesunden hermeneutischen Methode zugrundeliegen, und den kritischen Weg, auf dem beide miteinander zu vereinbaren sind, kurz erläutern.

Das *Prinzip der Homogenität*: Einer alten im Osten wie im Westen anerkannten Überzeugung gemäß kann Gleiches nur von Gleichem erkannt werden. Mit anderen Worten, ein Begriff oder eine Idee läßt sich nur innerhalb eines homogenen Zusammenhangs angemessen verstehen und bewerten. Jeder kulturelle Wert ist von einer besonderen Sphäre umgeben, innerhalb derer er überhaupt nur in vollem Sinne zur Geltung kommt; jede unberechtigte Extrapolation kann hier nur zu Verwirrung und Mißverständnis führen. Nichts schadet auf diesem Gebiet mehr als übereilte Synthesen oder oberflächliche Gleichsetzungen. Hier ist der Ort und die große Bedeutung, die der Theologie in ihrer traditionellen Gestalt zukommen. Sie hütet das innere Selbstverständnis jeder Religion, ihr Bild von sich selbst als gelebtem Glauben. Ohne diese vorausgehende Arbeit wäre eine fruchtbare religiöse Begegnung gar nicht möglich.

Das *dialogische Prinzip:* Eine ausschließliche oder strikte Anwendung des Prinzips der Homogenität würde jeden kritischen Zugang von vornherein unterbinden und keinerlei Fortschritt auf dem Weg des gegenseitigen Verstehens erlauben. Ich kann vielleicht die Weltsicht verstehen, die der religiösen Praxis anderer – Menschenopfer zum Beispiel – zugrundeliegt, aber ich werde sie dennoch für unreif, falsch oder sogar barbarisch halten. Warum? Möglicherweise habe ich mir andere Bewußtseinsformen oder ein anderes Verstehensprinzip angeeignet, das mich die Unangemessenheit bestimmter Vorstellungen (der Notwendigkeit von Menschenopfern zum Beispiel) erkennen läßt. Ich bin zu einer Weltsicht gelangt, die es mir ermöglicht, eine andere kritisch zu beurteilen. Vielleicht bin ich jetzt in der Lage, Unstimmigkeiten oder unhaltbare Annahmen offenzulegen. Bei diesem Prozeß ist bereits das dialogische Prinzip am Werk. Nur auf dem Wege des inneren oder äußeren Dialogs und Gesprächs werden wir uns unserer unkritisch übernommenen oder unberechtigten Voraussetzungen bewußt. Das Gespräch hält nicht nur nach neuen Informationsquellen Ausschau, sondern führt zu einem tieferen Verstehen des fremden wie des eigenen Seins. Wir alle lernen dabei, erhellende Kritik anzunehmen, auch wenn sie von fernen Küsten zu uns herüberkommt.

Ko-ordination: Für sich genommen bleibt jedes Prinzip unbefriedigend und unfruchtbar; zusammen genommen ermöglichen sie ein kulturübergreifendes Verstehen, das treffend und kritisch zugleich ist. Wer sich mit indischen Traditionen auseinandersetzt, von welchem Hintergrund aus auch immer, ist überzeugt, daß er dabei die methodischen Prinzipien des modernen kritischen Gelehrten nicht über Bord werfen darf. Gleichzeitig weiß er sehr wohl, daß weder wissenschaftliche noch westliche Kategorien allein als absoluter Standard anzusetzen oder ausnahmslos überall anzuwenden sind. Diese doppelte Einsicht führt dazu, beide Prinzipien gemeinsam zur Anwendung zu bringen. Es ist hier nicht möglich, genaue Richtlinien für eine derartige Koordination zu entwickeln. Es muß genügen zu sagen, daß die Anstrengungen in dieser Richtung wahrhaft interdisziplinär und interpersonal sein müssen, wobei nicht nur die überlieferten Gebiete der „akademischen Welt" in Betracht zu ziehen sind, sondern vor allem auch die Menschen, deren Religionen im Blickfeld stehen. Keine Aussage wird treffend und sinnvoll sein können, solange sie nicht studiert, verstanden und gewissermaßen verifiziert werden kann – von allen, die davon betroffen sind, nicht nur im Schlagabtausch der *literati*.

In der Tat ist eine philosophische Klärung und Erhellung der Probleme heute von besonderer Wichtigkeit, denn im großen und ganzen haben sich die Religionen bisher in begrenzten, abgeschlossenen Gebieten entwickelt und waren von daher schnell geneigt, ein bestimmtes System philosophischer Lehren – weil es sich als besonders nützlich erwies, die religiöse Botschaft zu vermitteln – für den Kern der Religion zu halten. Die gegenseitige Bereicherung der echten Begegnung und die daraus erwachsende Befreiung wird möglicherweise groß sein.

6. Es handelt sich nicht nur um ein theologisches Symposium

Als echtes Wagnis ist die religiöse Begegnung von einer Art prophetischem Charismas erfüllt; sie erschöpft sich nicht in dem Bemühen, dem Außenstehenden meinen Standpunkt klarzumachen. Allerdings beansprucht zumindest nach der Auffassung nicht nur einer Schule auch die Theologie, eine charismatische Vertiefung des Sinns und Verstehens einer Offenbarung oder Religion zu sein. Im allgemeinen sind die Theologen jedoch mehr damit beschäftigt, gegebene Begriffe und Vorstellungen zu klären, statt neue, vor ihnen liegende Aufgaben zu erschließen. Offensichtlich kann auf das hermeneutische Handwerk nicht verzichtet werden; noch wichtiger aber ist, sich erst einmal darüber klarzuwerden, was denn eigentlich hermeneutisch erschlossen werden soll, bevor man sich daran macht, eine (mehr oder weniger einleuchtende)

Erklärung zu geben. Die Theologie mag die Werkzeuge bereitstellen, die ein gegenseitiges Verstehen ermöglichen, sie darf aber nicht vergessen, daß die heute geforderte religiöse Begegnung ein neuartiges Problem darstellt: Die von den Theologen bereitgestellten Mittel und Werkzeuge werden der neuen Aufgabe nur gewachsen sein, wenn sie in der Begegnung selber gereinigt, abgeklopft und neu geschmiedet werden.

Als Beispiel für das, was wir in Zukunft brauchen, möge hier der Begriff des Homöomorphismus dienen. Darunter ist mehr zu verstehen als ein bloßes Vergleichen von Gedanken einer Überlieferung mit denen einer anderen. Ich möchte diesen Begriff als Korrelation zwischen Punkten verschiedener Systeme verstanden wissen, so daß einem Punkt im ersten System ein Punkt im zweiten System entspricht. Diese Methode setzt nicht voraus, daß das eine System (logisch, moralisch oder wie auch immer) besser als das andere ist oder daß die beiden Punkte austauschbar sind: Man kann nicht gleichsam einen Punkt aus dem einen System herausnehmen und in ein anderes verpflanzen, die Methode entdeckt und erschließt nur mögliche homöomorphische Entsprechungen.

Eine homöomorphische Entsprechung ist nicht dasselbe wie eine Analogie, obwohl beide miteinander verwandt sind. Homöomorphismus bedeutet nicht, daß zwei Begriffe analog sind, das heißt zum Teil dasselbe meinen, zum Teil etwas anderes, denn das setzt voraus, daß beide an einem „tertium quid" teilhaben, das die Grundlage für die Analogie abgibt. Homöomorphismus meint eher, daß die Begriffe gleichartige, gleichwertige Rollen spielen, daß sie entsprechende Plätze in ihrem jeweiligen System ausfüllen. Homöomorphismus ist, könnte man vielleicht sagen, eine Art existentialfunktionaler Analogie.

Ein Beispiel möge verdeutlichen, was ich meine:

Es ist ganz offensichtlich falsch, die upanishadische *Brahman*-Idee mit der biblischen *Jahwe*-Auffassung gleichzusetzen. Dennoch bleibt es ebenso unbefriedigend zu sagen, beide Begriffe hätten überhaupt nichts miteinander zu tun. Sicher, der Zusammenhang, in dem sie stehen, und die inhaltlichen Ausprägungen, die ihnen gegeben werden, sind gänzlich verschieden. Sie lassen sich nicht ineinander übersetzen, es gibt keinerlei direkte Verwandtschaft zwischen beiden. Dennoch sind beide homolog, sie spielen ähnliche Rollen, wenn auch in verschiedenen kulturellen Umgebungen. Beide beziehen sich auf einen höchsten Wert und ein Absolutes. Andererseits dürfen wir wohl kaum sagen, *Brahman* sei die Vorsehung oder auch nur transzendent oder *Jahwe* sei alldurchdringend, ohne Eigenschaften usw. Dennoch läßt sich sagen, daß beide homologe Funktionen innerhalb ihrer jeweiligen Kultur erfüllen.

Oder um ein anderes Beispiel zu geben: Eine Untersuchung des überlieferten indischen *Karma*-Begriffes und des modernen westlichen Verständnisses der Geschichtlichkeit könnte unter Anwendung unseres Prinzips eine gemeinsame homologe Rolle offenlegen. Beides steht für jenen zeitlichen Bestandteil des menschlichen Wesens, der das Individuelle transzendiert[1]. Noch interessanter wäre vielleicht ein Überdenken der homologen Rolle der indischen Idee des Isvara (Herr) und der westlichen Christusvorstellung[2].

Welche Gestalt sie auch annehmen wird und mit welchen Inhalten sie sich auch befassen wird, ich bin überzeugt, daß aus der echten Begegnung zwischen aufrichtigen, erleuchteten, glaubenden Anhängern verschiedener religiöser Überlieferungen eine neue Theologie (lassen wir einmal die Tatsache außer acht, daß der Begriff als solcher einem Buddhisten gar nichts sagt) hervorgehen wird.

Doch die religiöse Begegnung selbst erschöpft sich nicht in einer theologischen Reflexion. Theologien – im weitesten Sinne des Wortes – gehen von einer gegebenen Grundlage aus: Sie bemühen sich um die Verstehbarkeit einer gegebenen religiösen Überlieferung, im allgemeinen innerhalb dieser Überlieferung selbst (*fides quaerens intellectum*). In unserem Fall gibt es aber keine derartige Grundlage, kein Bekenntnis, das als gemeinsamer Ausgangspunkt dienen könnte. Es gibt weder ein gemeinsam Gegebenes noch eine von allen anerkannte Grundlage, weder eine Offenbarung noch ein für alle gleichermaßen bedeutsames Ereignis noch gar eine gemeinsame Tradition. Sowohl der Gegenstand der Untersuchung als auch ihre Methode sind erst in der Begegnung selber auszumachen. Es gibt am Anfang nicht einmal eine gemeinsame Sprache. Mangelt es an diesem radikalen Verständnis der Begegnung der Religionen, kommt sie nicht über die Bedeutung eines kulturellen Ereignisses mit gewissem Unterhaltungswert hinaus.

---

[1] Vgl. *R. Panikkar*, Myth, Faith and Hermeneutics (New York: Paulist Press, 1978), Kapitel XIV.
[2] Vgl. *R. Panikkar*, The Unknown Christ of Hinduism (Bangalore, Asian Trading Corporation, durchgesehene und erweiterte Auflage 1983), S. 148–162.

7. Sie beschränkt sich nicht auf kirchliche Bemühungen im engeren Sinne

Sicher, das Gespräch zwischen den Religionen kann auf verschiedenen Ebenen stattfinden. Es wird jede dieser Ebenen ihre Besonderheiten haben. Die Begegnung der offiziellen Vertreter der organisierten religiösen Gruppen der Welt gehört heute zu den unausweichlichen Pflichten kirchlichen Lebens. Doch worum es bei diesem Treffen geht, ist nicht dasselbe wie das, worum es in Gesprächen geht, die sich bemühen, die tiefstmögliche religiöse Ebene zu erreichen. Kirchliche Würdenträger sind verpflichtet, die Tradition zu wahren; sie müssen die große Zahl der Gläubigen im Auge behalten, die zu ihrer religiösen Gemeinschaft gehören und für die sie Verantwortung tragen. Sie werden vor allem mit unmittelbar anstehenden praktischen Fragen und Problemen konfrontiert, sie müssen Wege finden, einander zu tolerieren, miteinander zusammenzuarbeiten, einander zu verstehen. Im allgemeinen werden sie sich aber nicht auf neue Wege, Antworten und Lösungen einlassen dürfen. Ihre Aufgabe ist es, bereits erprobte, fruchtbare Wege gutzuheißen und für ihre Umsetzung in die Praxis zu sorgen. Doch wo ist der Ort solcher Erprobung, und wie soll sie geschehen? Die religiöse Begegnung, um die es uns hier geht, wird sicher der Begegnung auf kirchlich-offizieller Ebene den Weg bereiten können und umgekehrt, aber beide müssen unterschieden und auseinandergehalten werden.

8. Es handelt sich um eine religiöse Begegnung in Glaube, Hoffnung und Liebe

Das Wort *religiös* steht hier nicht für eine bloß äußerliche Frömmigkeit oder Bindung an eine Religionsgemeinschaft. Es zielt auf die Integrität und Ganzheit der Personen, die am Gespräch teilnehmen. Mit anderen Worten, es meint nicht ausschließlich „religiöse" Ideen oder Ideale, als ob es in der Begegnung nur um lehrmäßige Streitfragen von gemeinsamem Interesse ginge. Wir erörtern im Gespräch auch *uns selber*, wir sitzen nicht nur am Verhandlungstisch, sondern sind selber mit allem, was wir sind, Gegenstand der Verhandlung, wie in der dritten Spielregel bereits angedeutet.

Das bedeutet, daß die echte religiöse Begegnung niemals völlig objektivierbar ist. Nicht objektivierte Bekenntnisse sind Gegenstand des Gespräches, sondern wir, die Glaubenden und Bekennenden selber. Deshalb reicht der logische Grundsatz des (Nicht-)Widerspruchs allein nicht aus (so notwendig er ist), um als Leitprinzip des ganzen Treffens zu dienen. Ich bekenne mich vielleicht dazu, daß die Lehre X die bestmögliche Weise ist, eine bestimmte Wahrheit oder gleichsam das Geheimnis selber in Worte zu fassen. Du bekennst dich vielleicht dazu, daß es die Lehre Y ist, die dieser Anforderung am besten genügt. X und Y sind dabei durchaus verschieden, ein Kompromiß ist weit und breit nicht in Sicht. Es wäre ein Widerspruch in sich, wollte man jemand glauben machen, innerhalb des vorausgesetzten Zusammenhanges seien X und Y gleichermaßen möglich und wahr. Aber keinen Widerspruch gibt es angesichts der Tatsache, daß du dich zu Y bekennst und ich mich zu X. Bei A mit dem Bekenntnis zu X und B mit dem Bekenntnis zu Y handelt es sich nur um einander entgegengesetzte Situationen, die dennoch miteinander kommunizieren und die gemeinsame Auseinandersetzung fortsetzen können.

Ich darf das Gemeinte vielleicht mit Hilfe christlicher Begriffe verdeutlichen und bitte deshalb um Entschuldigung, doch ich denke, gerade diese Begriffe haben eine über das Christliche hinausgehende universalere Bedeutung.

Mit *Glaube* meine ich eine Haltung, die die nackten Tatsachen ebenso transzendiert wie die dogmatischen Formulierungen der verschiedenen Konfessionen; eine Haltung, die ein Verstehen ermöglicht, auch wenn Worte und Begriffe einander widersprechen, weil sie dies gleichsam durchdringt und bis in die Tiefe jenes Bereiches vorstößt, der der religiöse Bereich schlechthin ist. Wir erörtern nicht Systeme, sondern Wirklichkeiten und die Weisen, wie sich diese Wirklichkeiten zeigen und kundtun, damit sie auch unserem Gesprächspartner verständlich werden.

Unter *Hoffnung* verstehe ich jene Haltung, die wider alle Hoffnung hoffend in der Lage ist, nicht nur die anfänglichen menschlichen Hindernisse, unsere Schwächen und unbewußten Bindungen, sondern auch alle Spielarten einer rein profanen Einstellung zu überwinden und bis zur Herzmitte des Gespräches vorzustoßen, gleichsam von oben gedrängt, einen heiligen Dienst zu vollziehen.

Mit *Liebe* schließlich meine ich jenen Impuls, jene Kraft, die uns die Nähe unserer Mitmenschen suchen und uns in ihnen entdecken läßt, was uns fehlt. Natürlich will echte Liebe nicht um jeden Preis als Sieger aus der Begegnung hervorgehen. Sie sehnt sich nach der gemeinsamen Erkenntnis der Wahrheit, ohne die Unterschiede einfach wegzuwischen oder auch nur die Verschiedenheit der Melodien in der einen und einzigen polyphonen Symphonie zu dämpfen.

9. Einige praktische Hinweise

Was bedeuten diese Regeln nun für die Praxis? Was ich dazu im Laufe meiner Erfahrung gesammelt habe, läßt sich etwa wie folgt zusammenfassen:

Es muß auf beiden Seiten eine *gleichwertige Vorbereitung* auf die Begegnung geben – sowohl eine kulturelle als auch eine theologische Vorbereitung. Jedes Gespräch – das religiöse inbegriffen – wird wesentlich von der kulturellen Umgebung der Gesprächspartner beeinflußt. Diese kulturellen Unterschiede zu übersehen, die oft Ursache unterschiedlicher religiöser Bekenntnisse sind, beschwört unvermeidlich Mißverständnisse herauf. Erste Aufgabe des Gespräches ist es, den Grund zu bereiten und den Ort abzustecken, auf dem und an dem das Gespräch erst eigentlich stattfinden kann.

Es muß ein echtes *gegenseitiges Vertrauen* zwischen allen an der Begegnung Beteiligten geben, was nur möglich ist, wenn alle Karten auf dem Tisch liegen, das heißt, wenn keiner der Partner seine persönlichen Überzeugungen „einklammert".

Die verschiedenen *strittigen Punkte* (theologischer, praktischer, institutioneller usw. Art) müssen sorgfältig auseinandergehalten werden, sonst bleibt die Verwirrung nicht aus.

10. Ein christliches Beispiel

Christus ist der Herr, aber der Herr ist weder Jesus allein, noch erschöpft mein Verständnis die ganze Bedeutung des Wortes.

Die Kirche als gesellschaftliche Seite der Religion ist (per Definition) der Organismus des Heils; aber die Kirche in diesem Sinne fällt nicht mit der sichtbaren christlichen Kirche zusammen.

Das Christentum ist die sozio-religiöse Struktur des Christlichen und als solches eine Religion wie jede andere. Es muß als solches auch für sich genommen und ohne besondere Vorrechte beurteilt werden.

Gott will, daß alle Menschen das Heil finden. Heil steht hier für das Ende, das Ziel, die Bestimmung oder das Schicksal des Menschen, was auch immer darunter verstanden wird.

Es gibt kein Heil und keine Erlösung ohne Glauben, aber dieser ist kein Privileg der Christen noch irgendeiner besonderen Gruppe.

Die Mittel zum Heil sind in jeder echten (alten oder neuen) Religion zu finden, denn der Mensch folgt einer besonderen Religion, weil er glaubt, daß er in ihr und durch sie die letzte und höchste Erfüllung seines Lebens finden und erreichen kann.

Christus ist der einzige Mittler, aber er gehört nicht den Christen allein, sondern ist in Wirklichkeit in jeder echten Religion, wie auch immer sie heißen oder aussehen mag, gegenwärtig und wirksam. Christus ist das Symbol des immer transzendenten und zugleich immer menschlich-immanenten Geheimnisses, das die Christen bei diesem Namen nennen. Diese Prinzipien müssen nun ähnlichen humanistischen, buddhistischen und anderen Grundaussagen gegenübergestellt werden, um uns in die Lage zu versetzen, Übereinstimmungen und Gegensätze mit der geforderten Gründlichkeit und Genauigkeit aufzuzeigen. Die christlichen Prinzipien sind dabei nicht von vornherein als einzig gültige Paradigmen zu sehen, als ginge es nur um die Frage, wie sich anderswo mögliche ihnen gleichkommende Aussagen finden lassen. Fair ist der Weg des Gespräches nur, wenn man von allen möglichen Ausgangspunkten zugleich ausgeht und die echten Begegnungen, zu denen es im Laufe des Weges kommt, bezeugt.

11. Zusammenfassung

Die religiöse Begegnung ist ein religiöser und also heiliger Akt, den wir – getragen von der Wahrheit und der Treue zu den „drei Welten" – ohne bestimmtes Ziel oder besondere Absicht vollziehen. In diesem schöpferischen Akt zeigt sich die je neue Lebendigkeit der Religion selbst.

Quellen:

- Kapitel 2: Artikel aus „Wort und Antwort" (Mainz) XXXII, 3, pp. 108–114 (Jahr 1991).
- Kapitel 3: Schriften zum Weltgespräch, Raimon Panikkar: „Offenbarung und Verkündigung – Indische Briefe", Herder Verlag Freiburg 1967, Seiten 9–24, 29–30, 38–47, 55–62, 88–92.
- Kapitel 4: „Der Dreiklang der Wirklichkeit", Verlag Pustet Salzburg 1995, Seiten 73–102 und 169-188.
- Kapitel 5: aus: „Ökologisches Weltethos im Dialog der Kulturen und Religionen", Hrsg.: Hans Kessler, Wissenschaftliche Buchgesellschaft Darmstadt 1996.
- Kapitel 6: Transkription von Raimon Panikkars Rede in der „Tele-Akademie" des Südwestfunks Baden-Baden, Dezember 1996.
- Kapitel 7: „Trinität – über das Zentrum menschlicher Erfahrung", Kösel Verlag München 1993, Seiten 69–98.
- Kapitel 8: „Der neue religiöse Weg", Kösel Verlag München 1990, Seiten 19–49, 82–100.

Die Vision des göttlichen Menschen

Barbara Schenkbier

424 Seiten, gebunden, Einband Kunstleder mit Goldaufdruck,
21 ganzseitige Bilder, Zweifarbendruck,
ISBN 3-928632-18-3

Das Buch ist ein umfassendes Standardwerk, das den Durchbruch einer neuen Evolutionsstufe im menschlichen Bewußtsein des Menschen vorbereiten hilft. Aufbauend auf wissenschaftlichen Erkenntnissen und der mystischen Tradition aller Religionen führt es zu einem tieferen Wissen über das menschliche Bewußtsein, um dann den Weg zum göttlichen Menschen zu beleuchten. Alle wichtigen Schritte werden beschrieben, wesentliche Übungen aus einer neuen Sicht heraus dargestellt und die Transformationsstufe zu einem neuen Bewußtsein geschildert.

Beim Lesen und Anwenden der beschriebenen Wahrheiten eröffnet sich dem Leser eine neue Sicht über den Sinn des Lebens. Alle, die den geistigen Weg beschreiten, werden ihn besser verstehen, ihn bewußter, mutiger und konsequenter weitergehen.

Das Buch ist aus der eigenen, spirituellen Erfahrung der Autorin heraus geschrieben und eröffnet den Blick in eine Zukunft, die die evolutionäre Schöpferkraft selbst schaffen wird.

Geburtsstunde des neuen Menschen

Hugo Makibi Enomiya-Lassalle zum 100. Geburtstag
Roland R. Ropers

200 Seiten, gebunden – ISBN 3-928632-38-8

Kosmisches Bewußtsein für den Menschen der neuen Zeit

Der bedeutende Lassalle-Kenner Roland R. Ropers, Herausgeber der wichtigsten Lassalle-Bücher in Deutschland, hat zum 100. Geburtstag von Pater Lassalle das geistige Vermächtnis dieses bedeutenden spirituellen Lehrers verdichtet. Er hat in diesem Buch die wichtigsten spirituellen Weisungen und Einsichten des großen christlichen Zenmeisters über den Zen-Erleuchtungsweg und die christliche Mystik sowie die prophetisch erschaute Zukunft in einem neuen, dem integralen Bewußtsein dargestellt. Dem Verfasser ist es gelungen, die spirituelle Leuchtkraft des von vielen verehrten und geliebten Zenmeisters erneut zum Strahlen zu bringen.

Bede Griffiths

Ein Mensch sucht Gott

John Swindell, Hrsg.

192 Seiten, gebunden – ISBN 3-928632-39-6

Ein authentischer Zeuge für die Anwesenheit Gottes in der Welt

Einer der größten Virtuosen unseres Jahrhunderts, Yehudi Menuhin, hat den Mönch, Mystiker und Meister Bede Griffiths auf unübertreffliche Weise charakterisiert: „Er ist ein authentischer Zeuge für die Weisheit der großen Religionen. Er offenbart meisterlich und wunderbar die Gegenwart Gottes." Dieser göttliche Geist berührt den Leser in diesem Buch, in dem einer der größten Mystiker unseres Jahrhunderts über sein Leben reflektiert. In diesen Selbstzeugnissen wird eine erstaunliche Synthese von Wissen und Erfahrung, von westlichem Denken und östlicher Weisheit dokumentiert. Der Leser wird getroffen von der bedingungslosen Liebe als Schlüssel zur Versöhnung aller Gegensätze in der Welt.

Suche nach dem Sinn des Lebens

Willigis Jäger

Paperback, 272 Seiten, **5. Auflage** – ISBN 3-928632-03-5
Preisträger amerikanischer Verleger

Alle wichtigen Themen des spirituellen Lebens werden von dem Zenmeister (Roshi) Pater Willigis Jäger in diesem Buch grundlegend behandelt und in Bezug gesetzt zur christlichen Mystik, aber auch zu den großen Traditionen der esoterischen Wege anderer Religionen, zu den Ergebnissen moderner Naturwissenschaft und zu den Erkenntnissen der transpersonalen Psychologie. Die psychologischen Aspekte des inneren Weges, seine Tiefenstrukturen und Stadien, der Umgang mit den Gefühlen und die Verwandlung des Schattens werden eingehend beschrieben. In diesem Buch geht es um den inneren Weg der christlichen Religion, um einen Bewußtseinswandel in der Gleichgestaltung mit Christus, um eine neue – von innen geprägte – Ethik, die Verantwortung für die Mitwelt übernimmt. Das Buch befreit zu einem sinnerfüllten Leben; motiviert, den inneren Weg zu gehen, provoziert zu einem neuen Denken und Handeln und tröstet in dunklen Stunden.

Den Weg des Herzensgebetes gehen

Herzensgebet, Herzensmeditation, christliche Spiritualität
für unsere Zeit

Heinz Biegling

128 Seiten, gebunden – ISBN 3-928632-49-3

Wer auf der Suche ist, einen genuin christlichen Meditationsweg für sich zu finden, dem sei dieser *„Weg des Herzensgebetes"* empfohlen. Er hält sich eng an die spirituelle Richtung des Hesychasmus, wie sie seit dem 4. Jh. durch die Mönche der Früh- und Ostkirche entwickelt wurde; aber er transformiert ihn auch für die spirituellen Bedürfnisse unserer Zeit. Es werden ganz konkret Anweisungen angeboten, wie der Übende stufenweise in das Geheimnis des Herzensgebetes vordringen und die Hilfe der Herzensmeditation erreichen kann. Diese Meditationsweise erschließt transpersonale „Räume", so daß lichte, den Engelbereichen zugehörigen Mächte den Übenden erreichen. Herzensgebet und Herzensmeditation können bei konsequentem Üben die innere Herzenstür öffnen, so daß die göttliche Gegenwart erfahrbar wird.

Der innere Schrei nach Erlösung

Befreiung von innen

François Brune

256 Seiten, gebunden – ISBN 3-928632-44-2

Die Welt als Hologramm – Erlösung von innen

Während viele das Ende des Christentums voraussagen, unterstreicht der Verfasser die absolut einzigartige Bedeutung des Christus für die Entwicklung der Menschheit. Anders als die philosophische Theologie ist die mystisch-holographische Theologie darauf ausgerichtet, von innen heraus wirksam zu werden. Brune versteht die Welt als ein Hologramm, in dem alles mit allem verbunden ist, also auch jede Seele mit jeder anderen – und mit Christus, der aus der Tiefe einer jeden Menschenseele als Mittelpunkt des kosmischen Hologramms erstrahlt. Unfaßbar? Aber wie, wenn es wahr wäre? Das gilt es in diesem Buch zu entdecken, das so fesselt wie eine Abenteuerreise – die Reise in die mystische Erfahrung.

Wenn es verletzt, ist es keine Liebe
Wege zu erfüllenden Beziehungen
Chuck Spezzano

416 Seiten, gebunden, **3. Auflage** – ISBN 3-928632-20-5

Dieses Buch verändert Ihr Leben. Ein Wissender zeigt den Weg, wie Sie ein Leben führen können, das erfüllt ist von Liebe und Verstehen, von Freude und Glück. Sie erfahren in 366 Kapiteln wichtige Lebensgrundsätze, die Ihre zwischenmenschlichen Beziehungen auf eine höhere Ebene heben.

Die Weisheit der Liebe, die der Verfasser in jahrzehntelanger Forschungsarbeit als Psychotherapeut, als weltweit bekannter Seminarleiter, als visionärer Lebenslehrer entdeckt und in klare Weisungen umgesetzt hat, verwandelt Sie und berührt Ihr wahres Wesen, das Liebe ist.

Durch die angebotenen Übungen, die das theoretisch Erkannte auch in den praktischen Alltag umsetzen, wird das Buch zu einem Wegbegleiter und Ratgeber in bedrängenden Beziehungsnöten. Sie reifen in Ihrer Selbsterkenntnis, können Ihre Beziehungen in Partnerschaft und Freundschaft neu ordnen, vertiefen und intensivieren.

Spirituelle Erziehung
Hilfreiche Ratschläge – Praktische Weisheit
Lee Lozowick

312 Seiten, gebunden – ISBN 3-928632-51-5

Praktischer Ratgeber für Eltern und Erzieher, die im Umgang mit Kindern ein größeres Maß an Bewußtheit, Freundlichkeit und Mitgefühl sowie mehr Ehrlichkeit im Verhältnis zu sich selbst in die Erziehung einbringen wollen. Das Buch will Eltern in ihrer wichtigen Erziehungsarbeit helfen und Kindern einen optimalen Start verschaffen.

Dieses Buch richtet sich an all jene, die für die Erziehung Weisung aus einer höheren Ebene empfangen wollen. Spirituelle und bewußte Erziehung könnte man zusammenfassen: Liebe und Zuneigung entwickeln, lebensbejahende Grenzen für unsere Kinder aufzeigen und Ehrlichkeit uns selbst und unseren Kindern gegenüber aufbringen. Hauptelement jeder Kindererziehung ist das Vorbild der Eltern. Da wir unseren Kindern nicht geben können, was wir selbst nicht besitzen, fordert der Autor Eltern und Erzieher dazu auf, die das eigene Leben beherrschende Ichbezogenheit, Ignoranz und mangelnde Bewußtheit genau unter die Lupe zu nehmen, weil sie das Glück und Wohlbefinden unserer Kinder gefährden.

Die verborgene Blüte
Über die psychologischen Hintergründe der Spiritualität
Han F. de Wit

288 Seiten, gebunden
ISBN 3-928632-42-6

Warum strahlen manche Menschen Lebensfreude aus, andere aber Lebensangst? Warum wachsen die einen an ihren Leiden, während andere an ihnen zerbrechen? Wie kann ich ein glücklicher Mensch werden, zu mir selbst finden? Welche Hilfen bietet die Psychologie? Die Antworten darauf stehen im Zentrum der *kontemplati en Psychologie*. Sie beziehen sich auf eine verborgene Blüte, die sich tief im Kern unseres Wesens entfaltet. Ihre Früchte – Lebensmut, Lebensfreude, Erbarmen und Klarheit des Geistes - sind in diesem Buch gegenwärtig mit all unserem Handeln, im Umgang mit uns selbst.

Das Enneagramm der Gesellschaft

Die Übel der Welt, das Übel der Seele.

Claudio Naranjo

152 Seiten, gebunden, 10 Zeichnungen – ISBN 3-928632-37-X

Das Wissen um die Tiefenstrukturen der Seele mit Hilfe des Enneagramms führt zur Erkenntnis des eigenen Charakters mit seinen Stärken, Schwächen und verborgenen Potentialen. In diesem Buch weist Claudio Naranjo – Arzt, Psychiater, weltbekannter Bewußtseinsforscher und Therapeut – nach, daß die Mißstände der Welt in den Übeln unserer Seele begründet liegen.

Es werden dabei folgende Themen behandelt:
● Das Enneagramm als Landkarte der Übel, Sünden und grundlegenden Leidenschaften in der individuellen Psyche sowie die Beziehungen zwischen diesen Übeln und den Krankheiten der Seele.
● Eine detaillierte Beschreibung der Störungen der Persönlichkeit oder Charakterneurosen, die sich aus jeder einzelnen dieser Übel oder krankhafter Zustände ableiten lassen.
● Eine Diskussion der Verwirrungen der Liebe, die jedem einzelnen dieser menschlichen Charaktere des Enneagramms zu eigen sind.
● Eine Betrachtung eines möglichen „Enneagramms der Gesellschaft" als eine kurze sozialkritische Abhandlung aus der Perspektive der psychischen Krankheiten des individuellen Charakters.

Spiritueller Eros

Auf den Spuren des Mystischen

Hans Willi Weis

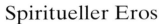

312 Seiten, gebunden – ISBN 3-928632-43-4

Bewußtseinsschulung in der mystischen Tradition

Dieses Buch eröffnet die seltene Gelegenheit, das Mystische als lebendige Manifestation menschlichen Geistes kennenzulernen, als spirituellen Eros. Mystik und spiritueller Eros sind für den Verfasser nichts Verschwommenes, sondern die reale Entwicklungs- und Ausdrucksmöglichkeit eines Bewußtseins, das an Klarheit, Bewußtheit und Geistesgegenwart die uns vertrauten Stufen des Mystischen, Religiösen und Rationalen übertrifft. Dabei legt der Verfasser besonderen Wert auf Abgrenzung von vagen esoterischen Heilslehren aller Art. Er setzt sich für ein aufgeklärtes Verständnis des Mystischen und für eine klare meditative Bewußtseinsschulung ein. Dabei vermag der Leser den Duft der mystischen Rose wahrzunehmen.

Transpersonale Psychologie und Psychotherapie

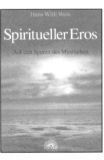

104 Seiten, zwei Ausgaben: Frühjahr und Herbst

Transpersonale Psychologie und Psychotherapie ist eine unabhängige Zeitschrift, schulen-, kultur- und religionsübergreifend, verbindet das Wissen spiritueller Wege und der Philosophia perennis mit moderner Psychologie und Psychotherapie, leistet Beiträge zur wissenschaftlichen Fundierung des Transpersonalen.

Transpersonale Psychologie und Psychotherapie ist eine Zeitschrift, die sich an Fachleute und Laien wendet mit einem Interesse an transpersonalen Themen. Aus einem schulen-, kultur- und religionsübergreifenden Verständnis heraus bietet sie ein Forum der Verbindung von Psychologie und Psychotherapie und deren theoretischen Grundlagen mit spirituellen und transpersonalen Phänomenen, Erfahrungen und Wegen, Welt- und Menschenbildern. Sie dient dem Dialog der verschiedenen Richtungen, fördert integrative Bemühungen und leistet Beiträge zur Forschung und Theoriebildung. Sie bietet Überblick, Orientierung und ein Diskussionsforum auf wissenschaftlichem Niveau.